「元晖学者教育研究丛书」

EDUCATIONAL CHANGES:
AREA STUDIES AND COMPARATIVE PERSPECTIVES

教育变革：
区域研究与比较透视

饶从满 等 / 著

NORTHEAST NORMAL UNIVERSITY PRESS
WWW.NENUP.COM
东北师范大学出版社
长春

丛书序言

在实践领域，教育在全球化、信息化、现代化的背景下，不再呈现为简单有序、线性透明的样态，而是出现了各种各样的复杂样态。因此，这就需要我们更为审慎地思考和更为敏感地把握。在现实生活中，从教育与社会的发展来看，教育越来越多地成为实现国家目的的重要工具，成为实现理想的重要手段；从教育与人的发展来看，教育在满足人的发展需要、培养理想人格方面还有很大提升空间。综观教育的发展，教育的改革不再仅仅是地方性质的了，而是成了世界各国政府为实现国家利益和国际诉求的重要手段。教育在应对人的发展的不确定性、人的发展需要的变化性等方面面临着各种各样的挑战。另外，教育的复杂性吸引着思考者不断地进行探索，试图去发现教育世界的"秘密"，找到变革教育世界的"钥匙"，从而使我们更好地认识和改造这个丰富多彩而又纷繁复杂的领域。

东北师范大学教育学部召集十余位教授，整理了近二十年的研究成果，系统诊断教育实践问题，不断追问教育的真理，并创新教育理论。这些研究既有理论模型的构建，又有实践领域的深刻探究；既诊断问题、分析原因，又提出对策、措施；既追本溯源有历史大视野，又关心现实展望未来；既关心国家宏观政策制度，又在微观层面提出具体可操作的方法；既扎根本土研究注重原创，又注重以国际视野进行深度学习。

本套丛书是东北师范大学教育学部教育研究的总结，是十余位教授多年教育研究的记录，是他们对中国教育改革的独特认识。我们希望以这套丛书为支点，与读者展开对话，共同探寻教育的真理，在对教育的凝视中不断地思辨、判断、检视。

吕立杰

2019 年 11 月

于东北师范大学田家炳教育书院

代　　序

市场机制与 20 世纪 80 年代以来
美英基础教育改革[①]

自中共十四大明确提出以建立社会主义市场经济体制为经济体制改革的目标以来，教育应如何积极主动地适应经济体制变革的形势，教育是否应该或能够引入市场机制，或在多大程度上引入市场机制的问题，便成为我国教育领域里的一个重大课题。

美国、英国等一些发达国家自 20 世纪 80 年代以来开展了所谓的"以市场为取向"（Market Oriented）的教育改革，随着改革的深入发展，市场机制与教育的关系问题成为教育理论界和教育现场中一个重点讨论的问题。本着借鉴的目的，本文尝试着对 20 世纪 80 年代以来美、英两国"以市场为取向"的教育改革（以基础教育改革为中心）的背景和目标、改革的基本措施等进行初步分析和阐释，并在此基础上，就我国社会主义市场经济与教育的关系问题，谈一点儿粗浅的看法。

一

美、英两国 20 世纪 80 年代以来的教育改革是以市场经济形势和政策的国际化、自由化为大背景，并以提高全国教育质量、提高有限教育资源使用的效益和效率为重要目标取向的。

---

① 梁忠义，饶从满. 市场机制与 80 年代以来美英基础教育改革 [J]. 东北师大学报（哲学社会科学版），1995（5）.

一、经济国际化与提高全国教育质量

在当代西方发达国家，教育既不像世界经济持续高速增长的黄金岁月时期被认为是促进社会机会均等的重要因素，也不像 20 世纪 70 年代世界经济危机时期被看作可以加以抑制的公共消费的一个组成部分，而是被作为可以在同失业进行斗争和国际经济竞争中发挥重要作用的因素受到了高度重视。[①]

教育之所以能在当代西方发达国家如人们所期待的那样走出低谷，是因为 20 世纪 70 年代中期以来国际经济形势发生了深刻的变化。20 世纪 70 年代中期以来的国际经济基本关系与结构的特点，无论在广度上还是在深度上，都大大加快了经济国际化的进程。也就是说，世界经济正朝着跨国的相互依存的利害关系紧密交织在一起的网络经济演变。相互依赖程度的增加是要付出代价的。各国同时要受经济合作与商业竞争两种力量的牵制，特别是商业竞争是引发大部分问题的要因。各国领导人深知他们必须全力以赴维持和提高本国在国际竞争上的能力和实力，否则，在世界上的地位就要下降，国内人民的生活水平就要遭到威胁，本国政府的政治前途也会陷入困境。总之，对工业化国家来说，国际经济竞争乃是 20 世纪 80 年代以来影响国家政策最强有力的推动力。

战后的两次工业——技术革命成果成为有关各国尤其是西方发达国家经济增长的主要因素，科技进步在经济增长中所做的贡献也随之增大；尤其是第四次工业——技术革命在 20 世纪 80 年代加快了世界经济增长从外延型、数量型、粗放型向内涵型、质量型、效益型转变. 这是当代世界经济发展的最深层因素与特点[②]。

经济竞争首先表现为科技竞争，尤其是高科技竞争，最终都要体现在教育竞争上。由于科技日趋进步及其在经济增长中的作用越来越大，教育必须提高质量；由于国际经济竞争是以总体国家实力为资本与后盾的，教育质量与水准的提高必须是全国性的，因此，提高全国

---

① Tuijnman H A, Halls W D. Schooling in Modern European Society: A Report of the Academia Europea [M]. Pergamon Press, 1992: 289—293.

② 陈漓高. 当代世界经济发展的特点与若干理论思考 [J]. 世界经济, 1992 (4): 1—7.

教育质量就成了当代世界特别是西方发达国家教育改革的主要目标。

美、英两国当然也不例外。在两国经济地位不断恶化的背景下，其国内的一些人士尤其是企业界的领袖们大声疾呼国家经济问题丛生，教育应负很大的责任。他们不仅指责，还进一步论证说：只有加强教育制度，提高教育质量，才能挽救经济免于衰败没落的命运。教育既被看成导致国家经济地位衰落的首要责任者，又被看成解决问题的关键所在。所以，两国都不约而同地把提高全国教育质量这个难度很大的任务承担了起来。

二、经济自由化与提高教育效益和效率

正如美国加州大学洛杉矶分校的伯顿·克拉克教授所说："一种形式的失败使人们转向另一种形式，'国家的失败'引起转向市场，'市场的失败'产生对国家权力的运动。"① 20世纪70年代中期以后，特别是20世纪80年代以来，随着经济"滞胀"局面的形成，新自由主义经济学取代了凯恩斯主义经济学，成为时代的主流经济理论。

20世纪80年代初，美国共和党人里根就任总统后，立即抛弃凯恩斯主义，推行了一套以供给学派为主要理论依据，兼有货币主义内容的新自由主义经济政策：（1）减少税收；（2）减少非国防开支；（3）减少政府对经济的干预；（4）增加国防开支；（5）紧缩货币；等等②。共和党的政权和政策一直持续到90年代初。英国保守党的撒切尔夫人自1979年执掌政权以后，竭力奉行货币主义的经济政策纲领。货币主义反对凯恩斯主义用财政政策干预经济，反对除了稳定货币供应以外的一切干预措施，强调货币政策的重要性。为此，撒切尔夫人采取了以下一些措施：精简政府机构，降低某些政府机构的职能；实行英国历史上规模最大、范围最广的私有化；等等③。

货币主义学派也好，供给学派也好，他们皆属于新自由主义经济

---

① 克拉克. 高等教育新论：多学科的研究 [M]. 王承绪，等编译. 杭州：浙江教育出版社，1988：295—296.
② 丁冰. 当代西方经济学流派 [M]. 北京：北京经济学院出版社，1993：212—220.
③ 郭建青，刘凤良，宋利芳. 西方主要发达国家市场经济大观 [M]. 北京：中国经济出版社，1993：80.

学的流派，他们都信奉立足于个人主义的功利主义这一新自由主义经济哲学，以效率性为理想的标准①。他们假定个体总是倾向于使自我利益最大化，市场为个体自由交换物品和服务提供手段，从而促进他们个体的利益；由于市场允许个体使他们的自身利益最大化，那么这些交换的总和就使社会福利最大化。尽管这一规则也有例外（如公共设施建设、人力资本投资以及环境建设等），但总地来说，物品和服务的提供通过市场来进行为最佳选择，因为公共的、非市场的提供往往易受"生产者掌握"（producer capture）。也就是说，提供公共服务时主要从提供者的利益即"生产者利益"的角度考虑，而非把顾客或消费者的利益放在首位。因此，为保护消费者的利益，即使在那些由私人提供的不适宜或不充分的领域里，公共服务的提供也必须模拟市场的某些侧面②。教育服务的提供在这里就属于必须模拟市场的部分。

美、英两国的教育经费自 20 世纪 80 年代以来未见增长或增长幅度甚微，甚至有时还被削减了。在不增加甚至削减教育投入的背景下，要达到提高全国教育质量的目标，只有靠提高有限教育资源使用的效益和效率来完成。而要提高效益和效率，市场机制或手段的作用自然就更加备受关注。

二

随着教育背景的重大变化、教育改革重心的巨大转变，美、英两国 20 世纪 80 年代以来皆对教育的运行机制做了新的、所谓"以市场为取向"的调整。这一调整主要是通过教育的国家化和教育的自由化这两个看似方向相反而实际上又相辅相成的政策来实现的。

一、教育的国家化

以经济国际化和国际经济体制的形成与发展为背景，美、英两国

① 大野健一. 市場経済導入の基本問題 [J]. 社会科学研究（東京大学社会科学研究所紀要），1993，45（2）：275—293.

② Thomas H. School Governance and the Limits of Self-interest [J]. Educational Review，2006，44（3）：327—334.

如同西方其他发达国家一样，一方面以国家与社会只有在相互支撑、相互合作中生存这一认识为前提，另一方面比以往任何时候都更加致力于确保和充实作为其共生、共存基础的国力，并将其基点放在提高全国教育质量上。为了确保和提高教育的国家水准，美、英两国皆采取了旨在加强国家对教育内容等的控制这一教育国家化措施。

众所周知，美国素来没有什么全国划一的教育标准，每个州都各自为政。但进入 20 世纪 80 年代，开始致力于建立全国统一的教育标准。1990 年 1 月，布什总统与各州州长制定了《国家六大教育目标》。为达到此目标，美国又于 1991 年 4 月制定了《美国 2000 年教育战略》，其中明确提出要在国家目标的基础上，制定国家统一的课程标准，建立美国统一的学业考试制度[①]。

（一）建立"新世界标准"

在国家教育目标委员会（NEGP）的协助下，对五门核心课程分别制订新世界标准。这些新标准将是美国年轻一代要想在当今世界上成功地生活与工作必须掌握的知识与技术。这些知识与技术将保证他们在离校时充分做好继续深造和就业的准备。

（二）建立"全美学业考试制度"

在国家教育目标委员会的协助下，根据新世界标准对五门核心课程建立了一套新的（自愿参加的）全国统考制度，以促进对教与学的方法的改进和对学生进步情况的检查。为了保证国家课程标准和国家学业考试制度能有效运行，《美国 2000 年教育战略》提出了要求各大专院校招生时利用国家学业考试制度，要求雇主在招工时注意求职者在这种考试中的成绩，以此作为对"美国学业考试制度"的鼓励措施；还提出了向在"学业考试"中获得优秀成绩的中学生颁发总统奖状，设立"优秀成绩总统奖学金"等建议。此外，还建议学校建立"成绩报告卡制度"，授权全国教育进展评议处（NAEP）定期收集报告卡资

---

① The U. S. Department of Education. America 2000: An Education Strategy［R］. Washington，D. C.，1991.

料等，《美国 2000 年教育战略》认为这是与"家长选校制度"相配套的。

1991 年 6 月，美国设置了国家教育目标委员会，从事国家课程标准的制定和国家学业考试的开发工作。1993 年 10 月，美国众议院通过的教育改革法案《2000 年的目标——美国教育法》明确赋予国家教育目标委员会以法律地位，此外还规定设置"教育标准和教育改革审议会"等等。1994 年结束了五门核心学科课程标准的制订。

英国数年来也一直将国家教育政策的重点放在引进国家课程和对其成果的评价上。20 世纪 80 年代，英国教育改革集大成的《1988 年教育改革法》，明确把建立国家课程和建立健全考试制度作为其重要内容。

1. 建立国家课程

英国的课程在传统上除了宗教教育课程是义务的之外，其他一律由各学校自行确定。《1988 年教育改革法》明确规定，在国家资助的初等和中等学校里实施适用于所有学生的国家课程。国家课程包括数学、英语和科学等"核心课程"，以及历史、地理、技术、现代外语、美术、音乐、体育 7 门"基础课程"。这些课程占整个课程总学时的 70%。法律还授权教育与科学大臣组织专门机构确定国家课程各学科在各教育阶段的"成就目标""教学程序规划"及"评测要求"。

2. 建立健全考试制度

《1988 年教育改革法》还把英国 5—16 岁义务教育期分为 5—7 岁、8—11 岁、12—14 岁和 15—16 岁四个教育阶段，并规定在每个阶段结束前，必须对每个学生进行统考，评测他们是否达到国家课程确定的"成就标准"，评测教师的教学工作，使家长和社会及时了解子女的教育情况。[①]

在梅杰执政时期，英国设置了教育课程审议会和学校考试评价审议会，以从事国家课程各学科的成就标准和全国统考的基本实施方针的制定工作。英国国家课程从 1989 年开始实施，在此基础上于 1992

---

① 崔相录，方正淑. 迎接 21 世纪的发达国家教育改革探索 [M]. 长沙：湖南教育出版社，1990：202—206.

年夏进行了统考。

美、英两国实施国家课程或课程标准及与其相配套的国家考试制度，目的都是想通过保证让所有学生学习经过仔细斟酌制订的、广泛而均衡的、对各个学科都有明确的目标和可以检验成绩的标准的课程，来提高整个国家的教育水准。实行国家课程或课程标准和国家考试还有一个考虑，就是可以保证把学生转学遇到的困难减小到最低限度，同时便于人们对各学校进行比较与评价，从而易于让学校对所开展的教育工作切实负起责任来。换句话说，实施国家课程或课程标准与国家考试也是为实施家长自由选校制度创造必备的条件。

二、教育的自由化

美、英两国在加强国家对教育内容等领域的宏观控制之时，也在按照新自由主义经济思想，把教育朝着自由化方向推进，即为教育创造一个更具有竞争性的类似市场的环境。首先，将教育的具体管理、运营权限进一步下放给学校，以使学校类似市场竞争中的独立企业一样，拥有可以进行创造性劳动的充分的自主权和独立性。这是学校进入类似市场的环境的前提条件。其次，扩大家长替子女自由选择学校的权利与机会，建立家长自由选校制度，以使家长、学生如同顾客和消费者一样，成为"竞争性的类似市场的环境"的主要推动力量。

美国教育自由化的具体措施表现为实施以学校为基础的管理（School-based Management，简称 SBM）和家长自由选校（Parental Choice）计划。

（一）以学校为基础的管理

美国传统上学校的管理、教务的开展，都是采用"自上而下"的方法。地方教育委员会指示局长，局长监督校长，校长推行局长的指示、督导教师，教师授课、管理学生。但是自 20 世纪 80 年代的第一次改革浪潮，特别是自 20 世纪 80 年代末开始的以"教育重建"（Educational Restructuring）为口号的第三次改革浪潮以来，学校管理渐渐呈现"自下而上"的趋势，其集中体现就是 SBM 的试验与逐步推广。对于 SBM，美国卡内基基金会的报告较明确地阐述了它的基本概念：对城市学校的过分集权化和官僚式的控制必须结束，有效的地方领导是至关重要的。各所学校应有充分的自主权和灵活性，创造性地对教育目标做出反应，首要的是满足学生的需求①。SBM 于 20 世纪 80 年代末首先在达德县（Dade County）、芝加哥、洛杉矶等美国的大学区中进行试验，进入 90 年代以后，逐步推广开来。当今的 SBM 在美国已发展成为很多种模式，但都有一个共同的基本点，即在每个学校现场里都创设一个地方学校委员会（Local School Council），该委员会通常由校长、教师及其他社区成员组成，然后通过授权给这个委员会来实现学校管理的自主性。

（二）家长自由选校计划

在美国绝大多数州，12 年的中小学教育属义务教育。在义务教育阶段，受教育者在选择受教育学校方面的自由受到很大限制。实施义务教育的学校尽管存在着不同程度的差异，但基本上皆处于国家的干预之下。其依据的是给所有人施以平等的教育这一教育机会均等原则。在这一原则之下，受教育者一般不能自由选择学校，只能在学区内由公共教育当局指定的公立学校就学。虽然受教育者拥有选择私立学校的自由，但由于私立学校数量有限，而且上私立学校必须由家长自己承担全部学费，政府不予财政援助，所以大多数家长选择让自己的孩子在所在学区指定的公立学校就学。然而，自 20 世纪 70 年代特别是 80 年代以来，要求改革中小学入学方式，扩大家长、受教育者选择学校的自由的呼声日益高涨。在家长选校范围上，教育界和家长中一直存在着不同的意见：一种意见是把家长选校范围扩大到包括私立学校在内的所有学校，要求政府对私立学校亦予以资助；另一种意见是要求打破学区制，允许学生跨学区选择公立学校；还有一种意见是允许学生在学区内选择学校。由于与家长自由选择计划相配套的是要求对教育财政拨款制度的改革，即教育经费不再是直接分配给学校，而是随学生走，哪个学校招生多，哪个学校获得的经费就多，因此，家长自由选校会促使各学校提高教育质量，否则就会被抛弃。对于这三种意见，美国联邦政府在里根、布什总统执政时期较倾向于第一种，而且克林顿总统也明确表示支持家长在公立学校范围内的自由选择。三

---

① Carnegie Forum on Education and Economy. A Nation Prepared［R］. Carnegie Forum，1986：XVI.

种家长自由选择计划在州和地区两级皆有各自的试验，但受到普遍赞同和广泛支持的是第三种家长自由选校计划。

英国教育自由化的集中体现是实行所谓的学校的地方管理（Local Management of Schools，简称 LMS）措施，这也是英国《1988 年教育改革法》的重要内容之一。具体地说，LMS 包括以下几个方面的改变[①]：

第一，大幅度扩大家长选择学校的自由。英国早在《1980 年教育法》中就赋予家长给自己的子女选择学校的权利，但是由于受欢迎的学校招生名额有限，家长在行使选择权时常常受到限制。因此，《1988 年教育改革法》实行开放招生政策，招生录取的责任由地方当局转移到学校。学校可按自己最大容量招生，可以录取地区以外的学生。政府认为，在一所学校真正满额之前，学校不应拒绝任何一个希望入学的学生。为此，《1988 年教育改革法》还规定学校必须把招生名额保持在 1979—1980 学年的水平，以该学年的招生数为"标准数"。任何地方的任何学校招生数减少，须事先征得教育与科学大臣的同意。

第二，按就学人数分配教育经费。《1988 年教育改革法》要求地方教育当局按照经过批准的公式给本地区的学校分配经费。根据公式分配的经费中有 75% 根据该学校在学人数分配，以鼓励学校吸引和留住学生；其余 25% 可以参照其他因素分配。所有公式须得到教育和科学部批准，地方教育当局就公式中的要素做出决定以前须与学校的地方管理团体协商。按公式分配教育经费的制度使开放招生制度名副其实。

第三，按公式确定的预算的用途决定权及与此相关的教职员人事权，由地方教育当局大幅度地转移给学校董事会。

第四，为了给家长替子女选择学校提供依据，LMS 要求地方教育当局为它们服务的社区提供辖区内学校成绩的信息。

除此之外，英国《1988 年教育改革法》所采取的设置由教育与科学部直接拨款的公立学校（Grant Maintained Schools）和城市技术中专（City Technology Colleges）等措施意在使教育自由化。

1. 直接拨款学校

大型的中小学校在家长的支持下可向教育与科学大臣提出申请，

---

① 崔相录，方正淑. 迎接 21 世纪的发达国家教育改革探索 [M]. 长沙：湖南教育出版社，1990：202—206.

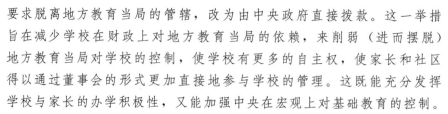

要求脱离地方教育当局的管辖，改为由中央政府直接拨款。这一举措旨在减少学校在财政上对地方教育当局的依赖，来削弱（进而摆脱）地方教育当局对学校的控制，使学校有更多的自主权，使家长和社区得以通过董事会的形式更加直接地参与学校的管理。这既能充分发挥学校与家长的办学积极性，又能加强中央在宏观上对基础教育的控制。

2. 城市技术中专

《1988年教育改革法》规定设立的以11—19岁青少年为主要对象、偏重于科学技术教育的城市技术中专是由国家直接提供办学经费，由独立于地方教育当局的学校董事会进行管理的。此举意在打破城市地方教育当局对中等义务教育的垄断，扩大家长在子女就学场所上的选择余地。

美、英两国实行教育自由化政策，为公立学校教育创造了一个更具有竞争性的类似市场的环境，其目的皆是希望通过给公立学校系统注入竞争活力，以促进其提高效率感和责任感。

总而言之，美、英两国为适应20世纪80年代以来教育的政治经济背景与改革目标变化的需要，对现行的被认为是缺乏效率的基础教育运行机制做了新的调整，即将基础教育有关的权力与责任在各有关当事者（包括中央政府和地方政府、学校、家长及社会等）之间进行了重新分配与平衡：一方面，增加了中央政府在制订课程或课程标准、目标方面的权力，更多地下放了学校管理的权力，强调中央政府对公立学校教育的内容和成绩评估要负起更大的责任；另一方面，又引进市场机制，以促进学校提高其对家长和社区的责任感和对他们的要求的关心。总的思路是：减少中间环节，以便在宏观上进一步加强调控，在微观上进一步搞活。

在这里，我们既可以看到其中的诸多改革规定皆是以自由市场经济为依据的，又可以看到它们终究亦未使教育市场化（因为教育仍然主要由公共部门提供，国家的作用仍是主要的）。在这里，教育不仅允许消费者（家长和学生）在教育方面有更多的选择自由，还要实现国家的一系列社会和经济目的。

三

在以上分析基础上，我们准备谈一谈关于市场经济下教育运行机制的认识和看法。

首先，实行市场经济并不意味着教育要市场化、学校要企业化、教育劳动要商品化。

教育与经济的关系在市场经济下比在计划经济下更加紧密，特别是在当今市场竞争已超越国界的国际经济竞争条件下更是如此，但这并不意味着教育就要市场化、学校要企业化、教育劳动要商品化。西方市场经济发达国家自 20 世纪 60 年代以来逐步形成的教育运行机制，就是一个很好的例证。20 世纪 60 年代，国家通过立法和财政拨款手段起主导作用；市场主要是劳务市场对教育发展规模、速度发挥调节和制约作用；雇主、工会、行会、专业协会等社会力量参与教育质量、规格、内容、方法的监督、评估和管理；学校依据法律，保留对市场和社会需求做出灵活反应的必要的自主权，自主办学。四个部分相互激励，相互制约，推动着教育向经济和社会需求的方向发展。这一机制代表了社会各个部分的利益，由各个部分派代表参加，具有较明确和合理的分工，反映了现代社会中现代教育与国家、市场和社会相互作用的普遍规律。[①]

即使 20 世纪 80 年代以来美、英等许多国家进行的"以市场为取向"的教育改革对教育各部分的作用及其相互关系有所调整，增加了市场的成分，但终究未使教育市场化，学校未被企业化。

一个成功的企业是赚取高额利润的企业，而一所成功的学校却是那些给学生培植一种爱学习、尊重他人的精神的学校。在市场中为获取利润，人们可以进行投机，但人们是否可以拿孩子的教育进行赌博呢？回答当然是否定的。因而，教育不能市场化。

其次，教育不能市场化并不意味着教育就不可以在一定环节上引入一点儿市场手段或竞争机制。

国家干预与市场调节这两种手段的结合，绝非一种板块式的外部简单结合，而是内部结合的统一机制。在西方经济制度中，国家干预并非只对"政府控制成分"起作用，市场调节也不只是针对"市场的成分"，而是国家干预与市场调节起的作用"交织在一起"，共同对资

---

① 王一兵. 发展机制与困惑：西方发达国家 60 年代以来教育发展述评和比较［M］. 北京：中国卓越出版社，1990.

本主义生产与消费施加影响。[①] 换句话说，国家干预与市场调节的作用都是覆盖全社会的，只不过是国家干预在"政府控制成分"中占主导作用，而市场调节在"市场的成分"中占主导地位而已。美、英等西方发达国家的教育运行机制就是此模式的具体体现。

因此，在我国教育运行机制中，我们不仅不应当否定市场的作用，还应从我国教育发展的实际情况出发，探索在哪些领域、哪些环节上可以引进市场手段或竞争机制。

再次，国家干预与市场调节的最佳结合永远存在于动态之中。

迄今为止，西方国家在探索政府干预与市场调节结合模式的过程中，经常是两手并用的，只是在不同的时期侧重点不一样而已。正如欧洲教育与社会政策研究所所长拉迪斯拉夫·塞里奇教授所说的那样：无论是集权制、分权制还是市场调节，它们长期支配高等教育时，都会逐渐僵化。因此，控制形式的变化对改革的推动作用是暂时的[②]。西方市场经济国家 20 世纪 80 年代以来对教育运行机制的调整就是一个很好的例证。因此，我们应放弃那种寻求永恒的最佳结合模式的想法，而只能寻求各种特定条件下的特定结合方式。国家干预与市场调节的最佳结合永远处于动态之中。

① 萨谬尔森. 经济学：上 [M]. 北京：商务印书馆，1982：70.
② 克拉克. 高等教育新论：多学科的研究 [M]. 王承绪，等编译. 杭州：浙江教育出版社，1988：281.

目　　录

第 1 章

日本教师教育改革：进展与课题

第 1 节　变动时代的日本教师教育改革：背景、目标与理念①

　　自 20 世纪 80 年代中期全面启动历史上第三次大规模教育改革以来，改革成为日本教育发展的常态。而在常态化的教育改革中，教师教育改革又是重中之重。② 此次日本教师教育改革，高举向"新时代的教师培养、录用和研修体系"转型的旗帜，根据临时教育审议会（以下简称"临教审"），特别是后来的教育职员养成审议会（以下简称"教养审"）、中央教育审议会（以下简称"中教审"）等的建言，迅速展开。③ 历经 30 多年的改革正在日本教师教育领域引发"明治时代教师职业出现以来的最大规模变动"。④

　　20 世纪 80 年代中期以来的日本教师教育变革是在什么样的背景下、基于什么样的目标、遵循什么样的理念展开的？本节将探讨这些问题。

一、改革的背景：变动的时代

　　"变动"一词可以概括 20 世纪 80 年代以来日本社会发展的特征，而正是与教师和教师教育相关的各种"变动"，构成了此次日本教师教育改革的重要背景。

（一）社会结构的急剧变动

　　综观日本有关教师教育的各种审议会咨询报告，可以发现，"应对社会结构的急剧变化"始终被作为教师教育改革的课题。20 世纪 80 年代之后，日本实现了赶超欧美发达国家的现代化目标，进入一个新的转型时期。国际化、信息化、少子化、高龄化、高学历化等构成这一转型的基本

---

① 本节曾发表于《比较教育研究》2014 年第 8 期。
② 日本教师教育学会. 日本の教师教育改革 [M]. 东京：学事出版，2008：231.
③ 日本教师教育学会. 教师として生きる [M]. 东京：学文社，2002：81.
④ 日本教师教育学会. 日本の教师教育改革 [M]. 东京：学事出版，2008：8.

特征。而在诸多社会变化中，最能体现转型特征的就是由工业社会向信息社会的转变。在知识社会中，社会结构的急剧变化和知识的日新月异意味着学校教育的职能必须由以传授知识为主向以培养生存能力为主转变。这也意味着教师不仅要具备更高的专业性，而且要不断更新专业知识和提高能力，以适应变化的需要。

（二）教育对象的深刻变化

如果说"应对社会结构的急剧变动"是日本教师教育需要解决的"长远课题"，那么应对以"教育病理"为典型表现的学生变化则是日本教师教育"亟待解决的课题"。20 世纪 70 年代中期以来，日本校园暴力、欺侮、拒绝上学等教育病理问题长期持续，成为严重的社会问题。教育病理现象的出现意味着教育的对象已经发生了深刻的变化。其中最值得关注的变化是学生中出现了"逃避学习"的趋向。佐藤学就曾指出："危机的中心到底在哪里？媒体大声呼喊的种种'危机'是制造出来的'危机'，与只占学龄儿童 1％左右的'危机'不同，还有影响到至少 70％—80％儿童的危机存在，即逃避'学习'。[1]"教育对象的深刻变化意味着教师无法延续以往的教育方式，需要不断地吸取儿童研究的最新成果，深刻理解自己的教育对象，提高应对教育对象变化的专业性。

（三）家长和国民对教师及教师教育信任的严重动摇

在日本，长期以来，特别是 1971 年《人才确保法》颁布以来，教师一直受到社会的高度尊重。然而，进入 20 世纪 80 年代中期以后，教师在人们心目中的地位开始动摇，家长和社会对教师的不信任与日俱增，以致达到不满的程度。[2] 对教师的质疑和不信任自然要波及培养教师的教师教育机构。[3] 于是，恢复民众对学校和教师的信任也就成为日本教师教育改革的持续性诉求。

---

① 黒沢惟昭. 教育改革の言説と子どもの未来［M］. 東京：明石書店，2002：24—25.
② 究其原因，主要有：第一，教育病理现象的频繁发生引发人们对学校和教师的不满；第二，教师队伍中出现了所谓"指导力不足"、热情和使命感下降等问题，更加深了社会的不自信和不满，以致教师成为激烈评判的对象；第三，伴随社会的高学历化和家长受教育水平的提升，社会和家长对教师的要求日趋提高，看待教师工作的眼光也越来越苛刻。
③ 东京都、京都府等地方教育委员会组织的"教员养成塾"即是一种象征或体现。

（四）教师供求关系的变化

在开放制原则下，第二次世界大战后，日本的教师培养由以培养教师为主的国立教员养成大学、学部和获得教师培养课程认定的私立大学为中心的一般大学分别承担。前者以培养小学教师为主，后者以培养中学教师为主，双方在一定程度上存在某种分工体制，适度地维持了教师供求关系的平衡。然而20世纪70年代中期以后，学校的教育适龄人口减少，自20世纪80年代中期至90年代，日本出现了教师资格证取得者"过多"与实际录用者"过少"的持续状况。进入21世纪之后不久，由于所谓"团块世代教师"开始进入大量退职期，大城市地区和小学阶段教师需求量激增。在东京、大阪等大都市里，达到了近乎"全员合格"的地步。[①] 这意味着日本的教师教育面临着在质和量两个方面确保优秀教师的课题。

如果说"社会结构的急剧变动"和"教育对象的深刻变化"说明了日本教师教育改革的必要性和紧迫性，那么"教师供求关系的变化"和"家长和国民对教师及教师教育信任的严重动摇"则说明了日本教师教育改革的环境特征。

二、改革的目标：提高教师的专业性

20世纪80年代以来，日本教师教育改革将"恢复对教师的信赖"和"提高教师的专业性"作为基本诉求。[②] 由于"提高教师的专业性"是"恢复对教师的信赖"的基础和前提，所以"提高教师的专业性"堪称20世纪80年代以来日本教师教育改革的最基本目标。

那么，日本教师教育改革所追求提高的教师专业性到底包含什么样的内容呢？通过下述几个关于教师素质要求的咨询报告，大体可以把握20世纪80年代以来日本所追求的教师专业性的内涵。

（一）《关于提高教师素质能力的方策等》（"教养审"，1987年）

"教养审"1987年的咨询报告《关于提高教师素质能力的方策等》基于教师职业作为专业性职业的基本认识，主张教师必须具备"作为教育者

---

① 日本教師教育学会. 日本の教師教育改革 [M]. 東京：学事出版，2008：21.
② 日本教師教育学会. 日本の教師教育改革 [M]. 東京：学事出版，2008：21.

的使命感、对于人的成长和发展的深刻理解、对学生的教育爱、关于学科等的专业知识、宽广丰富的教养，以及在此基础上的实践性指导能力"。①可见，咨询报告所理解的专业性的核心就是"实践性指导能力"。

虽然该咨询报告及其依据的"临教审"第二次咨询报告都未对"实践性指导能力"进行正面的界定，但是通过根据该咨询报告的建议而于1989 年修订实施的《教育职员许可法》（以下简称《许可法》）以及实施规则等，可以看出其基本倾向。② 正如坂本昭所指出的那样，从"临教审"报告的整体精神以及当时日本教育荒废愈演愈烈的现状来看，当时更多的是从技术层面来理解"实践性指导能力"的，即更多地将其理解为应对教育荒废、适应学校现场需要的"实践能力"。③

（二）《关于面向新时代的教师培养改善方策》（"教养审"，1997 年）

"教养审" 1997 年的咨询报告《关于面向新时代的教师培养改善方策》基于"所谓教师的素质能力即是由对教师职业作为专业性职业的热爱、自豪和一体感所支撑的知识、技能等之总体"这一理解，从两个基本方向对教师素质进行了阐释：一是基于应对学校当前面临的课题和实现适应未来需要的学校教育的考虑，将教师素质分为"任何时代都需要的素质能力"和"今后特别需要具备的素质能力"两个方面，并特别强调后者。④二是强调教师应"具有擅长的领域，个性丰富"。报告主张在今后思考教师应有素质的时候，应避免对教师进行划一的要求，要在确保所有教师具备共同的基础和基本素质的基础上，积极地引导和促进每位教师建立自己

---

① 教育職員養成審議会. 教員の資質能力の向上方策等について [R]. 1987—12—18.

② 从教师素质能力观的角度来看，《许可法》1989 年的修订有以下两点值得关注：一是大幅度地提高了教师许可基准，特别是"有关教育的科目"其最低学分的要求；二是在"有关教育的科目"中新设了"有关特别活动的科目"（2 学分）和"有关学生指导（不含教育咨询和出路指导）的科目"（2 学分），并且给"教育实习"增加了 1 学分（小学和中学的教育实习学分数分别由 4 和 2 增加到 5 和 3），用于"有关教育实习的事前和事后指导"。

③ 坂本昭. 教師教育制度改革の動向：「大学における教員養成」の視点から [J]. 福岡大学研究部論集 A：人文科学編，2009，9 (4)：15—24.

④ "教养审"将其 1987 年的咨询报告所列举的素质能力视为"任何时代都需要的素质能力"，并认为"今后特别需要具备的具体素质能力"主要有三方面：（1）立足全球视野开展行动所需的素质能力；（2）生存于变化时代的社会所需的素质能力；（3）从事教师职务必需的素质能力。

的擅长领域，伸展各自的个性。①

　　根据以上对有关教师素质要求的认识，咨询报告对改进教师培养课程提出如下建议：② 一是在教师培养课程中"有关学科的科目"和"有关教育的科目"两大模块之外，新设"有关学科或教育的科目"，引入选修制。③ 二是在总学分数不变的前提下，减少"有关学科的科目"的学分，增加"有关教育的科目"的比重，并对"有关教育的科目"的设置进行调整，提出了新设"综合演习"科目，充实初中的教育实习，充实"有关学生指导、教育咨询和出路指导的科目"，以及将"外国交流""信息机器操作"设为必修科目等几点建议。④

　　正如"教养审"1999年的咨询报告《关于培养与录用、研修的顺利连接》所概括的那样，"教养审"1997年的咨询报告主要是从"确保具有使命感、擅长领域和个性，拥有能够恰当地应对学校现场课题的能力之教师这一角度，对教师培养课程等大学阶段教师培养的改善方策进行了提议"。⑤ 也就是说，"教养审"1997年的咨询报告在继续重视"实践性指导能力"的同时，⑥ 特别强调"使命感、擅长领域和个性"。可见，该咨询报告对教师专业性的理解，注意到教师发展中专业性与人性、社会性之间整合的重要性。⑦

---

① 教育職員養成審議会. 新たな時代に向けた教員養成の改善方策について［R］. 1997—07—28.

② 教育職員養成審議会. 新たな時代に向けた教員養成の改善方策について［R］. 1997—07—28.

③ 此举的目的在于给高校提供更多的课程编制自主权，期待高校能够进行更有创意的课程编制；给学生提供根据自己的意愿和期望进行自主选择的更大空间，期待学生通过重点学习，建立擅长领域，伸展个性。

④ "教养审"的建议在1998年对《许可法》及其施行规则的修订中基本得到实现。基于新《许可法》的教师培养课程也自2000年度全面实施。

⑤ 教育職員養成審議会. 養成と採用・研修との連携の円滑化について［R］. 1999—12—10.

⑥ 针对职前培养，"教养审"1997年的咨询报告强调要使学生通过学习取得教师资格证所必需的科目，掌握有关学科教学、学生指导"最低必需的素质能力"。而所谓"最低必需的素质能力"就是"从录用一开始就能够承担班主任和学科教学，能够无明显障碍地履行学科教学、学生指导等职务的素质能力"，此即1987年咨询报告所说的"实践性指导力"之基础。这一提法在以后的咨询报告和《许可法》中一再被确认。

⑦ 坂本昭. 教师教育制度改革的动向：「大学における教員養成」の視点から［J］. 福岡大学研究部論集A：人文科学編，2009，9（4）：15—24.

（三）《创造新时代的义务教育》（"中教审"，2005 年）

"中教审" 2005 年的咨询报告《创造新时代的义务教育》基于应对教师大量退职期和确立对教师的稳固信赖的考虑，提出作为优秀教师应具有三方面素质和能力：（1）对教育职业的强烈热情（对教师工作的使命感和自豪感，对儿童的爱和责任感等）；（2）作为教育专家的扎实能力（理解儿童，指导学生，指导集团、班集体建设的能力等）；（3）综合人文力（丰富的人性和社会性、常识和教养、礼仪等人际关系能力等）。① 在以上素质中，"综合人文力"是最新提出的，尤其值得关注。从其所列举的构成要素来看，所谓"综合人文力"，主要是与儿童人格形成有关的人际关系能力、沟通交往能力、同事合作能力等所谓的"人格素质"。可以看出，这一咨询报告在综合"教养审" 1987 年咨询报告所提出的"实践性指导能力"和"教养审" 1997 年咨询报告所提出的"使命感、擅长领域和个性"基础上，以"综合人文力"的提法更进一步地凸显了对教师作为人的整体发展之高度重视。②

"中教审" 2006 年的咨询报告《关于教师培养、许可制度改革的应有面貌》在确认"教养审" 1997 年咨询报告和"中教审" 2005 年咨询报告关于教师素质的要求基础上，提出了如下提高教师培养课程质量的建议：新设"教职实践演习"作为必修科目，充实并改善教育实习，充实教育指导，充实、强化教员养成课程委员会的职能，以及充实有关教师培养课程的事后评价功能和认定审查等。③ 对于教师教育机构来说，"教职实践演习"是其"最终确认"教师培养的目标是否达成的重要关口；对于学生（未来的教师）来说，"教职实践演习"不仅为他们"整合"所学的各种知识提供了平台，更为其自我反思提供了重要的机会。④⑤

---

① 中央教育審議会. 新しい時代の義務教育を創造する（答申）. 2005—10—26.
② 坂本昭. 教師教育制度改革の動向：「大学における教員養成」の視点から［J］. 福岡大学研究部論集 A：人文科学編，2009，9（4）：15—24.
③ 中央教育審議会. 今後の教員養成・免許制度の在り方について［R］. 2006—07—11.
④ 中央教育審議会. 今後の教員養成・免許制度の在り方について［R］. 2006—07—11.
⑤ 根据"中教审"咨询报告，"教职实践演习"（暂称）是由课程认定大学对照自己的教师培养目标等，对学生通过教师培养课程中其他教学科目的学习，以及教师培养课程以外的各种活动所掌握的素质能力，是否有机整合成为教师最低必需的素质能力，进行最终的确认。可以说是处于所有学年"学习轨迹之集大成"的位置。

透过"中教审"2005年咨询报告所强调的"综合人文力"和根据"中教审"2006年咨询报告的建议新设的"教职实践演习"，不难发现这个时期对教师专业性的理解进一步凸显了"整合"的意味：不仅着眼于学科专业与教育、理论与实践之间的融合，更强调把教师的发展建立在教师作为人的发展的基础上，追求专业发展与个人发展的有机整合。

（四）《关于在教师整个职业生涯中提高教师素质能力的综合方策》（"中教审"，2012年）

"中教审"2012年的咨询报告认为，今后日本的社会和学校教育发展需要广大教师成为受社会尊敬和信赖的存在，具有能够培养学生思考力、判断力、表现力的实践性指导能力，并且能够与同事和社区合作应对难题。由于实践性指导能力需要在教师的整个职业生涯中提高，而且面对社会的快速发展，教师也需要不断地更新知识、技能，因此，教师拥有探究能力并持续不断地进行学习，至关重要。

基于如上认识，报告把今后教师所需的素质能力整理为相互联系的几个方面：[①]（1）对教师职业的责任感、探究能力、在整个职业生涯中持续自主学习的能力（使命感、责任感、教育爱）。（2）作为专业人员的高度知识和技能：关于学科和教育的高度专业知识（包含能够适应全球化、信息化、特别支援教育，以及其他新课题的知识和技能）；开展新型学习的实践性指导力（为了使学生不仅掌握基础和基本知识、技能，而且形成思考力、判断力和表现力等，具有设计使学生充分运用知识和技能的学习活动、课题探究性学习和合作学习等活动的指导能力）；能够正确地开展学科教学、学生指导、班级经营等的能力。（3）综合人文力（丰富的韧性和社会性、沟通能力、与同事合作应对问题的能力、与社区和社会等多样化组织等进行联系协作的能力）。

与以往咨询报告相比，该咨询报告特别强调了终身学习与探究能力、[②]组织开展新型学习活动的实践性指导能力和沟通合作能力。之所以强调终身学习与探究能力，主要是因为"在急剧发展的社会中，需要不断地更新

---

① 中央教育審議会. 教職生活の全体を通した教員の資質能力の総合的な向上方策について［R］. 2012—08—28.
② 将探究能力、终身学习能力放在"使命感、责任感、教育爱"这个维度上谈论，足见报告是将终身学习与探究视为教师的一种责任，对其高度重视。

知识和技能"。之所以强调组织开展新型学习活动的实践性指导能力，是因为组织开展探究型学习和合作学习等新型学习活动是培养学生思考力、判断力、表现力等所必需。之所以强调沟通合作能力，一是因为教育问题的解决需要教师与相关人员和机构合作面对，二是出于对当前日本教师合作意识逐渐淡漠、合作文化逐渐消失的担忧。

综观 20 世纪 80 年代以来日本对教师专业性的理解，可以发现以下四个特点：

第一，强调实践能力。尽管日本总是根据社会和教育发展不断对教师提出新的素质要求，但是"实践性指导能力"始终被视为任何时代都必须具备的能力。尽管有关政策文件始终未对"实践性指导能力"做出正面界定，但是透过"许可法"及其施行规则的修订中对实践环节的高度重视，不难发现对教师实践能力的强调。

第二，注重教育素养。从"许可法"及其施行规则的修订中一方面削减"有关学科的科目"学分，另一方面增加"有关教育的科目"学分这一点不难看出，20 世纪 80 年代以来日本要求教师具备的素质能力更多的是"应对教育问题的能力"（competency），而不是"学科学力"（ability）。[1][2]

第三，重视综合人文素养。正如"教养审"1987 年咨询报告强调"实践性指导力"的技术层面，而"教养审"1997 年的咨询报告重视"使命感、擅长领域、个性"，"中教审"2005 年和 2012 年的咨询报告都强调"综合人文力"所表明的那样，20 世纪 80 年代以来日本对教师素质能力

---

①　東京学芸大学教員養成カリキュラム開発研究センター. 教師教育改革のゆくえ：現状・課題・提言［M］. 東京：創風社，2006：89—90.

②　究其原因主要有二：一是 20 世纪 80 年代以来教育荒废问题始终是摆在学校和教师面前最紧迫的课题；二是日本学生在 PISA 和 TIMMS 等国际性测试中处于前列的表现，说明提升教师学科教学能力并非急需。虽然日本学生在 2003 年以来的 PISA 测试中成绩有所下滑，但是人们更多地将其归因于 1998 年的课程改革大幅缩减教学内容等所致，而不是归咎于教师的学科教学能力。"中教审"2005 年的咨询报告虽然也以强调"作为教育专家的扎实能力"的方式对学科教学能力表达了关切，但没有改变重视教师"应对教育问题的能力"的基调。"中教审"2012 年的咨询报告强调教师组织开展新型学习活动的实践性指导能力，也主要是针对日本学生在 PISA 等测试中所表现出的思考、判断和表现能力不尽如人意的一种回应。

的要求越来越重视教师的综合人文素养。①

第四，越来越强调教师的终身发展能力。比如"中教审"2006 年咨询报告在尊重"教养审"1987 年和 1997 年咨询报告关于教师素质能力的要求的基础上，强调"教师职业事关每天都在变化中的儿童的教育，是一个开发儿童可能性的创造性职业，因此要求教师必须不断地加强研究与修养，以谋求专业性的提高"。"中教审"2012 年的报告更加强调了教师的终身学习与探究能力。

三、改革的理念：新自由主义

与许多欧美发达国家一样，日本自 20 世纪 80 年代中期以来也将新自由主义引入教育之中，并且日本的新自由主义教育改革也绝非仅仅停留在把市场原理引入教育之中，它还包含加强对教育的国家控制这一侧面。"市场原理"与"国家控制"成为日本新自由主义教育改革的一体两面。因此，有人说，教育的国家控制内在于新自由主义之中。②毫无疑问，新自由主义作为日本教师教育改革的指导理念，包含了两个方面内容：一方面引入市场原理，将所有教师教育机构置于竞争的环境中，赋予教师教育机构更多的自主权，期待教师教育机构提高"效率性"；另一方面加强对教师教育机构的绩效评定，敦促各教师教育机构切实承担起向国家和社会展示教师教育成效的责任（accountability），期待教师教育的"卓越性"。

依据大学审议会的建议，日本文部省于 1991 年对《大学设置基准》进行了重大修订，一方面扩大了高校办学自主权，使高校不仅可以根据自身情况设立新的学部、学科和课程，还可以发挥各自优势以形成各自特点；另一方面推动了高校承担起自我评价的义务，以提高卓越性和效能。以此为契机，各高校获得了在 124 个毕业学分的总体框架内自主编制课程等权利。此次修订当然也适用于作为高等教育组成部分的教师教育。

1998 年《许可法》的修订中新设了由各高校自主开设的"有关学科

---

① 之所以如此，一方面是因为日本受儒教的影响，在传统上就比较重视教师的人文素质；另一方面是因为解决教育荒废等问题，需要教师更加重视培养学生的"兴趣""意愿"和"态度"。而要培养学生此类素质，教师不仅需要一定的技术性能力，更需要具有丰富的人文素质。

② 佐貫浩，世取山洋介. 新自由主義教育改革：その理論・実態と対抗軸 [M]. 東京：大月書店，2008：9.

或教育的科目"，更直接地为承担教师教育的高校松了绑。在扩大教师培养机构课程编制自主权的同时，为了确保各高校能够提供高质量教师教育，文部省设立的"关于国立教师培养类大学、学部的应有面貌的恳谈会"所提交的报告（2001 年 11 月 22 日）提议，参与教师培养的大学和学部应以日本教育大学协会为中心，抓紧制订全国性示范性教师培养课程，以供各学校、学部参考，从而研制出具有各学校或学部特色的教师培养课程。① 根据这一提议，日本教育大学协会在组织专家进行研究的基础上于 2004 年 3 月 31 日提交了题为"教师培养'示范核心课程'的探讨——以'教师培养核心科目群'为基轴的课程研制提案"的咨询报告。

2004 年开始的国立大学法人化改革，在强化高校自主性之同时，引入第三方评估，强调建立高校绩效责任制。由于义务教育阶段教师的培养主要由国立教育大学或教育学部承担，所以国立大学法人化改革对教师教育产生深远影响。与国立大学法人化改革展开之同时，日本文部科学省自 2005 年起设立"教师培养 GP"项目（GP 即英文"Good Practice"的首字母），鼓励参与教师培养的高校申报。评审为优秀的申报项目可以获得文部科学省的重点经费支持。此举旨在通过引入竞争性教师教育预算分配机制，激励各学校开展教师教育创新，提高教师教育质量。

"中教审" 2006 年的咨询报告提出了若干加强对教师教育机构的规制，以保障教师和教师教育质量的建议。其中包括：② （1）新设"教育实践演习"作为取得教师资格证的必修科目，旨在使学生通过教师教育课程的学习，切实掌握作为教师最低必需的整体素质能力，并且能够对其整体素质能力进行明确的确认。根据这一提议，日本文部科学省要求自 2010 年开始，所有要取得教师资格证者都必须修学这一科目。（2）强化对承担教师培养任务的大学的课程认定行政。即除了"继续促进各大学的自我检查和评价，以及校外人员对其结果的检验"之外，"从专业角度对其进行事后评价，在被认为有问题的时候，可以采取提出纠正告诫或取消认定等措施"。根据这一建议，文部科学省强化了下属机构"课程认定委员会"的实地视察及其他权限。（3）引入教师资格证每 10 年更新一次的教师资格更新制。这一制度也于 2009 年开始正式实施。

① 　国立の教育養成系大学・学部のあり方に関する懇談会. 今後の国立の教員養成系大学・学部のあり方について［R］. 2011—11—22.

② 　中央教育審議会. 今後の教員養成・免許制度の在り方について［R］. 2006—07—11.

可见，20 世纪 80 年代中期以来的日本教师教育改革，20 世纪末之前更偏向于引入市场原理，而进入新世纪之后则加强了国家控制。世取山洋介的如下论点也适用于教师教育领域："临教审"之后至 20 世纪末之前与20 世纪末之后两个阶段的日本新自由主义教育改革的差异，体现在前者属于以"市场"为基础的新自由主义改革，后者属于以"契约"为基础的新自由主义改革。①

四、结语

由上可见，20 世纪 80 年代以来，为了应对"社会结构的急剧变动"和"教育对象的深刻变化"，在日本，教师和教师教育被寄予了巨大期待；而由于家长和国民对教师和教师教育信任的严重动摇，教师和教师教育又成为批判、改革的对象。在这种双重压力下展开的日本教师教育改革，把"恢复对教师的信赖"和"提高教师的专业性"作为基本追求。而日本教师教育改革所强调的教师专业性，既体现了对新时代（信息化时代）要求的积极回应（如重视终身发展、强调实践能力等），又反映了对现实课题（教育病理问题等）的无奈应对（注重教育素养、实践能力和综合人文素养），当然也免不了打上了日本文化传统的烙印（重视综合人文素养）。

以"提高教师的专业性"为基本目标，也就意味着是以提高教师教育质量为目标。正如各相关咨询报告反复强调的那样，日本的教师教育改革都坚持战后一直遵循的"大学中的教师培养"和"教师培养的开放制"的基本原则。因此，可以说 20 世纪 80 年代以来日本教师教育改革所要解决的课题就是如何在坚持开放制原则的同时，确保并不断提高教师教育质量。为解决这一课题，日本遵循新自由主义的理念，将市场原理引入教师教育，而且自 20 世纪 80 年代中期以来越来越注重对教师教育的过程评价和事后评价，致力于建立综合性的教师教育评价体制。

那么，日本教师教育改革的成效到底如何？透过"中教审"2012 年的咨询报告中依然特别强调要培养"受到社会尊敬和信赖的教师"这一点，可以说提高教师的专业性依然是日本教师教育的重大课题。虽然说提高教师教育质量是一项长期工程，但是经过 30 多年之后依然要直面改革之初的课题本身就能说明一定的问题。

---

① 佐貫浩，世取山洋介. 新自由主義教育改革：その理論・実態と対抗軸［M］. 東京：大月書店，2008：9.

　　这是一个改革的时代，也是一个评价的时代，或者说这是一个以评价为主要手段推进改革的时代。然而评价虽然是保障和提高质量的重要手段，但是远非充分条件。对于日本来说，要真正实现提高教师教育专业性这一目标，以下两方面努力不可或缺。

　　第一，制定教师专业标准。教师专业标准的重要性不仅在于它是教师录用考试和资格认定的依据，还在于它可以为教师教育机构编制教师教育课程提供参照；不仅在于它可以作为他律性评价的标准，更在于它可以成为教师教育机构自我评价的指引和教师自主发展的指南，因而更符合教师作为自主专业人员和教师教育机构作为自律性专业教育机构的特点和要求。虽然说日本相关咨询报告对于教师的素质能力要求都有过框架性的阐述，但是从咨询报告的性质及其有关教师专业素质能力的内容来看，无法发挥作为教师专业标准的作用。

　　第二，教师教育师资队伍建设。教师教育者是教师教育质量保障的关键。教师教育质量不仅取决于每个教师教育者的素质能力，更取决于教师教育者是否具有为了共同的教师教育目标而积极合作的意识和平台。从这个意义上来说，大力推进教师教育者的专业发展活动（faculty development）和建立校内有效合作的全校性教师培养体制至关重要。虽然日本很早就意识到这一点并在努力推进，但是离高质量教师教育的要求还有不小的距离。

　　对于今后日本的教师教育改革来说，需要在充分发挥中小学教师和教师教育机构（包括教师教育者）的主体性上下足功夫，而不应把重心放在加强对教师和教师教育机构的评价上。针对新自由主义教师教育改革，岩田康之曾郑重指出："重要的不是'竞争'，而是通过'连带'实现整体的提升。"[①] 这句话值得日本教师教育界认真倾听，也值得我们思考。

---

① 東京学芸大学教員養成カリキュラム開発研究センター. 教師教育改革のゆくえ：現状・課題・提言［M］. 東京：創風社，2006：89—90.

第 2 节　转型期的日本教育培养改革：
目标、举措、展望①

　　自 20 世纪 80 年代中期以来，改革成为日本教育发展的一种常态。在常态化的教育改革中，教师教育改革是重中之重。② 而在教师教育改革中，教师培养又成为改革的核心。那么，在最近 30 多年的时间里，日本的教师培养都进行了哪些改革？进展和成效如何？未来将往什么方向发展？回答这些问题正是本节的主旨。

　　基于民主与法治的原则，战后日本在制定重要的教师教育政策时，一般都遵循这样的程序：向咨询机构（主要是教育职员养成审议会、中央教育审议会③）提出咨询——咨询机构提出咨询报告——政府依据咨询报告的建议制定或修改相关法律法规（与教师培养直接相关的主要是《教育职员许可法》及其施行规则）——各大学在法制的框架下自主实施改革。鉴于此，以下本节主要依据有关教师培养的审议会咨询报告和相关法律法规，对 20 世纪 80 年代以来的日本教师培养改革进行一个总结性回顾，并在此基础上对其未来发展进行展望。

一、改革的背景与目标

　　战后日本的教师培养遵循"大学中的教师培养"和"教师培养的开放制"两大基本原则。根据 1949 年颁布的《教育职员许可法》（以下简称《许可法》），所有中小学教师原则上都必须拥有相应的教师资格证。而资格证可以通过在获得国家教师培养课程认定的大学（即所谓具有"认定课

---

① 本节曾发表于《教师教育学报》2014 年第 2 期。
② 日本教师教育学会. 日本の教师教育改革 [M]. 東京：学事出版，2008：231.
③ 日本于 1952 年成立教育职员养成审议会，此后日本有关教师教育的主要决策基本基于该审议会的建议。2001 年 1 月 6 日以后，伴随文部省的机构改革，教育职员养成审议会的职能被中央教育审议会所吸收。此后，有关教师教育的咨询建议职能由中央教育审议会来承担。

程"的大学）学习相应课程后获得。高起点、开放的教师培养，不仅促进了更多大学参与教师培养，为中小学教师队伍提供了充足的后备人才，而且通过造就受过高水准教育的教师，对战后日本教育的发展乃至日本的复兴与发展发挥了巨大的作用。然而，进入 20 世纪 80 年代之后，日本的教师培养面临前所未有的挑战与课题，主要体现在以下两个方面：

第一，社会结构的急剧变化对教师培养提出了更高的要求。进入 20 世纪 80 年代之后，日本进入一个重大转型时期。国际化、信息化、少子化、高龄化、高学历化等构成这一转型的基本特征。而在诸多社会变化中，最能体现这一转型特征的就是由工业社会向信息社会的转变。在信息社会中，教师不仅要具备更高的专业性，而且要不断更新专业知识和提高能力，以适应变化的需要。

第二，教育病理长期居高不下严重动摇了社会对教师和教师教育的信任。如果说"应对社会结构的急剧变化"是日本教师培养以及整个教育改革需要解决的"长远课题"，那么应对以"教育病理"为典型表现的学生变化则是日本教师教育以及整个教育"亟待解决的课题"。20 世纪 70 年代中期以来，所谓的教育病理问题成为严重的社会问题。教育病理现象的丛生，再加上社会的高学历化，使得长期以来一直受到尊重和信任的教师在人们心目中的地位开始动摇。家长和社会对教师的质疑和不信任与日俱增，以致达到不满的程度。对教师的质疑和不信任自然要波及培养教师的教师教育机构。

在上述背景下，提高教师专业性，恢复民众对学校和教师的信任，也就成为 20 世纪 80 年代中期以来日本教师培养改革的持续性诉求。① 由于提高教师的专业性是恢复民众对教师的信赖的基础和前提，所以提高教师的专业性可以说是 20 世纪 80 年代以来，日本教师培养改革的最根本目标。

二、改革的主要举措及其特点

20 世纪 80 年代以来的日本教师培养改革主要体现在教师培养课程、

---

① 比如文部科学省 2001 年 1 月公布的《21 世纪教育新生计划》所列的 7 项重点战略中，第 4 和第 5 条就分别是"建设受到家长和社区信赖的学校"和"培养作为教学'专业人员'的教师"。

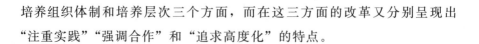

培养组织体制和培养层次三个方面，而在这三方面的改革又分别呈现出"注重实践""强调合作"和"追求高度化"的特点。

（一）教师培养课程改革：注重实践

《许可法》不仅确立了战后日本教师资格制度的基本框架，而且规定了战后日本教师培养的基本架构。《许可法》自颁布以来历经无数次修订，但是大的修订共有 3 次，均发生在 20 世纪 80 年代中期之后（1989 年、1998 年、2007 年）。透过平均每 10 年 1 次的大修订，我们大体可以把握 30 多年来日本教师培养课程改革的基本走向。

1. 1989 年的修订

《许可法》及其施行规则 1989 年的修订，依据的是教育职员养成审议会（以下简称"教养审"）1987 年的咨询报告《关于提高教师素质能力的方策等》的建议。该咨询报告认为，教师必须具备"作为教育者的使命感、对于人的成长和发展的深刻理解、对学生的教育爱、关于学科等的专业知识、宽广丰富的教养，以及在此基础上的实践性指导力"，并据此建议教师培养和教师资格制度改革要以提高实践性指导力为主旨，调整资格证的种类，提高许可基准等。[①]

根据"教养审"的建议，日本于 1989 年修订实施了《许可法》及其施行规则和《教育公务员特例法》。从教师培养课程的角度来看，以下两点值得关注：一是统一地、大幅度地提高了教师许可基准，特别是提高了"教育类科目"的最低学分要求（参见表 1-1）；二是在"教育类科目"中新设了"有关特别活动的科目"（2 学分）和"有关学生指导（不含教育咨询和出路指导）的科目"（2 学分），并且给"教育实习"增加了 1 个学分（小学和中学的教育实习学分数分别由原来的 4 学分和 2 学分增加到 5 学分和 3 学分），用于"有关教育实习的事前和事后指导"。无论是增加教育实习的学分，还是增加"教育类科目"的学分，实际上都是为了提高所谓的实践性指导力。

---

① 教育職員養成審議会.教員の資質能力の向上方策等について（答申）[R].1987.

表 1-1　教师许可基准（取得教师资格证在大学最低必修学分数）比较一览表

年度 区分	—1989 资格证种类	—1989 学科	—1989 教职	1989— 资格证种类	1989— 学科	1989— 教职	1998— 资格证种类	1998— 学科	1998— 教职	1998— 学科或教职	2007— 资格证种类	2007— 学科	2007— 教职	2007— 学科或教职
幼儿园				专修	16	35	专修	6	35	34	专修	6	35	34
幼儿园	1 级	16	28	1 种	16	35	1 种	6	35	10	1 种	6	35	10
幼儿园	2 级	8	18	2 种	8	23	2 种	4	27		2 种	4	27	
小学				专修	18	41	专修	8	41	34	专修	8	41	34
小学	1 级	16	32	1 种	18	41	1 种	8	41	10	1 种	8	41	10
小学	2 级	8	22	2 种	10	27	2 种	4	31	2	2 种	4	31	2
初中				专修	40	19	专修	20	31	32	专修	20	31	32
初中 1 级 甲	40	14		1 种	40	19	1 种	20	31	8	1 种	20	31	8
初中 1 级 乙	32	14												
初中 2 级 甲	20	10		2 种	20	15	2 种	10	21	4	2 种	10	21	4
初中 2 级 乙	16	10												
高中				专修	40	19	专修	20	23	40	专修	20	23	40
高中 1 级 甲	62	14												
高中 1 级 乙	52	14												
高中 2 级 甲	40	14		1 种	40	19	1 种	20	23	16	1 种	20	23	16
高中 2 级 乙	32	14												

注：1.“甲”指社会、理科、家庭、技术、职业等学科，“乙”指国语、数学、音乐、美术、保健体育、保健、外语等。

2.“其他”科目是指日本宪法、体育、外语交流、信息机器的操作。

2. 1998 年的修订

《许可法》及其施行规则 1998 年的修订，依据的是“教养审”1997 年的咨询报告《关于面向新时代的教师培养改善方策》的建议。针对教师培养，该咨询报告强调，要使学生通过学习取得教师资格证所必需的教学科目，掌握有关学科教学、学生指导“最低必需的素质能力”。而所谓“最低必需的素质能力”，就是“从录用一开始就能够担任班主任和学科教学，能够没有明显障碍地履行学科教学、学生指导等职务的素质能力”。报告还建议，要在确保所有教师具备共同的基础和基本素质能力的基础上，积极地引导和促进每个教师建立自己的擅长领域，伸展各自的个性。[①]
针对教师培养课程的改进，咨询报告具体提出了如下建议：[②]

一是在"学科类科目"和"教育类科目"两大科目群之外，新设"学科类或教育类科目"以供学生自主选修。[③] 此举的目的在于给高校提供更多的课程编制自主权，期待其进行更有创意的课程编制；给学生提供根据自己的意愿和出路希望进行自主选择的更大空间，期待其通过重点学习，建立擅长领域，伸展个性。

二是在总学分不变的前提下，减少"学科类科目"学分，增加"教育类科目"学分，并对"教育类科目"中的具体科目进行调整，提出了新设"综合演习"科目（2 学分）、充实初中的教育实习（由 3 学分增加到 5 学分）、充实"有关学生指导、教育咨询以及出路指导的科目"（小学、初中和高中阶段均要求由 2 学分增加到 4 学分，幼儿园阶段新设有关教育咨询的科目 2 学分）以及将"外国交流""信息机器操作"设为必修科目等几点建议。其中，最值得关注的即是新设"综合演习"科目这一建议。"综合演习"科目的目的在于使学生获得立足于全球视野开展行动的素质能力之基础，教学主要采用以讨论为主的演习形式，尽可能地让有志于当教师者通过实地考察、参与、调查等方法，对现实社会状况有一个恰当的理解，并期望从对学生开展教育教学的角度尝试性地撰写教案和教材，实施模拟教学等。新设这样的科目，表明更加注重教师作为一个人的整体素质。

"教养审"的建议在《许可法》及其施行规则的修订中基本得到实现（参见表 1 - 1）。基于新"许可法"的教师培养课程也自 2000 年度入学者开始全面实施。

3. 2007 年的修订

《许可法》及其施行规则 2007 年的修订，依据的是中央教育审议会（以下简称"中教审"）2006 年的咨询报告《关于教师培养、许可制度改革的应有面貌》的建议。"提高教师培养课程的质量水准"是该咨询报告所提三大建议之首。作为提高教师培养课程质量水准的具体措施，报告提出新设"教职实践演习"作为必修科目，充实并改善教育实习，充实教职指导，充实、强化教员养成课程委员会的职能，以及充实有关教师培养课程的事后评价功能和认定审查等 5 项建议。[④]

---

① 教育職員養成審議会. 新たな時代に向けた教員養成の改善方策について（答申）[R]. 1997.

② 教育職員養成審議会. 新たな時代に向けた教員養成の改善方策について（答申）[R]. 1997.

③ 选修制早在 1989 年专修资格证中就已实施，这次只是将本只适合于专修资格证的选修制推广到所有资格证。

④ 中央教育審議会. 今後の教員養成・免許制度の在り方について [R]. 2006.

　　在以上建议中，与课程结构和内容直接相关而且最具特色的，当属新设"教职实践演习"作为必修科目（2 学分）这一建议。根据咨询报告，"教职实践演习（暂称）是由课程认定大学对照自己所要培养的教师形象和所要达到的目标等，对学生通过教职课程中其他科目的学习以及教职课程以外的各种活动所获得的素质能力，是否有机整合为教师最低必需的素质能力进行最终的确认。可以说是处于所有学年'学习轨迹之集大成'的位置。期待学生通过这一科目的学习，认识将来成为教师后对自己而言什么是课题，并根据需要弥补不足的知识和技能等，从而能够更顺利地开始教师生活。"①② 可见，"教职实践演习"一方面具有"最终确认"教师培养是否达到目标之"出口管理"目的，另一方面也具有"整合"学科知识与教育知识、理论知识与实践知识之"集大成"意图。根据 2007 年"许可法"及其施行规则的修订，"教职实践演习"取代了"综合演习"，成为一门必修课。

　　日本的教师培养课程改革除了受到"许可法"及其施行规则的框架性规定所规约之外，在进入新世纪之后，也受到了日本教育大学协会（以下简称"教大协"）2004 年 3 月提出的报告《教师培养的"示范性核心课程"的探讨——以"教师培养核心科目群为基轴的课程建设提案"》的影

---

① 中央教育審議会. 今後の教員養成・免許制度の在り方について［R］. 2006.
② 鉴于教职实践演习的宗旨和目的，报告认为："在教学内容上要综合集结课程认定大学所拥有的学科类科目和教育类科目的见识，同时吸纳学校现场的视角，进行内容组织"；"在教学方法上，可以采取角色扮演（role playing）、小组讨论、案例研究、实地调查（field work）、模拟教学等方式"；在指导教师方面，不仅要"构建由担任学科类科目和教育类科目的教师共同负责科目实施的责任体制"，而且应充分利用具有中小学教学工作经验者，以便能恰当地反映基础教育的视角；在开设时间上，安排在第四学年的后期比较合适。关于与教育实习的关系，报告指出："虽然两者的主旨和目的各不相同，但是作为体认将来成为教师之后的课题之机会，具有共通性，而且在学习期间上也接近，所以在实施的时候要注意其内容和指导方面的关联性和连续性。具体来说，就是可以把经过教育实习及其事后指导而明确的课题在教职实践演习（暂称）中进行重点确认，并根据需要进行补充性指导。"

响。①"教大协"的报告建议以"确保体验与反思循环往复的教师培养核心科目群为基轴"，进行教师培养课程的编制，并提出了承担教育类、学科教育以及学科专业课程的大学教师之间相互协作的必要性。报告提出的所谓"示范性核心课程"的主要内容是：在教师职前培养中，设定"核心科目群"，从学生入学的第一学年开始，就安排包括到校外接触教育实践现场的机会，以使其积累与儿童打交道和接触教育实际的体验，与此同时在大学的教学中开展与这些体验相结合的研究活动，意在建立"体验与反思循环往复"的教职指导体制。② 该报告对参与教师培养的高校，特别是国立教员养成类大学和学部的影响非常大。尽管各大学、学部所采取的形态不同，但都开展了与"教大协"报告书非常类似的活动。③ 正如岩田康之所指出的那样："在本科教师培养领域中，以充实在儿童成长的教育现场中的'体验'和对其进行科学'反思'的机会为主旨，系统配置教师培养课程，已构成近年来日本教师培养课程改革之主流。"④

透过以上考察我们可以发现，20 世纪 80 年代中期以来，日本教师培养课程改革中有一条主线是贯串始终的，即通过加强教育实习等措施，不断加强实践性教育在教师培养中的比重，并在此基础上，谋求构建理论与实践有机结合的综合化、体系化的教师培养课程体系。

（二）教师培养组织体制建设：强调合作

教师培养目标的实现不仅取决于课程结构是否均衡、课程内容是否切

---

① "教养审"1997 年咨询报告在提出扩大高校课程编制自主权的同时，为了确保教师培养课程的质量，也提出了教师培养相关机构尽快研制示范性教师培养课程的建议。根据这一建议，文部省于 1998 年发表了《教育类课程中教育内容、方法的开发研究委托实施要领》，委托有关机构和研究人员围绕"系统的教师培养课程"进行综合的开发研究，并就"有效的教育类科目的教育内容和方法"开展具体的开发研究。文部省期待通过此类研究为各高校提供可供参照的课程开发模式。在此基础上，2001 年的《关于国立教员养成类大学、学部应有状态的恳谈会》报告也再次强调了研制教师培养"示范课程"的必要性。根据这一提议或精神，日本教育大学协会于 2001 年 8 月设立"示范性核心课程"课题，并于 2004 年 3 月提交了咨询报告。
② 日本教育大学協会「モデル・コア・カリキュラム」研究プロジェクト. 教員養成の「モデル・コア・カリキュラムの検討―「教員養成コア科目群」を基軸にしたカリキュラムつくりの提案―」[R]. 2004.
③ 日本教育大学協会「モデル・コア・カリキュラム」研究プロジェクト. 教員養成カリキュラムの豊かな発展のために―〈体験〉―〈省察〉を基軸にした「モデル・コア・カリキュラム」の展開 [R]. 2006.
④ 東京学芸大学教員養成カリキュラム開発研究センター. 教師教育改革のゆくえ：現状・課題・提言 [M]. 東京：創風社，2006：89.

合需要，更取决于实施课程的相关人员的素质，特别是取决于这些相关人员是否具有明确的教师培养理念和目标，并基于共同的理念和目标开展有效的合作。正是基于这样的认识，进入 20 世纪 90 年代中期之后，日本就把建立健全基于合作的教师培养组织体制作为重要的课题之一。

"教养审"1997 年的咨询报告针对"教育类科目"群的教学内容之间缺乏一贯性等问题，就曾提议："各大学在引入选修方式，强化教师培养课程中的学习指导之同时，有必要立足综合的视点，从推进特色化教师培养的角度，促进各科目之间的内容协调和信息交换，适当地整备'教员养成课程委员会'之类组织。"另外，为了确保教育实习与实习的事前和事后指导之间，以及有关学科教学、学生指导等科目与教育实习之间在内容上的整合性和连续性，报告也建议要充分利用"教员养成课程委员会"等组织，并在教育实习方面要强化大学与地方教育委员会、实习学校之间的合作体制。①

"教养审"1999 年咨询报告在进一步分析日本教师培养长期以来存在的问题基础上，提出了一些改革建议。报告所指出的问题，概括起来主要包括三方面：（1）大学对于到底要培养什么样的教师并不具有清晰的理念，在开设教师培养课程时只是设置与取得教师资格证直接相关的科目，而且任课教师的选任也没有充分考虑其是否能够胜任教学任务；（2）参与教师培养的有关人员在对于教师培养课程的目的是培养专业人员这一点上没有达成共识，所以在具体设定科目和实施科目教学时，未能在科目与科目之间形成必要的整合性和连续性，使得教师培养缺乏全面性和系统性；（3）教学过度偏向于教师研究领域的专业性，而缺乏与"对儿童的教育"紧密结合的考虑，对学校现场面临的课题观照不够。也就是说，对学生学科专业知识的传授重视有余，而对学生课题探究能力的培养严重不足。②

正是为了解决如上问题，"教养审"1997 年的咨询报告提出了教师培养课程弹性化和加强"教育类科目"等建议，而且这些建议也通过"许可法"的修订得到了落实。但是，"教养审"1999 年的咨询报告认为仅仅依靠"许可法"的修订并不足以解决上述问题，并为此提出了旨在加强教师培养组织体制建设的建议，主要包括：③

第一，开展教师培养的大学，要在明确到底要培养什么样的教师的基础上，系统地编制教师培养课程，并且"参与教师培养的相关大学教师要

①　教育職員養成審議会.新たな時代に向けた教員養成の改善方策について（答申）[R].1997.

②　教育職員養成審議会.養成と採用・研修との連携の円滑化について（答申）[R].1999.

③　教育職員養成審議会.養成と採用・研修との連携の円滑化について（答申）[R].1999.

认清自己在实施该课程中的作用，开展更具实践性的教学"。为此，有必要设置"教员养成课程委员会"，开发研究示范性教师培养课程，编写教学大纲等。

第二，在大学与地方教育委员会之间建立有组织的、持续的相互交流的联系合作体制。报告指出，虽然此前在各都道府县和国家层面上已经设立了教师素质提高联络协议会之类的组织，并且以教育实习为中心，努力推进相互的联系与合作，但是以往的联系合作主要停留在进行有关教师录用选考方法和研究生层次在职教师教育课程等方面的信息交换，而在大学开展的教师培养如何更好地适应学校现场的需求，以及在教育委员会实施的教师研修中如何充分利用大学的力量等方面，还存在不足。为此报告提出，今后大学与中小学之间的联系和合作应该由以信息交换为主，向有组织的、持续的、相互交流为主的合作体制转换。

"中教审"2006 年的咨询报告再次确认了"教养审"1999 年咨询报告所指出的教师培养中存在的问题，并在此基础上，把充实和完善教师培养组织体制作为改善教师培养的首要着眼点。报告强调，为构建全校都以负责任的态度进行教师培养课程运营与指导的体制，课程认定大学要充实与强化教员养成课程委员会，促进其在学校教师培养中发挥核心作用的职能。为了使课程认定大学的教师培养课程能够持续适应学校现场的需求，有必要以教员养成课程委员会为窗口，听取来自学校现场及教育委员会针对教职课程的期望，并使其在学部等的实际教育中得到反映，以此来构建能够考虑学校现场和社会需求，不断改善教职课程的体系。①

目前，日本的大学中基本都设置了类似于教员养成课程委员会之类的组织，而且大学方面也在积极谋求与地方教育委员会和学校的联系与合作。

（三）教师培养层次的调整：追求高度化

正如佐藤学所指出的那样，战后日本的教师培养是在世界最高水平上再起步的，将战前属于中等教育层次的教师培养一举提升到高等教育层次，实现了"大学中的教师培养"。这不仅对日本而言，而且从欧美发达国家是在进入 20 世纪 70 年代之后才普遍实施"大学中的教师培养"这一点来说，也确属具有划时代意义的改革②。进入 20 世纪 70 年代之后，日本以新设对教师的再教育为主要目的新教育大学为切入点，开始推进研究生层次的教师教育，启动教师培养"高度化"的进程。进入 80 年代中期以后，日本先是在既有的学位与研究生教育制度框架内，推进研究生层次

① 中央教育審議会. 今後の教員養成・免許制度の在り方について（答申）[R]. 2006.
② 日本教師教育学会. 日本の教師教育改革 [M]. 東京：学事出版，2008：23.

教师培养的发展；在进入 21 世纪之后，开始在专业学位与研究生教育制度框架下，进一步加快教师培养"高度化"的进程。

第一，在既有的学位与研究生教育之框架内，鼓励教员养成大学、学部设立研究生教育课程。"临时教育审议会"咨询报告和"教养审"1987年的咨询报告从促进教师再教育和提高教员养成大学、学部的教学、研究水准的角度，均提议加速设置硕士课程。根据这些建议，日本于 1989 年修订实施的《许可法》创设了以修完硕士课程为基础资格的专修资格证。在此背景下，教员养成类大学和学部设置硕士课程的进程得到进一步的推进。截至 1996 年，所有设立教员养成学部的大学（当时为 48 所，其中含3 所新教育大学）均设置了硕士课程，当年招生 4 026 人（其中新教育大学招收 900 人）。这些大学的硕士课程定位是：在培养具有高度专业性和在特定领域具备更高素质能力之教师的同时，开展旨在提高在职教师素质的再教育。[①] 在积极鼓励各教员养成类大学、学部设立硕士课程，为教师接受研究生教育提供机会，为鼓励教师以取得专修资格证为目的接受研究生教育的同时，日本还自 2001 年度实施了"研究生修学休业制度"。根据该制度，所有公立学校教师中具有一类资格证或特别资格证者，均可在征得任命权者同意的前提下，在以 1 年为单位、最长不超过 3 年时间的期间里，以停薪留职的方式到国内外大学接受研究生教育。

第二，在新的专业学位与研究生教育制度框架下，鼓励各大学设立"教师教育研究生院"，[②] 开展教育硕士专业学位教育。"中教审"在 2006年的咨询报告中提出了"要有效利用专门培养高度专业性职业人员的专业研究生院制度，进行高水平教师的培养教育"，即创设"教师教育研究生院"制度的建议。根据这一建议，日本修订了《研究生院设置基准》，并

---

① 中央教育審議会. 今後の教員養成・免許制度の在り方について（答申）[R]. 2006.

② 根据《专业研究生院设置基准》第 26 条第 1 项的规定，教师教育研究生院是"以专门进行培养具有高度的专门能力和优良素质的小学、初中、高中、特别支援学校及幼儿园教师的教育为目的"而设立的、标准修业年限为两年的专业学位研究生院。具体包含两方面的目的与功能：一是以本科阶段已经掌握作为教师的基础和基本能力者为对象，进一步提升其实践性指导力与拓展能力，培养其成为创建新型学校有力成员的新教师；二是以具有一定教龄的在职教师为对象，培养其作为在地区及学校工作中能发挥指导性作用、具备扎实的指导理论与出色的实践能力和应用能力的核心骨干教师（school leader）。为了培养具有如此素质能力的教师，教师教育研究生院坚持如下一些制度设计的基本方针：基于理论与实践融合的原则系统地设置课程；要求学生必须在课程编制与实施领域、有关学科的实践性指导方法领域、学生指导与教育咨询领域、班级经营与学校经营领域及学校教育与教师角色领域 5 个领域中修得 45 学分，方可取得教育硕士学位，其中 10 学分为学校实习；采用研讨班、案例研究和实地调查等新的教学形态；专任教师中具有作为教师的经验等所谓的实务教师必须达到 40% 以上，等等。

自 2008 年度开始批准设立"教师教育研究生院"，当年就批准了 19 所大学设立教师教育研究生院。截至 2010 年，共有 25 所大学设立教师教育研究生院（其中国立 19 所，私立 6 所），入学定员 840 人（其中国立大学 645 人，私立大学 195 人）。[①]

在教员养成类大学、学部已经开展研究生层次教师教育的情况下创设教师教育研究生院制度，主要有两方面的背景因素：

第一，社会和学校教育的环境所发生的巨大变化给教师教育提出了新的课题，主要有：（1）学校教育越来越需要能够适应这种变化和各种课题，具有高度专业性和丰富的人性、社会性的高素质教师；（2）因出生率的下降而导致的学校小规模化趋势使得各中小学自身的教师培养功能弱化，因此需要"培养不仅在所属学校而且能够在广阔地区发挥核心作用的教师"；（3）战后大量录用时期进入教师职业、目前构成教师队伍骨干的教师，即将迎来退休期，因此，从量和质两个方面培养和确保优秀教师已经成为极其重要的课题。

第二，既有的教员养成类大学的研究生教育存在问题。面对上述这些课题，不仅单靠深化本科及以下层次的教师培养改革不足以应对，即使通过加强既有的教员养成类大学的研究生教育也被认为无法应付。因为既有的教员养成类大学的研究生教育中，存在着培养研究者与培养高层次专业人员的职能区分不清的问题，从而导致在教育过程中"过度重视个别领域的学术知识和能力，而疏于诸如学校现场的实践能力与应用能力等这些作为教师应具备的高度专业性的培养"，[②] 无法发挥其应有的作用。

虽然日本早自 20 世纪 70 年代就开始在全国的国立大学教育学部设立硕士课程，在研究生教育层次扩大在职教师研修的机会，试图将教师教育提升到研究生层次，但是此项政策因为人事和财源的问题，地方教育委员会并没有积极行动起来，结果未达到预期目的。[③] 根据文部科学省的"学校教员统计调查"结果，1989 年日本国、公、私立学校中，具有研究生学历的教师，小学阶段有 0.6%，初中阶段有 1.8%，高中阶段有 6.5%；1998 年，小学阶段有 1.5%，初中阶段有 3.1%，高中阶段有 9.2%；2010 年，小学阶段有 3.3%，初中有 6.9%，高中阶段有 14.1%。[④] 可见，虽然各阶段具有研究生学历的教师呈逐渐增长趋势，但是增长相对缓慢。

[①] 中央教育審議会教員の資質能力向上特別部会.教職生活の全体を通した教員の資質能力の総合的な向上方策について（審議経過報告）[R]. 2011.

[②] 中央教育審議会.今後の教員養成・免許制度の在り方について（答申）[R]. 2006.

[③] 佐藤学.教員養成に必要とされるクラント・テサイン [J]. BERD, 2007（10）：1—6.

[④] 文部科学省.学校教員統計調査 [EB/OL].[2013—07—18]. http://www.e-stat.go.jp/SG1/estat/NewList.do? tid=000001016172.

日本教师教育高度化的进程依然任重而道远。

三、总结与展望

20 世纪 80 年代中期以来，日本与其他许多国家一样，以提高教师专业性为根本目标，大力推进教师培养改革。要培养具有高度专业性的教师，教师培养必须符合专业教育（professional education）的特点与规律。而要使教师培养成为真正的专业教育，就必须处理好理论与实践、学科专业与教育专业这两个基本关系（尤其是理论与实践的关系）。

由上文的考察我们不难发现，如果说战后相当长一段时间里日本的教师培养重视学科专业甚于教育专业，重视理论甚于实践的话，那么进入 20 世纪 80 年代中期之后，则在提高"实践性指导力"的大旗下呈现出重视教育专业甚于学科专业、重视实践甚于理论的倾向。虽然 1998 年的改革中新设的"学科类或教育类科目"、2007 年的改革中新设的"教职实践演习"科目以及以"体验与反思的循环往复"为特征的"教大协""示范性核心课程"均具有整合学科专业与教育专业、理论与实践之意图，但是在具体的改革实践中，由于更多突显的是不断加强实践环节的长度和密度，引发了人们对于教师培养沦为"职业训练"从而有悖"大学中的教师培养"原则的担忧。

的确，在 4 年的本科教师培养中，增加教育类科目和实践环节的比重就必然意味着减少学科专业科目和理论教学的比重。正是基于在 4 年的本科教师培养中难以实现学科专业与教育专业、理论与实践的高度融合，不足以培养高度实践型教师的考虑，日本才致力于推进教师培养的"高度化"。然而，教师培养"高度化"的效果也因为如下两方面的因素而未得彰显：第一，政策和财源上的配套措施跟不上，使得教师培养"高度化"的进展缓慢，导致教师培养依然主要依靠 4 年制的本科课程；第二，在大学内部，承担教养教育（或通识教育）、学科专业教育和教育专业教育等课程的教师之间，没有建立起真正有效合作的全校性教师培养体制。虽然各高校也都建立起"教员养成课程委员会"之类的组织，但是构成此类委员会的主体依然只是承担教育类课程的教师，尚未发展成为全校性组织，也不具备作为这种组织的权限。[①]在全校合作性教师培养体制尚不完备的

---

① 坂本昭. 教師教育制度改革の動向：「大学における教員養成」の視点から［J］. 福岡大学研究部論集：A，人文科学編，2009，9（4）：15—24.

情况下，一味地强调教育硕士专业学位教育中"实务教师要占 40% 以上""教育实习时间要达到 350 小时""加强与地方教育中心的合作"等等，就不可避免地引发教育硕士专业学位教育会不会沦为研究生层次的教师"职业训练"的担忧或批判。①

　　教师培养"高度化"的目的并不只是为了给教师培养增加一点长度，更为重要的是希望在更高层次上（研究生层次）谋求在本科层次难以实现的学科专业与教育专业、理论与实践有机融合的教师培养。在此意义上而言，日本面临的课题不仅仅是加快教师培养"高度化"的进程，更重要的是采取切实、有效的措施，推动教师教育在更高层次上实现真正的融合。需要指出的是，2012 年 8 月"中教审"提交了题为"关于在教师整个职业生涯中提高教师素质能力的综合方策"的咨询报告，再次确认了 20 世纪 80 年代以来日本教师培养改革的基本走向。报告基于支援教师在整个职业生涯中的持续学习和探究的出发点，提出了日本今后教师培养改革基本方向：通过加强大学与教育委员会之间的联系、合作，推进教师培养的高度化、实质化。基本设想是把教师视为高层次专业人员，把教师培养提升到硕士研究生层次，以教师教育研究生院的教师硕士研究生培养为教师培养的基本模式，在研究生层次加强大学与地方教育委员会之间的合作，促进理论与实践的循环往复，提升教师培养质量。②

　　然而，"中教审"2012 年的咨询报告是民主党执政时期的产物，体现了民主党的执政理念。就在"中教审"的报告发布 10 个月后，自民党重新执政。因此，"中教审"2012 年咨询报告所提出的改革建议能够在多大程度上得到落实，还需要继续观察。不过，鉴于 20 世纪 80 年代以来，日本教师培养改革的基本方向是在自民党政府执政时期确立，且在绝大部分时间里是由自民党政府推动的，笔者相信在可预见的未来，日本教师培养改革的基本方向不会发生根本性的改变，尽管在具体的改革举措上可能会有微调。

---

① 如日本著名学者佐藤学就批评说："培养作为'即战力'的'实践性指导力'的'教师教育研究生院'虽然高歌要克服参与教师培养的大学的'学术化取向'，但是与其说是'培养专业人员的研究生院（professional school）'，莫如说是标榜'进行实务人员教育'的'专门学校的研究生院版'。它所追求的是作为转移地方教育委员会实施的初任者研修和在职研修的组织之功能。具有讽刺意味的是，'教师教育研究生院'担负了促进'去专业化（de-professionalization）'的功能。"参见：日本教师教育学会. 日本の教师教育改革 [M]. 東京：学事出版，2008：32.

② 中央教育審議会. 教職生活の全体を通した教員の資質能力の総合的な向上方策について（答申）[R]. 2012.

第 3 节　转型期的日本教师终身学习
体系建设：背景与举措[①]

在教育改革已经成为常态的社会里，教师在职教育不仅是保障和提升教师专业性的前提和有力措施，还是推动学校变革的关键。因此，重视教师在职教育已成为 20 世纪 80 年代以来世界各国教育改革与发展的一个重要特征和趋势。[②] 日本也不例外。正如"在职研修"一词被临时教育审议会（以下简称"临教审"）咨询报告使用后迅速在日本得到普及所象征的那样，[③] 20 世纪 80 年代中期之后，日本的教师在职教育进入了一个新的时期——以构建教师终身学习体系为主旨的深度改革与快速发展时期。在改革与发展历经约 40 年时间的今天，回顾与总结这一段改革与发展，对于同样在致力于建设教师终身学习体系的中国而言，不无借鉴价值。

一、改革与发展的背景

虽然 1949 年颁布的《教育公务员特例法》首次将"研修"条目纳入法律条款之中，1958 年的中央教育审议会（以下简称"中教审"）咨询报告《关于改善教师培养制度的方针政策》也提出了"在职教育制度化"的建议，[④] 但是在战后相当长的一段时间里，日本忙于应对为不断扩张的学校教育提供充足师资的问题，无暇考虑教师的在职教育。

日本真正开始思考和推行教师在职教育政策，是在 20 世纪 70 年代之后。1971 年的"中教审"咨询报告《关于今后学校教育的综合扩充与整

---

① 本节曾发表于《外国教育研究》2014 年第 3 期。

② 饶従満. 中国における教員研修の課題と展望 [A]. 東京学芸大学教員養成開発研究センター. 東アジアの教師はどう育つか [C]. 東京：東京学芸大学出版会，2008：116.

③ 佐藤幹男. 教師としての力量を高める [A]. 日本教師教育学会. 教師として生きる [C]. 東京：学文社，2002：88—89.

④ 中央教育審議会. 教員養成制度の改善方策について [R/OL]. ［1958—07—28］. http://www.mext.go.jp/b_menu/shingi/chuuou/toushin/580701.htm.

顿的基本措施》①和 1972 年的教育职员养成审议会（以下简称"教养审"）建言《关于改善教师培养的方针政策》②都一再强调教师的素质能力不仅要在培养阶段而且要在教师整个生涯阶段中才能培养的"教师教育"观，所提出的各项建议亦成了日本加强教师在职教育的契机。1978 年的"中教审"咨询报告《关于教师素质能力的提高》所提出的建议更成为此后日本重视校内研修、推进教师研修体系建设的契机。③

不过，日本教师在职教育的深度改革与快速发展是在进入 20 世纪 80 年代中期之后的事情。究其原因，千头万绪，但是最根本的不外乎两大方面：一是以信息化为根本特征的社会结构的急剧变化。社会结构的急剧变化对教师提出了更高的要求——教师不仅要拥有更高的专业性，更要持续不断地更新自身的专业知识，提高专业能力，以适应急剧变化的社会发展需要。二是以所谓教育荒废为典型表现的教育对象的深刻变化。尽管导致教育荒废的原因很多，但是教育荒废现象长期居高不下，很容易使社会、家长、政府对学校和教师产生严重的不信任乃至不满。如果说"应对社会结构的急剧变化"是日本教师教育以及整个教育改革需要解决的"长远课题"，那么应对以"教育病理"为典型表现的学生变化则是日本教师教育以及整个教育"亟待解决的课题"。正是在此背景下，日本政府一直将提高教师专业性、恢复民众对学校和教师的信任作为 20 世纪 80 年代中期以来日本教师教育改革的持续诉求。④

面对社会日新月异的挑战，仅仅依靠职前培养已经无法培养教师足以应对"长远课题"的专业性；而面对教育病理长期居高不下的紧迫压力，又无法期望职前培养在短期内培养足够的能应对"亟待解决的课题"的教师。如何加强和改革教师在职教育，迅速提升大批在职教师的专业性，不可避免地成为 20 世纪 80 年代中期以来日本教师教育改革的重要组成部分。

---

① 中央教育審議会. 今後における学校教育の総合的な拡充整備のための基本的な施策 について[R/OL].[1971—06—11]. http://www.mext.go.jp/b_menu/shingi/old_chukyo/old_chukyo_index/toushin/1309492.htm.

② 教育職員養成審議会. 教員養成の改善方策について [R]. 教育委員会月報，1972：13—26.

③ 中央教育審議会. 教員の資質能力の向上について[R/OL].[1978—06—16]. http://www.mext.go.jp/b_menu/shingi/old_chukyo/old_chukyo_index/toushin/1309536.htm.

④ 比如，文部科学省 2001 年 1 月公布的《21 世纪教育新生计划》中所列的 7 项重点战略中，第 4 条和第 5 条就分别是"建设受到家长和社区信赖的学校"和"培养作为教学'专业人员'的教师"。

二、改革与发展的主要措施

20 世纪 80 年代中期以来的日本教师在职教育改革与发展可以用一体化、体系化、制度化和高度化四个关键词来加以概括。如果说一体化、体系化可以视为对 20 世纪 70 年代改革与发展的发展性继承的话，那么制度化和高度化则可以说是进入 20 世纪 80 年代中期之后的重点。

（一）在职教育与职前教育的一体化

终身教育思想自 20 世纪 60 年代中期被提出后迅速传播到日本，并成为日本教育改革的重要指导理念。受此思想的影响，日本早在 20 世纪 70 年代就意识到教师教育一体化的重要性。"中教审" 1971 年咨询报告中提出教师的 "素质与能力应该通过培养、录用、研修、再教育的过程逐渐形成"，[①] 这可以说是终身教育思想在日本教师教育政策领域中的首次反映，也可以说是日本教师教育一体化思想的萌芽。随后，"中教审" 1978 年咨询报告中再次强调 "通过教师的培养、录用和研修过程提高教师素质能力至为重要"。[②]

进入 20 世纪 80 年代之后，"临教审""教养审" 等的咨询报告更加鲜明地提出了教师教育一体化的思想。"临教审" 第二次咨询报告主张教师必须具备 "作为教育者的使命感、对人的成长和发展的深刻理解、对学生的教育爱、关于学科等的专业知识、宽广丰富的教养，以及在此基础上的实践性指导力"，并强调要 "将这些素质按照在大学的教师培养阶段应该期待的内容和在录用后的初任者研修或教师生涯阶段中的在职研修应该修得的内容加以整理"，明确职前培养和在职教育阶段各自的目标和重点。基于这一观点，报告提议："在大学的教师培养阶段，应将重点置于获得宽广的人性、学科和教职所需的基础性、理论性内容和录用后所需的实践性指导力的基础之上；在录用后的研修阶段，要在此基础上将重点放在进

---

① 中央教育審議会.今後における学校教育の総合的な拡充整備のための基本的な施策 について[R/OL].[1971—06—11].http://www.mext.go.jp/b_menu/shingi/old_chukyo/old _chukyo_index/toushin/1309492.htm.

② 中央教育審議会.教員の資質能力の向上について[R/OL].[1978—06—16].http:// www.mext.go.jp/b_menu/shingi/old_chukyo/old_chukyo_index/toushin/1309536.htm.

一步提高实践性指导力上。"① 根据"临教审"报告的精神，"教养审"1987 年的咨询报告《关于提高教师素质能力的方针政策等》指出："与教师职责相适应的素质能力，不仅要通过教师培养，而且要在整个教师生涯中逐渐形成。""谋求提高素质能力的方针政策也需要通过各个阶段综合地采取。"为此建议在充实教师全员参与的校内研修，促进教师的自发研修的同时，政府要在教师的整个职业生涯中积极地实施研修，要建立健全教师研修体系，把初任者研修作为体系的第一阶段。②

"教养审"1997 年的咨询报告《关于新时代教师培养改善的方针政策》在继承此前报告精神的基础上，更加明确地基于培养、录用和研修各阶段的"角色分工"思想来谋求教师教育的一体化。该报告根据培养、录用和研修各个阶段的特点，为教师素质能力的形成过程整理出了一个角色分工图，即：培养阶段是"通过修得许可制度上要求必修的教学科目的学分等，掌握有关学科教学、学生指导等'最低必需的素质能力'的过程"；录用阶段是"以由于开放性而带来的多样化的资格证取得者的存在为前提，由任命权者遴选具有更优秀素质能力者为教师的过程"；在职研修阶段是"任命权者基于职务上或本人的希望，根据经验年数、职能、担当学科、校务分工等施以研修，开发作为教师的专业能力的过程。其中初任者研修的目的在于使初任者从录用一开始就担任班级和学科，并将上述培养阶段修得的'最低必需的素质能力'提高到可以顺利履行职务的水平。在职研修阶段中除了此种所谓狭义的研修之外，也包含教师群体的自主研修和教师自身的钻研，进而还有通过日常的教育实践形成素质能力的过程"。③ 对于教师教育的一体化而言，明确职前培养与在职研修的职能分工是一个必要的前提。然而，仅仅明确职能分工不足以保证教师教育的一体化。要实现教师教育的一体化，负责培养、录用和研修的相关当事者之间的交流与合作也至关重要。正是考虑到这一点，"教养审"1997 年的咨询报告特别强调："大学与都道府县教育委员会等日常性地进行信息交换和人员交流，相互之间充分地理解培养或研修有关的课程内容，努力对每个

---

① 臨時教育審議会. 教育改革に関する第二次答申 [R]. 文部時報，1986：77—181.

② 教育職員養成審議会. 教員の資質能力の向上方策等について[R/OL]. [1987—12—18]. http://www.mext.go.jp/b_menu/shingi/old_chukyo/old_shokuin_index/toushin/1315356.htm.

③ 教育職員養成審議会. 新たな時代に向けた教員養成の改善方策について[R/OL]. [1997—07—28]. http://www.mext.go.jp/b_menu/shingi/old_chukyo/old_shokuin_index/toushin/1315369.htm.

教师终身提供适时、适当的学习机会，不可缺少。"①

　　"教养审" 1999 年的咨询报告《关于培养与录用、研修的顺利连接》正是基于"角色分工"的思想对培养、录用和研修各阶段的改进提出了建议，并为此提出了充实大学与都道府县教育委员会之间联系合作的措施。②

　　正是基于以上咨询报告关于教师教育一体化的思想与建议，20 世纪 80 年代中期以来日本的教师教育改革高度重视初任者研修制度，将初任者研修视为连接职前培养与在职教育的重要过渡阶段，把按照教龄和生涯发展阶段开展的"教职经验者研修"作为基本研修，积极谋求教师在职教育的体系化。

（二）在职教育的体系化

　　为了保障教师的终身发展，必须为教师提供多样、充分而又相互协调的研修机会。为此，"临教审"第二次咨询报告建议要"明确国家、都道府县、市町村的角色分担，整备使这些研修有机整合的研修体系"。③"教养审" 1987 年的咨询报告也建议："为了给教师提供根据不同的时期以适当的内容和方法接受研修的机会，有必要进行体系的整备。"④ 正是在这些建议的推动下，日本政府不断推进教师研修体系化政策，并取得了巨大成效，目前已经建成一个能够基本满足教师终身发展需要的教师研修体系。

　　日本的教师研修体系，从研修对象上来看，有初任者研修、骨干教师研修，也有管理者研修；从研修的目的来说，有为了提高学历（如研究生院长期派遣研修）或更新教师资格的研修（如"教师资格更新讲习"），有为了更新知识、提高能力或建立个人擅长领域的研修（如为了适应信息化、少子化、高龄化、国际化等社会变化，而实施的有关信息技术的研修、有关社会性培养的研修、有关发展障碍的研修、有关适应不同世代间

①　教育職員養成審議会. 新たな時代に向けた教員養成の改善方策について[R/OL]. [1997—07—28].http://www.mext.go.jp/b_menu/shingi/old_chukyo/old_shokuin_index/toushin/1315369.htm.
②　教育職員養成審議会. 養成と採用・研修との連携の円滑化について[R/OL].[1999—12—10]. http://www.mext.go.jp/b_menu/shingi/old_chukyo/old_shokuin_index/toushin/1315385.htm.
③　臨時教育審議会. 教育改革に関する第二次答申 [R]. 文部時報，1986：77—181.
④　教育職員養成審議会，教員の資質能力の向上方策等について[R/OL].[1987—12—18]. http://www.mext.go.jp/b_menu/shingi/old_chukyo/old_shokuin_index/toushin/1315356.htm.

交流的研修等），也有因为素质能力不达标而进行的补偿性或矫正性研修（如针对 所谓"指导力不足"教师的研修）；从研修的内容来说，有按照教龄区分的所谓"教职经验者研修"（如按 5 年、10 年、15 年、20 年教龄进行区分的研修），有按照职能区分进行的研修（如担任学生指导主任、年级主任、教务主任等职务时需要接受的"主任研修"，新担任教头、校长等职务时也需要接受所谓的"教头、校长研修"），也有按照学科或教育课题进行的专门研修（如道德教育研修、学生指导研修等）；从研修的举办主体来说，有教育行政机构（文部科学省、都道府县和市町村教委）举办的研修，有大学和教育研究团体举办的研修，有中小学举办的校内研修，也有教师自身进行的自主研修；从研修的场所来说，有校内研修和校外研修（在校外研修中，有在各都道府县设立的教育中心举行的集中研修，有到大学或企业的派遣研修，也有海外派遣研修）；从研修的性质来说，有法定研修（初任者研修和 10 年教龄者研修）和非法定研修。

在以上研修中，按照教龄区分进行的研修是最基本的研修，在日本一般被称为"基本研修"，也是教育行政机构所大力推进的研修。除了初任者研修和 10 年教龄者研修属于法定研修因而在所有都道府县实施之外，根据日本国立教育政策研究所的调查结果，2009 年，44.7%的都道府县实施了 2—3 年教龄者研修，91.5%的都道府县实施了 5 年教龄者研修，6.4%的都道府县实施了 12 年教龄者研修，19.1%的都道府县实施了 15 年教龄者研修，12.8%的都道府县实施了 20 年教龄者研修（参见表 1 - 2）。[①]

表 1 - 2　教职经验者研修实施状况

		2005 年	2006 年	2007 年	2008 年	2009 年	
第 2 年	都道府县	27.7	29.8	29.8	34.0	44.7
	指定都市	53.8	53.3	47.1	47.1	50.0
第 5 年	都道府县	91.5	93.6	97.9	97.9	91.5
	指定都市	92.3	80.0	88.2	88.2	88.9
第 12 年	都道府县	0.0	4.3	2.1	4.3	6.4
	指定都市	15.4	0.0	0.0	0.0	5.6

---

① 大槻達也. 教員の質の向上に関する調査研究 [R]. 2011：03.

续　表

		2005 年	2006 年	2007 年	2008 年	2009 年	
第 15 年	都道府县	21.3	19.1	19.1	21.3	19.1	
	指定都市	23.1	20.2	23.5	23.5	22.2	
第 20 年	都道府县	14.9	21.3	17.0	17.0	12.8	
	指定都市	30.8	33.3	41.2	41.2	33.3	

（三）在职教育的制度化

多样化、体系化的教师研修机会只有得到充分有效的利用才有价值，因此，为了引导和促进教师充分利用教师研修机会，20 世纪 80 年代中期以来，日本采取了以下一些措施：

第一，在法律上规定所有教师参加研修的义务。与一般公务员研修的相关法律规定只是规定任命权者实施研修的义务不同，有关教师研修的法规不仅规定了任命权者实施研修的义务，也规定了教师参与研修的义务。而且于 1949 年颁布的《教育公务员特例法》只是规定"教育公务员"具有参与研修的义务不同。2006 年修订后颁布的《教育基本法》第 9 条第 1 项规定："法律所规定的学校之教师，必须深刻地认识自己的崇高使命，不断地致力于研究和修养，努力履行其职责。"① 这意味着包括国立和私立学校教师在内的所有教师都有参加研修的义务。

第二，将初任者研修和 10 年教龄者研修纳入法定研修之中。初任者研修早自 20 世纪 70 年代即已在很多都道府县开始实施。根据"教养审"1987 年咨询报告的建议，日本通过修订《教育公务员特例法》等相关法律将初任者研修设为法定研修，自 1989 年起按照学校类型分阶段实施。初任者研修的目的是培养初任教师的实践性指导力和使命感，并使之获得宽广的见识。根据规定，初任教师一方面要承担班主任和学科教学工作，一方面要在校内每周接受 2 天、年度至少 60 天，以指导教师提供指导和建议为主要形式的研修，同时还要去校外的教育中心等机构接受每周一天、年度至少 30 天的研修。而且作为校外研修的一环，初任教师还需要接受四晚五天的集中住宿研修。10 年教龄者研修自 1993 年开始实施，2003 年被纳入法定研修范畴。10 年教龄者研修的一个重要特点是，它是根据每个教师的能力、适应性开展的有针对性的研修（即根据对每位教师

---

① 杉原誠四郎. 必携学校小六法（2011 年度版）[M]. 東京：協同出版，2010：15.

的能力和适应性的评价结果制订有针对性的研修计划，并在此基础上实施相应的研修)。研修一般包括长期脱产研修和在职研修。长期脱产研修时间为 20 天左右，主讲人为资深教师或指导干事，研修方法有模拟授课、教材研究、案例研究等。在职研修时间亦为 20 天左右，主讲人为校长、教导主任或教务主任等，研修方法有研讨性授课和教材研究等。把这两种关键性研修纳为法定研修，不仅意味着政府的高度重视，还意味着要求教师积极参加。

第三，实施教师资格更新制。"中教审" 2006 的咨询报告《关于今后的教师培养和许可制度的应有状态》提出了实施教师资格更新制的建议。①教师资格更新制于 2007 年 6 月 20 日正式法律化，2009 年 4 月 1 日起正式实施。实施更新制的目的一方面在于加强排除不胜任教师的力度，另一方面也是为了推动教师不断地进行研修，以适应社会的变化。根据教师资格更新制度的规定，教师资格证书有效期限为 10 年，证书持有者必须在资格证到期前 2 年内接受 30 小时的资格更新讲习。

第四，实行新的教师评价制度。战后日本虽然自 1956 年开始在全国范围内实施了教师勤务评定制度，但是由于许多地方教育行政部门存在不将评定结果与人事调动、待遇挂钩的协定，所以勤务评定制度并没有真正发挥其功能。进入 21 世纪之后，东京都于 2000 年率先实施针对所有教育公务员的人事考评制度。② 神奈川县、大阪府等都道府县随后跟进。在此背景下，文部科学省于 2003 年委托 47 个都道府县和 13 个政令指定都市进行为期三年的"有关教师评价的调查研究"，旨在自 2006 年度开始在全国范围内实施成果主义、能力主义的教师评价制度。与此同时，日本还于 2002 年 1 月起实施"指导力不足教师"认定制度和优秀教师表彰制度。根据该制度，被认定为"指导力不足"的教师必须接受研修，在研修结束时要接受评价以决定是否回归职场、免职或调任他职。③ 总体而言，日本

---

① 中央教育審議会. 今後の教員養成・免許制度の在り方について（答申）[R/OL].
[2006—07—11]. http://www. mext. go. jp/b _ menu/shingi/chukyo/chukyo0/toushin/
1212707.htm.

② 东京都实施的教师评价制度与以往的勤务评定制度相比，具有如下特征：第一，引入了自我申报制度；第二，业绩评价中除了绝对评价之外，引入了相对评价；第三，首先由教头进行评价，然后是校长的评价，最后是作为协调者的教育长的评价。教头和校长的评价属于绝对评价，而教育长的评价属于相对评价。绝对评价旨在促进教师提高素质能力，相对评价是为了与待遇挂钩。

③ 虽然该制度与新的人事考评制度实施的地方比较多，但是从指导力不足教师的认定及职场回归的两阶段中都要进行评价这一点来说，也可以视为教师评价制度的新内容。

现在正在制度化的教师评价制度是"能力形成与业绩评定（素质提高主义与成果主义）"的目的并有、"奖赏优秀与剔除不适任者"的意图并存、"绝对评价与相对评价"方法并用的一种评价制度。① 很显然，这种前引后推的教师评价制度具有推动教师积极参加研修的意图与效果。

（四）在职教育的高度化

二战后日本将战前属于中等教育层次的教师培养一举提升到高等教育层次，具有划时代的意义。进入 20 世纪 70 年代之后，日本以实施教师再教育为主要目的，新设了鸣门教育大学、兵库教育大学和上越教育大学等所谓的新教育大学，实施研究生层次的教师教育，拉开了日本教师（在职）教育高度化的序幕。

进入 20 世纪 80 年代中期以后，日本进一步加大了教师（在职）教育高度化的力度。此后的教师（在职）教育高度化进程以 2006 年为界大体可分为前后两个阶段。

第一阶段主要是在学术型研究生教育框架内推进教师教育的高度化。"临教审"咨询报告和"教养审"1987 年咨询报告基于促进教师再教育和提高教师培养类大学（学部）的教学和研究水平的目的，提议在教师培养类大学（学部）加速设置硕士课程。据此建议，日本于 1989 年修订颁布新的《教育职员许可法》，新设了以修完硕士课程为基础资格的专修资格证。在此政策推动下，截至 1996 年，所有设立教师培养学部的大学均开始提供硕士研究生教育。此类研究生教育除了发挥职前培养（培养具有高度专业性和在特定领域具备更高素质能力的教师）的作用之外，还承担为在职教师提供再教育的功能。② 与此同时，日本还于 2001 年开始实施"研究生修学休业制度"，鼓励在职教师停薪留职去接受研究生教育。③

第二阶段主要通过发展教育硕士专业学位教育来推动教师教育的高度化。"中教审"2006 年的咨询报告中提出了创设"教师教育研究生院"制

---

① 日本教师教育学会. 教师として生きる［M］. 東京：学文社，2002：184.
② 中央教育審議会. 今後の教員養成・免許制度の在り方について［R/OL］.［2006—07—11］.http://www.mext.go.jp/b_menu/shingi/chukyo/chukyo0/toushin/1212707.htm.
③ 根据该制度，所有公立学校教师中具有一类资格证或特别资格证者，均可在征得任命权者同意的前提下，在以 1 年为单位、最长不超过 3 年的时间里，以停薪留职的方式到国内外大学接受研究生教育。

度的建议。① 根据该建议，日本于 2007 年正式建立教师教育研究生院制度，并于 2008 年 4 月 1 日正式实施。截至 2010 年共有 25 所大学设立教师教育研究生院，招生名额 840 人。② 根据《专业研究生院设置基准》，教师教育研究生院一是以本科阶段已经掌握作为教师的基本能力者为对象，进一步提升其实践性指导力与拓展能力，使其成为创建新型学校有力成员的新教师；二是以具有一定教龄的在职教师为对象，培养其成为在地区及学校工作中能发挥指导性作用，具备扎实指导理论与出色实践能力和应用能力的核心骨干教师。前者属于职前培养，后者属于在职教育范畴。可见，推进教师在职教育的高度化，也是日本开展教育硕士专业学位教育的主要目的之一。

然而必须指出的是，虽然日本早自 20 世纪 70 年代就开始在研究生教育层次推进教师在职教育，但是由于人事和财源问题，地方教育委员会积极性并不高，政策结果并未达到预期目的。③ 虽然各学校阶段具有研究生学历的教师呈增长趋势，但是增长相对缓慢。④

三、总结与评价

从 20 世纪 80 年代中期以来日本教师在职教育改革与发展的主要举措，再结合改革与发展的背景，我们不难发现，日本是把建设教师终身学习体系作为基本目标与追求的。毫无疑问，这一目标是符合国际潮流的。

如果说基于培养、录用和研修各阶段各司其职的"角色分工"思想而推进的教师教育一体化政策措施体现了终身教育理念所强调的纵向整合（亦可称之为"长度意义上的整合"），那么旨在整合各种教师在职教育机

---

① 中央教育審議会. 今後の教員養成・免許制度の在り方について［R/OL］.［2006—07—11］. http://www.mext.go.jp/b_menu/shingi/chukyo/chukyo0/toushin/1212707.htm.

② 中央教育審議会教員の資質能力向上特別部会. 教職生活の全体を通した教員の資質能力の総合的な向上方策について（審議経過報告）［R/OL］.［2011—01—31］. http://www.mext.go.jp/b_menu/shingi/chukyo/chukyo11/sonota/__icsFiles/afieldfile/2011/02/16/1301982_1.pdf.

③ 佐藤学. 教員養成に必要とされるグラント・デザイン［J］. BERD, 2007 (10)：1—6.

④ 根据文部（科学）省的"学校教员统计调查"结果，1989 年日本国、公、私立学校中具有研究生学历的教师，小学阶段为 0.6%，初中阶段为 1.8%，高中阶段为 6.5%；1998 年，小学阶段为 1.5%，初中阶段为 3.1%，高中阶段为 9.2%；2010 年，小学阶段为 3.3%，初中为 6.9%，高中阶段为 14.1%。参见：文部科学省. 学校教員統計調查.［EB/OL］.［2011—08—27］. http://www.estat.go.jp/SG1/estat/NewList.do? tid = 000001016172.

会从而为教师提供多样、充实的研修机会的教师在职教育体系化政策措施则体现了终身教育理念所倡导的横向整合（亦可称之为"宽度意义上的整合"）。

无论是在教师在职教育与职前教育的一体化方面，还是在教师在职教育的体系化方面，20世纪80年代中期以来日本的成就都是可圈可点的。基于"角色分工"的思想推进教师教育一体化的做法，应该说抓住了教师教育一体化的根本与关键。因为明确的分工是有效合作的前提。这一做法对于同样在推进教师教育一体化的中国来说，不无借鉴价值。迄今的中国教师教育一体化改革，在很多情况下是以教师培养机构"吞并"教师培训机构的形式进行的，而不是建立在职前教育与在职教育明确分工的意识基础上。这种通过机构的一体化来推进教师教育一体化的做法或许是必要措施，但决非充分条件。在分工不明确的情况下，即使进行了机构的一体化，也未必达到教师教育实质一体化的目的。[①]

日本教师在职教育体系化的成就也同样引人瞩目。其所构建的立体化教师在职教育体系，为满足在职教师的多样化、个性化需求提供了重要的保障。特别是按照教龄区分提供的"基本研修"，充分考虑了教师在不同发展阶段的需求，因而有助于更好地满足教师的个性化需求，也更能够保障在职教育的实效性。中国自世纪之交以来一直高度重视并且不断加强教师的在职教育与培训，投入巨大，然而在在职教育与培训的实效性方面似乎广受诟病。个中原因很多，但是其中一个重要因素就是我们还未建立起符合教师发展规律的在职教育体系。在此方面，我们有必要好好地研究和借鉴日本的做法。

如果说日本在推进教师教育在"长度"和"宽度"意义上的整合成效较为显著的话，那么也可以说日本在推进教师教育"深度意义上的整合"方面则差强人意，主要表现在推进教师在职教育的过程中对教师发展的自主性、主体性观照不够。

虽然自"教养审"1997年的咨询报告以来，"教养审"和"中教审"的各种咨询报告都一再提出并越来越重视教师的自主性、主体性研修，而且采取了诸如创设"研究生修学休业制度"之类的鼓励措施，但教师的日常性自主研修机会反而趋于闭塞状态。[②]究其原因，主要在于一方面日本

---

① 饶从满. 中国における教师教育の改革動向と課題 [J]. 東京学芸大学教員養成カリキュラム開発研究センター研究年報. 2007, 6：39—50.

② 日本教师教育学会. 日本の教师教育改革 [M]. 東京：学事出版，2008；203—204.

政府把主要精力都放在了建立健全由政府主导的所谓"行政研修"体系上了，以至于有人说覆盖教师整个职业生涯的日本教师行政研修体系在 20 世纪 90 年代以后几乎已没有插入"资格更新讲习"之空间。[①] 而另一方面，虽然强调教师自主研修、主体性研修的重要性，但是在时间、财源等方面却对教师自主研修没有提供多少实质性支持与保障，导致教师的自主性研修不断弱化。行政研修的臃肿化与自主研修的弱化，导致教师因义务性研修而疲于奔命，甚至达到压迫教师健康和教学工作的地步，[②] 这也进而影响到教师参与研修的意愿，影响教师的可持续发展。

要解决这个问题，日本今后的教师研修政策必须更加尊重教师的自主性与主体性，更加关注教师作为一个人的发展（personal development），积极谋求其作为教师的发展（professional development）与个人发展的有机整合，以使教师的专业发展建立在更加坚实的个人发展基础上，从而更具有可持续性。从专业发展与个人发展的整合确保教师可持续发展的意愿这一点来说，二者的整合可称之为"深度意义上的整合"。如果说，"长度"和"宽度"意义上的整合（教师教育的一体化和教师在职教育的体系化）旨在为教师的终身学习与发展适时、适当地提供多样、充实的学习资源和机会，那么"深度意义上的整合"则是为了确保所提供的学习资源和机会得到教师更加积极、充分、有效的利用。长度、宽度、深度三个维度意义上的整合对于教师终身学习体系的建设缺一不可。

---

① 日本教師教育学会. 日本の教師教育改革 [M]. 東京：学事出版，2008：203.

② 久富善之. 教師の専門性とアイデンティティ [M]. 東京：勁草書房，2008：71.

第 2 章

日本道德教育：回顾与反思

第1节 日本现代化进程中的道德教育：
地位与作用①

关于日本的道德教育，可以从多个视角进行思考。但本节将其放置在日本现代化的背景下进行考察。之所以如此，是因为自明治以来直至20世纪后半叶，影响、推动日本现代化进程的因素也是支配日本教育及其政策的主要因素。

一、日本现代化进程中道德教育的地位

日本自19世纪中期开始踏上现代化的进程，到了20世纪后半叶，其现代化进入了高度成熟的阶段，并且出现了所谓后现代的景观。可以说，日本的现代化属于典型的"后发外源型现代化"和"国家主导型现代化"。在现代化进程中，日本高度重视教育对于经济、政治现代化的重要战略价值，将教育视为现代化不可或缺的重要手段和工具。因此，日本的教育也被称作"战略型教育"。日本的"战略型教育"的特征在于：一方面高度重视科学技术教育，另一方面又不断地采取强化、充实道德教育的政策措施。从国际比较的角度来看，重视道德教育可以说是日本的特征。战前自不待言，即使在战后，从以下几点也可以看到日本对道德教育的高度重视。

第一，教育目的。从《教育基本法》中"完善人格"这一教育目的规定可以看出，日本的教育至少在基础教育阶段，相对于"知识技能的习得"，更重视"心灵""人格"等"精神层面"的教育。

第二，课程制度。自1958年以来，日本在坚持道德教育通过学校全部教育活动进行的全面主义原则的同时，特设专门进行道德教育的时间——道德课，以对学校全部教育活动中的道德教育进行补充、深化和整合。这一所谓的"特设道德教育体制"，以及在此体制下文部省开展的相

---

① 本节曾发表于《黑河学院学报》2010年第6期，原文名称为"日本现代化进程中道德教育的地位与作用"。

关道德教育事业，构成日本道德教育的制度保障。

第三，教育的传统。在日本，国民具有支持在学校中开展道德教育和"心灵教育"的传统，教师也多以全人教育的理念开展教育活动。可以说这一传统为日本学校开展道德教育提供了坚实的社会、文化基础。

欧美许多著名的日本研究专家高度关注日本重视道德教育的政策。原美国驻日本大使、著名历史学家赖肖尔博士曾在《当代日本人》一书中指出，近代以来日本成功的最根本原因在于日本的教育制度。尽管还有考试制度的不健康影响等各种各样的问题，但是日本的中小学教育在道德和效率方面仍然是高水平的，这是值得其他大多数发达国家羡慕的。① 英国著名日本研究专家多尔（Dore，R）也在 1989 年的赴日讲演中指出，在学校中开展道德教育是以日本为首的东亚国家经济获得成功的重要因素之一。② 澳大利亚学者考利诺也指出，日本是一个非常重视"心灵教育"和"态度教育"的国家。这种教育通过培养具有勤勉性、协调性和进取精神的人，为日本的社会经济发展做出了巨大贡献。③

道德教育之所以在日本的现代化中受到高度重视，究其背景主要有二：一是日本有着重视道德教育的传统；二是日本的现代化具有后发外源性和国家主导性的特征。也就是说，在现代化进程中，日本首先面临着如何才能将国民的兴趣和热情动员到现代化方向上去这一课题，与此同时，还必须消除由双重文化冲突（即传统文化与现代文化的冲突和民族文化与外来文化的冲突）所带来的价值观混乱和社会秩序不稳定等因素。

二、日本现代化进程中道德教育的目的和理念

纵观近代以来日本道德教育的目的、理念，国家主义和立身出世主义是贯串其中的两条主线。前者以集团主义为背景，体现的是重整体的精神，后者强调勤勉努力主义，包含激励个体的要素。反过来说，集团主义背后隐藏着"为了国家"的思想，勤勉努力主义背后透着"为了出人头地"的意图。正是工具主义、功利主义的共同特点使得两个看似相反的道德理念构成了互为表里、相互补充的关系。日本学者黑泽惟昭对 1989 年版《学习指导要领·道德编》所体现的道德观的分析同样适用于日本整个现代化过程中的道德教育。他说："现代日本的道德一方面强调与市民社

---

① ライシャワー. ザ・ジャパニーズ・トゥデイ［M］. 東京：文藝春秋，1990：244.

② 朝日新聞. 1989—09—17.

③ ジャック・コリノー. 初等中等教育の特徴（2）：心の教育［J］. 学校経営，1996（4）.

会的物质主义相适应的'自由主义''个人主义'的道德，另一方面又要强制建立在'天皇教'基础上的共同体（国家）道德。如果贯彻前者的话，现在日本的国家就有崩溃的可能性。那样，对当权者来说，连本带利都会赔光。此外，如果过度强调后者的话，会招致青年人的反抗，成为企业活力的障碍。""因此，以这一分离为前提，根据当时的状况强调某一方，并根据需要以另一方来纠正其'过火'，我国的道德（教育）就是以这样的方式进行操作的。"① 日本道德教育中集团主义与勤勉努力主义之间的互补和融合不仅体现在集团主义的重整体精神与勤勉努力主义的激励个体竞争的要素之间的对立统一上，而且表现为集团主义内部在强调整体精神的同时吸收了西方激励个体的要素，注重充分发挥群体中的个体活力，达到群体与个体之间的平衡，从而使群体更显活力；另一方面，勤勉努力主义在激励个体竞争的同时，又将其蒙上集团主义的温情主义色彩，其特点是竞争与协调的融合、群体外的排他性与集团内的尽力协调。对于这一点，在此须稍作分析。

与西方相比较，重整体精神是东方道德（教育）的一般特征。这主要在于，东方（道德）教育中的"整体精神"，在古代强调个体与整体的合一，在近代则与西方的个人主义道德（教育）泾渭分明。而作为东方道德（教育）一般特征的重整体精神在日本民族那里呈现出如下几个特点：

（一）强调为整体而忘我献身的忠诚心理

赖肖尔曾指出："日本人与美国人或西方人的最大差别莫过于日本人那种以牺牲个人为代价强调集体的倾向。"② 正如许多学者所指出的那样，与中国的重整体精神以仁为基础相对照，日本的整体精神则以"忠诚"为优先，即把个人对整体的"忠诚"视为最根本的美德。正如美国学者杜克所言，日本人无论是在工作、学习，还是在娱乐上，其所表现出的最显著特征之一，就是对集团的忠诚。它超越所有社会阶层，成为"作为日本人"之基础。尽管集团忠诚已成为社会的一个文化要素，但必须系统地代代相传。日本的学校就成为担负这一传授重任的主要工具。③

---

① 黒沢惟昭. 国家と道德·教育：物象化事象を読む［M］. 東京：青弓社，1989：187—188.

② 赖肖尔. 当代日本人：传统与变革［M］. 陈文寿，译. 北京：商务印书馆，1992：107.

③ Duke B. The Japanese School：Lessons for Industrial America［M］. New York：Praeger，1986：25.

（二）重视协调与竞争相结合的小集团主义意识

日本人认为最重要的美德是"和"，因此"和谐"是集团成员共同遵守的准则。但维系集团团结的"和""诚"等道德观念，对集团内部是绝对的，而对集团外部或其他集团则是相对的，并非普遍的道德准则。澳大利亚学者克拉克（Clark，G）在《日本人》一书中把日本人的这种集团意识叫作"小集团主义"。小集团意识使得日本人在处理事情时，总要区分内外，在集团内部强调合作、协调，对外则强调竞争。为了能在集团间的激烈竞争中立于不败之地，日本人十分强调集团内的和谐、合作。然而，不仅如此，为了在与其他集团竞争中获胜，在集团内部也承认实力和竞争。不过这种竞争完全是为了扩大所属集团的利益，是外向的，不同于个人之间的功利性竞争。日本学者石田雄在《日本的政治文化》一书中对日本集团内外"协调"与"竞争"的复合方式有过很深入的分析，并认为"日本文化中更有特点的则是集团内的竞争与协调的结合"。集团内是"协调"的"忠诚竞争"，"忠诚竞争的结果，更加强了忠诚的程度，由此带来更强的协调性；反过来，接着是在这样的协调性中又展开了更为激烈的忠诚竞争。"① 也就是说，集团内的竞争与协调也是结合在一起的。

（三）日本的整体精神具有变通性

整体、集团的范围既可外推，又可内缩，特别是在外推方面更具特色。与"献身""尽命"连在一起的日本的"忠义"观念使日本人习惯于这样的准则：作为超家族集团的国家和其他非亲属集团的利益高于家族本身的利益；而中国儒家伦理中的忠诚观念则使人们往往把家族集团利益看得最重要。

近百年来，日本把政治单位由藩镇扩大到国家的事业，证明了在日本把国家利益置于家族利益之上，要比中国容易得多，这与近代以来日本人通过不断的道德教育保持国家高于家庭的伦理不无关系。

正如臼井吉见以下一番话所表明的那样，立身出世主义是我们探讨近代以来日本道德教育时所不可回避的问题："立身出世是国民教育的目标，甚至是新道德本身。因此，考虑日本近代的时候，避开立身出世的问题是

---

① 石田雄. 日本的政治文化 [M]. 章秀楣，译. 长春：吉林人民出版社，1990：1—17.

绝对不行的。"①

其实，不仅是考虑近代日本道德教育，即使探讨战后日本的道德教育，若离开对立身出世主义的关注也是不可能获得全面认识的。一般而言，立身出世主义在其本质属性上是一种普遍主义的竞争原理。② 但是，正如川岛武宜所言，由于日本社会并非以个人为单位，而是以"人际间的关系"为单位构成的，所以，立身出世的含义和出世的方法也都受这一"人际间的关系"所规定，因而不得不带有日本的特质。具体而言，日本的立身出世是一方面以"人际间的关系"为背景与其他集团竞争而获得成功，另一方面在"人际间的关系"内部努力向上游，通过获得更高的提拔来实现的。③ 用作田启一的话讲，日本人立身出世的动机除了个人的野心之外，还有更重要的原因：一是认同以家庭为代表的初级集团的社会期待而萌发的动机，另一个是来自要求更广泛的全面参与共同体生活秩序的动机。④ 因此，日本人立身出世的特色在于期待着通过一身的独立达到与共同体的同一步调和对国家目标的认同与投入。也就是说，日本的立身出世主义虽然一方面鼓励个人的追求与竞争，但以个人的追求与集团、国家的兴隆的预定调和、个人的野心追求以国家的兴隆为目标这一思想为其世界观前提。

作为以这种立身出世为取向的生活态度，日本人强调的是禁欲、勤勉、节俭等品质，而其中勤勉努力主义可以说是日本立身出世主义所蕴含的伦理精神之基础。这一勤勉努力主义中就体现着协调与竞争的融合。正如许多学者所指出的那样，强调勤勉的重要性是日本教育的一个重要特征，突出体现在对"努力"（gambare）精神的培养上。"努力"精神成为日本社会的一个显著特征，因而有人称日本民族为勤勉努力主义民族。"努力"一词在日本学校中被高频率地使用，它的意思是坚持、忍耐、尽力、不要放弃，等等。在日本学校里通过学习指导和生活指导总是有意或无意、明示或暗示地传播着"努力"具有很高价值的思想，家庭教育也不例外。关于这一点杜克曾有过描述："在日本人的一生当中，他们为努力精神所包围、鼓励和促动。它起始于家庭。学校也从孩子进入教室的第一天起就开始进行，并持续到毕业。然后公司又使其兴旺发达。它席卷了社

---

① 門脇厚司. 立身出世の社会学［J］. 現代のエスプリ，1977（118）：5—21.
② 見田宗介. 日本人の立身出世主義［J］. 現代のエスプリ，1977（118）：45—63.
③ 川島武宜. 日本の社会と立身出世［J］. 現代のエスプリ，1977（118）：2—32.
④ 作田啓一. 価値の社会学［M］. 東京：岩波書店，1972：335.

会的每个角落，被运用于工作、学习，甚至娱乐与闲暇中。努力已成为作为一个日本人所必不可少的东西。"① 正如杜克所说："努力也是培养强烈的竞争，特别是集团竞争的一个主要组成部分"。"努力"精神中体现竞争与协调的结合。即在行使努力的过程中，每个参与者的目标必须通过集团的努力来寻求。"努力"的意思不仅仅是鼓励自己努力工作，而且鼓励着集团的其他成员。当一个学生灰心丧气的时候，老师总会要求他努力，不只是坚持到完成目标，而且要尽最大努力以使其不拖所在集团的后腿。要获得成功，每个人都必须共同努力。

三、日本现代化进程中道德教育的作用

日本现代化的历史，是在成功与失败、发展与牺牲、现代与传统、进步与困境的二重奏中进行的。那么，日本的道德教育在日本现代化的二重性历史中又有何功过呢？

（一）日本现代化进程中的道德教育之功

对于日本在实现现代化中所创造的世界奇迹，无论是日本学者还是国外学者，在捕捉其主要原因时，都看到了由忠诚、勤劳、节俭、献身等品格凝结而成的日本伦理精神。这并不是一种偶然巧合，它有力地说明了日本伦理精神与日本现代化的相依并存关系，忽视了这一点，就难以走出日本成功的"迷宫"，就会使任何一种阐述日本成功的理论陷于不攻自破的绝境。② 从前面的分析中我们已看到，这些伦理精神也就是日本的学校道德教育所着力培养的。

揭示日本道德教育对于日本现代化的作用，不能仅满足于描述一些道德教育所着力培养的伦理精神之要素，重要的是要揭示其复合方式，或者说是结构性特征。关于日本现代化的精神结构或价值观结构，村上泰亮的分析颇具深度。他认为，支配产业社会（亦即他所说的现代化）的价值观决非单纯的、一元的，而是一个价值观群或价值复合体（Value complex）。在这一价值复合体中，价值观之间有着逻辑上的关联，也有对立冲突的可能性。在他看来，支撑西方产业社会的价值复合体是手段能动主义（instrumental activism）与个人主义的组合，而支撑日本产业社会

---

① Duke B. The Japanese School：Lessons for Industrial America［M］. NewYork：Praeger，1986：121—148.

② 吴潜涛. 日本伦理思想与日本现代化［M］. 北京：中国人民大学出版社，1994：22.

的价值观群则是手段能动主义与集团主义。

所谓手段能动主义是由能动主义（activism）和手段合理主义（instrumental rationalism）复合而成的概念。能动主义是指按照人所思考的一定方式来改变外部世界的一种姿态，相当于社会学上所讲的业绩（achievement）本位的价值观。而手段合理主义是指为了一定的目的而选择最佳结果的手段这一姿态，因为重视手段，所以才叫手段合理主义。在现实中，如果单纯地贯彻手段合理性，就有可能制造出为了某一单一目的服务的静态秩序并将其固定化，而这并不是产业社会的应有面貌，而是托马斯·阿奎那的世界。此外，单纯的能动主义将会以战争、海盗行为和厚颜无耻的商业活动之类的冒险主义而告终，不可能建立构成产业社会特征的复杂而又巨大的社会结构。正是这两个时而对立的价值观的结合带来了近代西欧产业社会的诞生。这一特异的结合产物即"手段能动主义"。村上泰亮认为，这一"手段能动主义"是所有产业社会产生与发展的必要条件。这是因为手段能动主义的必要性是基于以分工、投资、科学技术为特征的产业社会的一般构造，而非仅仅基于西欧社会的特征。在日本产业社会以及在今后产生的非西欧产业社会中，手段能动主义作为基本价值观是不可缺少的。也就是说，在具有手段能动主义这一价值观上，所有产业社会是共同的，日本自然也不例外。但是，手段能动主义，如果不赋予其目标的话，就不会启动；而且如果目标定得不是无限远大的话，手段能动主义就会成为从属于限定的目标的东西，从而也就不具有最高价值。因此，为了发动手段能动主义，必须在每个人的心中培植无限远大的目标。村上泰亮认为，设定远大的目标，激发手段能动主义，从而形成支撑产业社会的价值观复合体可采取两条途径：一条是以将上帝与个人相隔绝，同时又使个人直接面对上帝的新教型宗教为媒介，由个人主义激起手段能动主义的途径；另一条即是通过政治体制的力量把整个社会转向产业化方向的集团主义路径。前者是欧美型的价值观结构，日本则属于后一种类型。谈到集团主义，村上泰亮指出，日本的集团主义不是支配型集团主义，而是同族型集团主义，是建立在日本型自然村或拟似自然村基础上的同族型集团主义。而日本的自然村是包纳政治、经济以至宗教功能的一个完结型社会模式，而且由于长期的运营经验，已具有了超越单纯的血缘、地缘而普遍化、扩大化的准备。

正如村上泰亮所指出的那样，个人主义路径与集团主义路径均存在着各自的问题，前者以个人为出发点，动机充分，但是，存在着由于个人主义的异常增值而带来的破坏社会统合的潜在可能性；后者则面临着如何把个人的兴趣和热情动员到产业化方向上来。但在前产业社会中，个人和集团都并不是那么具有可塑性。即使强有力的统治者、领导者也无法强求一般社会成员与传统价值观正面对立，最强有力、最有效的改造个人的方式当然还是教育。也就是说，要采取集团主义方式，首先必须通过教育把某种价值观渗透到社会成员的脑中。

也正因如此，日本现代化进程中的道德教育从一开始就承担了这一重任，从而与日本现代化精神结构的形成建立了联系。我们前面所说的日本道德教育中的国家主义与日本现代化精神结构的同族型集团主义相对应，而立身出世主义与手段能动主义相对应。关于后者，见田宗介曾有过较为全面深入的分析，他认为，如果说西欧现代的主导精神是新教伦理，那么在明治以来日本现代化过程中，推动日本资本主义急速发展的内在动力即是立身出世主义。[①]

日本道德教育正是通过培养这种以同族型集团主义意识和立身出世主义意识的复合为特征的日本现代化精神结构，既为日本现代化发展提供了秩序保证，更通过提供动力支持，从而在日本现代化，特别是经济现代化稳定而又快速发展中发挥了巨大作用。

（二）日本现代化进程中的道德教育之过

正如美国学者贝拉在《德川宗教：现代日本的文化渊源》一书中考察日本宗教对日本现代化的"功能"之后所说："如果我们要给日本的宗教以促进现代日本奇迹般崛起的'荣誉'，那么，我们必须给日本的宗教以助长于 1945 年达到极点的不幸灾难的'责难'"。同样，如果我们要给日本道德教育以促进日本现代化飞速发展的光环，那么我们也应该给予它以助长日本现代化走向中断和困境的批判。

贝拉认为，坚持以"政治价值"和"目标实现价值"为优先的价值体系是日本现代化的特征。这个政治价值又是以"特殊主义"（particularism）和"表现"（performance）为特征的，它关注的中心与其说是生产力和社会体系的维持，毋宁说是集团目标的实现，因此，忠诚被认为是第一美德。[②]

---

① 村上泰亮.村上泰亮著作集：第 3 卷 [M].東京：中央公論社，1992：97—116，197—236.
② 贝拉.德川宗教：现代日本的文化渊源 [M].王晓山，戴茸，译.北京：生活・读书・新知三联书店，1998：238—239.

　　由于日本的现代化坚持的是政治价值优先，所以，现代化过程中所重视的（道德）教育是被作为实现现代化这一目的的手段来利用的，其中带有强烈的政治主义、工具主义的特点。也就是说，与培养自律地追求善的人性和人格这一道德教育的本来目的相比，在日本，道德教育的手段价值和工具价值更受到重视。当然，道德教育是一种社会性的活动，它不可能与政治无涉。如果无视政治在道德教育中的存在，恐怕也会把人们引到错误的方向上去。特别是，对于作为自上而下迅速推进现代化的后发性现代化国家而言，日本重视道德教育的政治价值和功能在某种意义上说是不可避免的。但问题是，日本道德教育的政治主义化表现得过于明显，即便是在已经实现了现代化的当代，这一倾向仍然未能得到及时有效的调整。

　　政治主义、功利主义的日本道德教育，一方面通过培养以集团主义意识和勤勉努力主义意识的复合为特征的日本现代化精神结构，为日本现代化发展提供秩序保证和动力支持，从而在日本的现代化中发挥了巨大作用；另一方面，也给日本的现代化和社会发展带来了严重问题。

　　关于日本战前政治主义（道德）教育的弊端，永井道雄曾指出："教育不与政治相分离，教育就不能批评和监督政治。正因为日本人被恩义等观念束缚，在家族国家中有尊卑长幼之分，所以当权者并不畏惧下层的叛逆反抗，百姓造成的危险性很小。正因为如此，明治后日本才能够面向国家目标迅速勇往直前。""用罗斯托的比喻讲，又正是因有了它，明治教育对政治失去约束作用，当日本在现代化起飞时，它能起到辅助作用，使坐满日本国民乘客的飞机沿着既定的航路，一往无前地飞行。但是由于没有制动器，所以不能在条件变化的时候改变航路，灵活地飞行，甚至还存在着坠毁的危险。"[①] 由于存在着这样结构上的缺陷，加上后来两次战争特别是日俄战争的胜利与工业革命的成功引起了日本人的骄傲，强国意识使得日本行政失去了当初予以控制的两个闸——对本国后进性的自觉认识和危机意识，变得愈发缺乏透明度，愈发独断专行，终于致使日本教育与政治同时遭到了失败。

　　永井道雄的这段话告诉我们，在考虑日本战前修身教育失败之处的时候，仅着眼于 20 世纪 30 年代以后凸显的军国主义、极端国家主义是不够的，还有必要注意明治时代以来道德教育上的政治主义特征，30 年代凸显的军国主义、极端国家主义教育只不过是此前的政治主义、国家主义教

---

① 永井道雄. 现代化与教育 [M]. 陈晖，等译. 长春：吉林人民出版社，1996：19—20.

育的发展而已。正是由于日本的道德教育中达成目标和特殊主义忠诚凌驾于其他普遍伦理原则如博爱、平等、自由之上，才会导致日本后来的发展道路。

同样，我们在思考战后日本教育病理与道德教育的关系时，只关注战后道德教育上的表面问题是不够的，还必须认识到继续存在于战后道德教育中的政治主义、工具主义的特征。战后日本的社会、教育虽然进行了深刻的变革，但是日本社会的政治价值优先特征和道德教育的政治主义色彩，从根本上来说没有太大变化。日本社会强调"达成目标"的重要性本来就不限于集团的某一些特定目标，而是具有一种把达成目标本身看成首要优先的取向。当然，这种目标也不是完全空洞的，集团目标总是指那些增强集团力量与威望的期望，可以是经济发展，也可以是战争胜利或帝国主义扩张，一句话，是集团的功利目标。

由此看来，战后日本社会只是目标的转移，即由"富国强兵"转向单纯的"富国"上了。因此，道德教育中的军国主义教育似乎是见不到了，但是道德教育中重工具理性价值的特点依然未变。

在实现了现代化、处于高学历化社会的现代日本，孩子们在不知道为何而努力的状态中，被动地接受着集团主义、勤勉努力主义的道德教育，必然陷入高度的紧张和压力状态之中，各种问题也就不可避免地爆发出来。就像汽车既需要引擎又需要制动器一样，人既要有激发动机的"进取心"，又要有平衡心态的"平常心"。也就是说，平衡道德教育的目的价值与手段价值，使道德教育恢复其本来面目才是问题得到根本解决的保证。正如日本学者马越彻所指出的，要解决现今日本教育的病理现象，只能是从明治时代既已确立且已构成日本体质的以"国富（公益）"和"立身（私益）"为宗旨的功利主义（道德）教育观中解放出来，实现"心灵"的新陈代谢。① 同时，从根本上改善儿童周围的环境，特别是生活文化，使道德教育建立在丰富的生活文化基础之上。

---

① 林雄二郎他. フィランソロピーの橋 ［M］. 東京：TBSブリタニカ，2000：219—234.

第 2 节 道德教育中的基本问题：
日本的经验与教训[①]

20 世纪 80 年代以来，青少年道德教育问题引起国际社会的广泛关注和普遍重视，加强道德教育以至于成为一种国际性的教育发展趋势。中国也不例外。面对已经发生巨大而又深刻变化的社会，只有不断地改革道德教育才能够达到加强道德教育的目的。站在全球化的教育大潮中，把握世界道德教育的走向，借鉴国外青少年道德教育的经验与教训，对于我们更加明智、更加科学地加强和改革我国青少年的道德教育，无疑具有重要的意义。鉴于此，本节主要基于日本道德教育的经验与教训来思考一下我们在推进道德教育过程中应该关注的若干基本问题。之所以基于日本的经验与教训，主要有两点考虑：一是中国与日本同属东方国家，均受儒家文化的影响，因而在道德教育方面可能具有较多的共同特点与课题；二是日本是亚洲最早实现追赶型现代化的国家，而中国正处于追赶型现代化进程之中。日本的经验与教训对中国来说更有"前车之鉴"之作用。

一、道德教育目标：知与行

改革开放以来，特别是 20 世纪 90 年代初开始实行市场经济之后，中国社会中频频出现的种种道德失范现象，引发了关于中国社会道德状况"滑坡论"与"爬坡论"之间的激烈争论。尽管与"滑坡论"与"爬坡论"各持所据，见仁见智，但是不可否认的是，"滑坡论"的确构成加强和改革道德教育背后的重要推动因素。在人们枚举道德滑坡的主要表现时，总是会举出"知行不一"和"双重人格"等现象，并认为这种现象说明道德教育缺乏实效性，也折射了道德教育的困境。因此，如何在道德教育中谋求"知行合一"就成为道德教育工作者为提高道德教育实效性而殚精竭虑的大事。在提高德育实效、促进"知行合一"的诉求推动下，我们的很多

[①] 本节曾发表于《教育探索》2014 年第 3 期，原文名称为"关于道德教育中若干基本问题的思考——基于日本道德教育的经验与教训"。文字略有调整。

老师在进行道德教育教学时经常要求学生"表决心""立壮志"，意在促进学生将本堂课学习的道德价值立即付诸道德行为。在诸如此类的道德教育的长期熏染之下，熟悉"套路"的学生虽然会对道德教育兴趣索然，但是会按照教师的"指引"立下符合老师"心意"的"决心"和"壮志"。很显然，如此"急功近利"的道德教育并不能保证学生的"知行合一"，相反会加重学生形成"双重人格"。

事实上，日本的道德教育也存在着与我们相同或类似的问题。众所周知，战后日本的道德教学基本上是按照"导入—展开—总结"的教学过程来实施的。至于如何导入、如何展开、如何总结，形成了不同的模式。比如强调"由生活开始再回到生活"的所谓"生活—资料—生活"模式、强调"由资料开始再回到资料"的"资料—资料—资料"模式、"由资料开始到生活结束"的"资料（视频资料）—生活"模式和追求"由特殊到一般"的"价值一般化"模式等。尽管这些模式之间取向不同（既有生活主义的，也有价值主义的），做法各异，但基本上都有一个共同的特点，即在最后的总结阶段，为了提高学生在今后生活中的道德实践意愿，一般都会让学生以口头或书面的形式表决心，写感想：在遇到与资料（教材）中同样或类似的情况时，"应该如何行动?""应该如何思考?""如果是自己，会怎么做?"金井肇称这种试图在某个具体的道德价值与行为之间直接建立联系的思想和实践为德目主义。[①]

这种道德教学在日本也被证明枯燥乏味、缺乏成效。据日本节部省2000 年 12 月发表的《道德教育推进状况调查报告书》，日本的中小学虽然在课程表上安排了道德课，但是真正按照《学习指导要领》的规定每年实施 35 课时道德教学的小学只有 67.9％，初中只有 41.0％，道德课的时间很多被挪作其他课程或教育活动之用。而出现这种情况的一个主要原因就在于学生对道德课的反应不佳，而且觉得道德课有意思或有用的学生比例随着年级的上升而下降（小学低年级为 45％，中年级 22.4％，高年级为 14.2％；初中一年级为 8.2％，二年级为 5.1％，三年级为 4.9％）。因此，老师都不愿意上道德课。[②]

为什么这种急功近利地谋求道德价值实践化的德目主义教学缺乏实

①　金井肇. 明るく楽しい構造化方式の道徳授業（小学校・高学年編）［M］. 東京：明治図書，1996：6—7.

②　文部省初等中等教育局小学校課. 道徳教育推進状況調査結果. 平成 12 年 5 月. ［EB/OL］.［2005—08—10］. http://www.mext.go.jp/b_menu/houdou/12/05/gaiyo.pdf.

效，令人乏味呢？金井肇有过很深入的分析。他说，无论在任何条件下，一个人的行为总是和他的整体人格密切联系在一起的。"应该如何生活"这一人生最大选择是由这个人的整体人格所决定的，即使一个微不足道的行为选择都是由这个人的整体人格而非具体的道德价值所决定的。因此，如果进行诸如在遇到与资料同样或类似的场合中"应该如何行动""应该如何思考"这样的教学，就会被理解为是在左右、支配学生的整体人格，学生表现拒斥反应也是理所当然之事。[①]

那么，这是不是属于道德教学方法层面的问题呢？金井郑重指出，问题之根本并不在教学方法本身，而是在于道德教学目标的错位，即在于教师是基于让学生践行良好品行而非培养"植根于内部的道德性"这一目标来进行教学之缘故。[②]金井认为，尽管树立正确的学生观、深入研究教学内容和钻研教学方法等也很重要，但是决定道德教学质量的根本在于教师对教学目标的把握。[③]

中日两国的道德教育理论与实践中虽然都将道德教育的目标定位在培养学生的道德性或品德上（日本所说的道德性相当于我国的品德），但是对于道德性或品德的内涵和结构的理解却存在一定的差异。在我国的道德教育研究与实践中，通常是将品德理解为一定社会的道德原则、道德规范和道德要求在个人思想和行为中的体现，是一个人在一系列的道德行为中所表现出来的比较稳定的特征和倾向。而日本的道德教育界对此却有着不同的理解。日本的《学习指导要领解说书》中解释："所谓道德性，就是使人为追求人之为人的存在方式和更好的生存方式而践行道德行为成为可能的人格特性，是构成人格之基础。而且它也可以说是人之为人的善端，是各种道德价值在每个人内心中经过整合之产物。"[④] 概而言之，道德性就是每个人所接受的各种道德价值经过其内心整合之后形成的统一体，这个道德价值统一体就是价值观。相比之下，中国的品德概念更加重视价值观内化后的外显＝"道德行为"，而日本则似乎更关注使"道德行为"成为可能的内在德性＝内化的价值观本身。

---

① 饶从满，张德伟.结构化方式道德教学论的本体论基础考察 [J]. 外国教育研究，2000 (5)：22—28.

② 饶从满，张德伟.结构化方式道德教学论的本体论基础考察 [J]. 外国教育研究，2000 (5)：7.

③ 金井肇.道徳授業の基本構造理論 [M].東京：明治図書，1996：8.

④ 文部省.小学校学習指導要領解説・道徳編 [M].東京：大蔵省印刷局，1999：13.

　　这种对于道德性或品德内涵理解的差异也反映到了对于道德性或品德结构的认识上。尽管中国道德教育学界关于品德结构有"四因素说""基本维度说""四项意识说""三维结构说""三环结构说""三子系统说""以世界观为中心的思想、心理、行为三因素说"和"以品德信念为中心的球形四环多维立体结构说"，但是知、情、意、行四因素说是最基本的观点，尤其在道德教育实践中更具影响力。也就是说，中国的道德教育中一般把道德认识、道德情感、道德意志和道德行为等视为品德的构成要素。而日本的《学习指导要领》中是将道德情感、道德判断力和道德实践意愿和态度视为道德性的表现形态。文部省所编的《小学校指导书道德编》（自 1999 版开始改为《小学校学习指导要领解说道德编》）进而做出解释："道德性的各种表现形态，并非各自独立的特性，而是相互关联地构成一个整体。因此，在开展指导时，使这些各种表现形态作为一个整体密切相连很重要。"金井肇特别提醒人们道德情感、道德判断力等"虽然是'构成道德性的各种表现形态'，但是千万不能将其视为像构成产品的部件那样的构成要素"。所谓表现形态，就像人高兴时的高兴表情、悲伤时的悲伤表情一样，属于内部存在之物的外显形态。① 那种运用所谓的"情感教材"来加深道德情感，运用"判断教材"来提高道德判断力这样的形式还不足以培养道德性。② 但是，在日本的道德教育实践中，很多人并没有准确地理解这一点。斋藤勉曾在其编著的《道德形成的理论与实践》一书中指出："习惯、情感、判断和意愿分别加以培养的体制持续了30 年以上。看一看实际开展的道德教学的目标，就可以明了这一点。这个教学以培养判断力为目标，那个教学是以培养情感为主旨。诸如此类。因此，表现形态性质的目标实际上变成了要素性质的目标。"③但无论如何，在日本的道德教育领域中至少拥有了不将道德情感等视为道德性构成要素的理论自觉。

　　既然道德情感等只是道德性或品德的表现形态而非构成要素，那么，道德性的结构是什么呢？金井肇认为，一个人的道德性或价值观由两方面要素相互作用而形成：一是人的自然性，即感觉、感情、欲望等；二是价

---

① 金井肇认为，道德情感、道德判断力、道德实践意愿和态度等也可以被视为道德性的作用或功能，它们实际上是从三个方面体现了道德性的作用或功能。参见：金井肇. こうすれば心が育つ［M］. 東京：小学館，2003：78.

② 金井肇. 道德授業の基本構造理論［M］. 東京：明治図書，1996：25.

③ 斉藤勉. 道德形成の理論と実践［M］. 東京：樹村房，1993：92.

值意识，即追求美、善、正当等的意识。前者为先天的，后者为后天的。金井肇认为，人的道德性或价值观是在下层的自然性和上层的价值意识这两个要素相互作用并实现均衡的基础上形成的。要想培养道德性，只要培养了上层的价值意识即可。原因是下层非常强大，具有充分的潜力，随着身体的发育、发展而逐渐分化和强大起来，无须再对其进行强化。因此，只要发展上层，从而使上下之间保持平衡即可。而要形成学生的价值意识，就应该以学生的自然性为出发点，在明确道德价值与人的自然性关联方式的基础上，加深学生的价值自觉；学生接受的道德价值日积月累，并因人而异地结构化，就会形成各自个性化的道德性。这就是金井肇为了建构愉快而有效的道德教学为主旨所提出的结构化方式道德教学论的基本逻辑和观点。① 金井肇的结构化方式道德教学论对于我们思考道德教育目标与方式具有重要的启发，值得我们认真研究借鉴。

二、道德教育方式：直接与间接

现代学校道德教育有两大基本方式：一是直接方式，二是间接方式。所谓直接方式，指开设独立的道德教育课，有计划、有组织、系统地对学生进行道德教育的方法；所谓间接方式，指不开设独立的道德课，在学校的全部教育活动中随时地进行道德教育的方法。直接方式与间接方式各有利弊，单靠任一种方法似乎都达不到理想的道德教育效果。现在人们基本达成这样的共识：道德教育要达到理想的效果，必须将二者进行综合，扬长避短，相互补充。但问题是，如何对二者进行综合呢？是不是既开设了道德课，又坚持通过全部教育活动的间接德育就能达到提高德育效果的目的呢？问题并非那么简单。② 战后日本道德教育方法的发展与改革的经验与教训给我们提供了一个很好的分析素材。

在1958年特设"道德时间"以前，日本坚持的是全面主义原则，即实施的是间接方式的道德教育。1947年颁布的战后日本教育宪法——《教育基本法》中规定，战后日本的教育目的在于人格的完善。这一目的又具体体现在《学校教育法》所规定的各学校阶段的教育目标和作为课程标准的《学习指导要领》中。这一方面意味着学校全部教育活动中均蕴含着道德教育功能，另一方面也意味着以道德性为基础和核心的人格的完善

---

① 饶从满. 愉快有效的道德教学何以可能 [J]. 教育研究，2009 (6)：89—95.
② 饶从满，宋海春. 战后日本学校道德教育方法的嬗变 [J]. 外国教育研究，1996 (1)：6—10.

需要通过学校全部教育活动来实现。各教育活动根据各自的特点，从各自的侧面致力于儿童道德性的培养。此即全面主义道德教育原则诞生的根据。

由于全面主义原则被认为造成了淡化道德教育存在的结果，1958 年日本进行了改革，特设了专门进行道德教育的课程——"道德时间"，开始构筑所谓的特设道德教育体制。所谓特设道德教育体制，是一种在坚持道德教育"通过学校全部教育活动进行"的全面主义原则之同时，以特设的"道德时间"为核心，由"道德时间"对学校全部教育中的道德教育进行"补充""深化"和"整合"的道德教育体制。这一体制一方面意味着"道德时间"在整个道德教育体系中居于核心地位，另一方面也意味着"道德时间"功能的发挥要以各学科、特别活动等教育活动中的道德教育的充分展开为前提。失去了这一前提，学校道德教育也就失去了补充、深化和整合的对象。特设道德教育体制实际上采取了直接方式和间接方式并用的原则，旨在促进二者之间的相互联系、相互配合，取长补短。

然而，伴随 20 世纪 50 年代中期以来学习指导要领中系统化学习色彩的加强，"道德时间"以外的其他教育活动中的道德教育功能被轻视的倾向，在实践中又逐渐出现了全面主义途径形同虚设，专以"道德时间"的教学为中心进行道德教育的状况。由此带来的不仅是"道德时间"以外的各学科、特别活动等教育活动中道德教育的弱化，"道德时间"的功能也随之弱化，整个学校道德教育的效果也大打折扣。也就是说，提高道德教育效果仅靠加强和改革"道德时间"本身是不够的。所以日本在 20 世纪80 年代末以来的各次改革中都强调在重新研讨"道德时间"的教育之同时，从道德教育的视角重新探讨其他教育活动的应有状态以及如何进一步谋求二者之间的有机联系。其中一个重要体现就是强调道德教育全面计划的作用，此举意在一方面加强全面主义道德教育活动的计划性，另一方面加强"道德时间"的教育与其他教育活动的联系与交流。

理论的价值在于响应现实的呼唤。押谷由夫的综合单元性道德学习论就是基于对道德教育实践需要的一种回应。[①] 在押谷由夫看来，日本近年来出现的青少年问题与道德教育功能未得到充分发挥有关，而道德教育功能未得到充分发挥又与特设道德教育体制的基本原则未得到落实有关。所

---

① 笔者曾撰文对综合单元性道德学习论进行评述。参见：饶从满. 主体性与综合性的交融：综合多元性道德学习论解析 [J]. 外国教育研究，2002 (8)：53—59.

以，他提倡综合单元性学习，就是为了将特设道德教育体制的基本原则予以落实。即"所谓单元性道德学习，就是一个重新回归道德教育的原点，关于如何在以道德课为枢纽的同时，将作为学校教育支柱的道德教育具体化的提案"。"那么如何将之具体化呢？充实每堂道德课自不待言，为了进行更充实的学习，需要进一步谋求与其他教育活动的关联。提倡综合单元性道德学习就是要在计划层面、实践层面将其予以具体展示"。① 即"将各学科等的指导中从各自侧面耕耘的道德性与道德课的教学结合起来，通过将它们作为一个道德学习的周期予以把握，各学科等的教学和道德课的教学就都可以得到进一步的充实"。② 所以，押谷将综合单元性道德学习界定为"综合地把握学生养成道德性的场合，以道德课为中心，使发挥各学科、特别活动和综合学习时间等的特点进行的有关道德价值的学习形成有机的统一性，以便能够开展重视儿童的意识流程的道德学习而进行的计划"。③

当然，要实现直接方式与间接方式之间真正意义上的相互联系、相互配合、相互促进，前提是必须充分把握和利用各教育活动的功能特点，并且使各教育活动在一个共同的接点上形成合力。因此，对于综合单元性道德学习来说，关键是如何把握和利用各教育活动的意义、特点和如何为它们找到作为道德学习的共同接点。这个问题不解决好，就有可能出现使道德课以外的教育活动道德教育化或使道德课与其他教育活动形成板块而非有机组合的结果。④

三、道德教育环境：有形与无形

虽然我们在谈论道德教育时经常提及家庭、学校和社会三位一体的重要性，但是每当青少年问题丛生之时，人们又经常把批评的矛头主要指向学校道德教育，学校道德教育也因此成为加强和改革的主要对象。对此现象，有必要进行认真的反思。日本的经历恰好为我们提供了一个反思的样本。

---

① 笹田博之. 綜合単元的道徳学習の実践 [M]. 東京：明治図書，1997：2.
② 押谷由夫. 綜合単元的道徳学習論の提唱 [M]. 東京：文溪堂，1995：21.
③ 押谷由夫. 新しい道徳教育の理念と方法：夢と希望と勇気をはぐくむ [M]. 東京：東洋館出版，1999：86.
④ 饶从满. 主体性与综合性的交融：综合多元性道德学习论解析 [J]. 外国教育研究，2002 (8)：53—59.

众所周知，20 世纪 70 年代中期以来，校园暴力、欺侮、对教师施暴、拒绝上学等所谓教育病理问题在日本不断发生。伴随日本教育病理的愈演愈烈，"教育荒废""学校荒废""心灵荒废"和"班级崩溃""学校崩溃""教育崩溃"等表现教育病理的词汇席卷了日本教育界。一些人士尤其是传媒大声疾呼：日本教育的"荒废""崩溃"不久将会引起日本的崩溃。教育病理问题因此超越教育界而成为一个严重的社会问题，引起日本社会广泛而又深切的关注。关于是什么原因导致了如此之多、如此严重、持久不衰的教育病理，在日本有多种解释。其中一种解释认为，原因主要在于道德教育。比如，有不少人认为，现今日本教育病理的原因在于战后日本学校忽视了心灵教育或道德教育；也有人认为，战后的日本道德教育过于重视权利和自由的教育，而忽视了责任、义务和规范的教育。按照前者的思路，解决教育病理的出路在于加强被弱化的道德教育；遵循后者的逻辑，解决教育病理的方向在于改革西化的道德教育。① 事实上，问题绝非如此简单。

思考这样的问题，我们只有运用宏观历史学的视野，才有可能更加逼近问题的实质。藤田英典曾经提醒我们，日本学校中开始频繁发生教育病理问题的 20 世纪 70 年代中期，大致也是日本战后现代化的完成时期，同时又是进入如"后工业化社会""高度信息化社会""高度消费化社会"等所表述的后现代社会时期。教育病理的发生时期与日本社会的转型时期重合是一个值得我们思考的问题。②

日本的现代化给日本社会带来了巨大的变化，也对支撑道德教育、赋予道德教育以基础的生活文化产生了巨大的影响。影响可以用"过度给予"和"过度剥夺"来加以概括。正如日本经济学家马场宏二所指出的那样："（孩子们）所被给予的是丰富的物质、大众娱乐型信息和作为生存目的的考试。这些东西虽然不能说都是无用的、非本质的，但是对于人的存在来说，并不是不可或缺的。它们往往因为过剩而有害。"孩子们在被"过度给予"的同时，也有许多东西被剥夺了。"如果用最简单的形式来概括的话，（孩子们）被剥夺的是自然、劳动和伙伴。"③ 换言之，在城市化、核家庭化、少子化和考试竞争中，孩子们的生活失去了"时间""空间"

① 倪从满. 道德教育与日本的教育病理 [J]. 中国教育学刊，2006（5）：43—46.

② 藤田英典. 走出教育改革的误区 [M]. 张琼华，等译. 北京：人民教育出版社，2001：112—122.

③ 馬場宏二. 教育危機の経済学 [M]. 東京：お茶の水書房，1988：3—4.

和"伙伴之间"。这些被剥夺或者失去的东西正是在人的存在中带有本源性的要素。概括地说，"过度给予"和"过度剥夺"给孩子们带来的本质性影响就是生活文化的贫困化。这是因为生活文化是支撑道德教育进而支撑儿童成长的具有奠基性的东西。

关于生活文化的贫困化对日本（道德）教育的影响，日本学者源了圆的敏锐分析值得参考。他说："日本由于明治以后的现代化而实现了巨大的变革，从封建国家体制转变成集权的现代国家。这一变化虽然令人目眩，但变化并未涉及社会的基层文化。在此期间，我们几乎对日本文化的国民性形成力没有予以关注，只是全神贯注于学校教育的改善。只是到了现在，当伴随战后的社会体制及教育制度的大变动而产生了生活文化上的某些变化时，当即使变化相对微小仍因各种原因丧失了在原有生活文化中形成自我的机会时，我们才意识到，日本人的形成不单是靠学校教育，更是靠日本的文化。"① 也就是说，教育荒废问题虽然是发生在学校内的问题，但它不只是学校本身的问题，也是家庭、社会的问题和时代的问题。因此，当一个国家、社会的青少年道德风尚清新高尚时，我们不能把全部功劳都归之于学校道德教育；同样，当一个国家、社会的青少年问题丛生时，我们也不能把全部罪过都归咎于学校道德教育。

如前所述，战后日本在构建"道德课"为核心的道德教育体制时，赋予道德课的作用和功能是对学校其他教育活动中的道德教育进行"补充""深化"和"整合"。这个设计同样可以用来说明学校道德教育与家庭、社会中的道德教育之间的关系：学校是核心与枢纽，其主要功能在于对家庭、社会中的道德教育（更多的是道德体验）进行补充、深化和整合。在"家庭教育智育化""社区教育空洞化""学校教育疲惫化"的教育状况下，学校道德教育难以发挥其本来功能也是可以理解的。正因如此，日本近年来把"应对社会整体道德水准低下"和"应对家庭和社区教育功能低下"等课题摆到了突出位置，开始重新思考学校与家庭、社区之间关系的应有状态。为学校减肥和给学生提供轻松宽裕的生活、学习和教育环境是其中的核心主题。从意识到要解决教育荒废问题不仅要依靠学校道德教育而且要通过家庭、学校、社区密切合作来进行这一点来说，可以说日本是抓住了应有的方向。

日本学者石附实曾指出，进入近代以来，世界的教育以学校为中心，

---

① 源了圆.日本节化与日本人性格的形成［M］.北京：北京出版社，1992：23.

只追求效率至上的合理性，向一元化方向发展，其结果是"有形的教育"与扎根于各国、各地区传统生活的教育，亦即仅从合理性上难以说清的"无形的教育"相脱离。"教育繁荣，文化覆灭"这个震撼人心的话语，表明了近代以来世界各国特别是发达国家的教育状况。[①]

日本的经验教训提醒我们，生活文化这种"无形的教育"未必有目的、有计划和有组织，却具有赋予教育特别是道德教育以基础，左右道德教育状态的力量。因为道德教育与智育不同，不能仅仅以效率的标准来加以衡量。尤其是要在当今高速度、高密度、高紧张度的社会中生活下去，时间上、空间上、精神上的宽松是非常重要的。

---

① 石附実. 教育の比較文化誌［M］. 東京：玉川大学出版部，1995：1—2.

第 3 章

日本道德教学理论：考察与解析

第 1 节 结构化方式道德教学论：本体论基础考察①

20 世纪 80 年代以来，日本对充实和改善道德教育表现出极大的热情。究其背景，主要有三：一是以成熟化、信息化、国际化为典型象征的日本社会的急剧变化和全面转型使日本意识到道德教育必须适应新的时代要求，进行相应的充实和改善；二是以欺侮、校内暴力和拒绝登校等为主要表现的教育荒废现象愈演愈烈，迫使日本通过加强和改善道德教育来收拾局面；三是中小学现场中道德教育没有充分地进行这一状况也增强了日本充实和改善道德教育的紧迫感。

在这一充实和改善道德教育的过程中，日本的道德教育界不断涌现出一些新的道德教育和教学论，其壮观景象大有与 1958 年道德课设立之后一段时间里道德教学研究的热潮相比之势。综合单元性道德学习论、统合性道德教育论、结构化方式道德教学论等就是这一过程中脱颖而出的比较有代表性的道德教育和教学论。

结构化方式道德教学论是由曾任日本文部省初等中等教育局课程调查官、视学官，现任日本大妻女子大学教授的金井肇博士提出的。结构化方式道德教学论的特点在于，它以创建生动活泼而又富有成效的道德教学为主旨，强调明确培养道德性的原理的重要性，主张在道德教学中要以真实的人性为基础，让学生思考其与价值的关系，从而加深对于价值重要性的自觉。总体来说，结构化方式道德教学论由两大部分组成：一是本体性原理，即主要从道德教学目标解析入手，在明确道德性的结构基础上，提出培养道德性的基本原理；二是方法性原理，即主要揭示结构化方式道德教学的具体程序。本节将主要就其本体性原理做以述评。

一、问题的提出：如何创建生动活泼而又富有成效的道德教学

战后日本的中小学道德教育，在 1958 年道德课设立之前，是在全面

---

① 本节曾发表于《外国教育研究》2000 年第 5 期，作者为饶从满和张德伟.

主义道德教育体制下进行的，而在 1958 年道德课设置之后则是在特设道德教育体制下展开的。所谓特设道德教育体制，其原则是，一方面坚持全面主义思想，即通过学校全部教育活动来进行道德教育，另一方面又以道德课为核心，并通过它对学校全部教育活动中的道德教育进行补充、深化和整合。然而，从 1958 年道德课设置以来的发展来看，全面主义原则未得到真正的落实，实际的道德教育实践和研究主要是以道德课教学为中心来展开的。而且道德课的教学也逐步朝着学科教学的方向发展，以教师为中心，以资料为中心，按照"导入—展开—终结"的教学程序实施。①

有关调查表明，战后日本的中小学道德教学取得了丰硕的成果，但也面临很多困难和问题。许多学生反映道德课枯燥无味，引不起他们的兴趣，而且这种情况随着年级的上升越来越突出和明显。而许多学校和老师最感到头疼的问题就是，道德教学易走向表面化，学生不积极参与和知行不能统一等。② 当学生觉得道德课索然无味时，自然不会积极地配合教学，教师也就会产生自我乏能感；相反，当学生积极投入道德课学习时，教师就会感到生活的意义和价值，从而也就能带着自我效能感积极投入到道德教学中去。一位小学老师给金井肇先生的一封信中有这样一段话充分说明了这一点——"虽然多年从事道德教学，并且开展研究活动，但是，教学一点也不愉快。一看到孩子们也感到索然无味的表情，心中就常常产生为什么必须要上这门课的疑问。"③ 学生感到枯燥，老师也觉得无味和困惑的道德教学，就是效度严重缺损的道德教学。

难道道德教学原本就对儿童来说是苍白无趣，因而无论如何钻研也是无济于事的吗？对此，金井肇基于包括自身教育实践在内的有关事实确信，生动活泼而又富有成效的道德教学是完全可能的。那么，如何才能使道德教学生动活泼而又富有成效呢？

金井肇指出，改善道德教学大体上有两个途径：一是通过钻研教学的方法，比如在教学过程的模式、资料呈现的方法、提问的方式以及板书的格式等方面动脑筋，下功夫，激发儿童的兴趣，以促进学生积极主动地学习；二是把握培养道德性的原理，从中找出使教学内容与儿童的心灵衔接的程序，并在此基础上建构教学，即从根本上重新审视道德教学。金井肇

---

① 饶从满，宋海春. 战后日本学校道德教育方法的嬗变 [J]. 外国教育研究，1996（1）：6—10.

② 金井肇. 構造化方式を取り入れた授業改革 [J]. 道德教育，1997（3）.

③ 金井肇. 道德授業の基本構造理論 [M]. 東京：明治図書出版社，1996：7.

认为，在明确这两个途径之间的差异基础上，充分发挥各自的优势，就可以创建优秀的教学。①

那么这两个途径各有什么优势呢？金井肇从兴趣的特质及其激发机制的角度进行了解释。他指出，一般来说，人们对事物产生兴趣时，通常有两种情形：一是像某些相声那样产生于表现方式等的趣味，这种趣味通常只是即时、即地的趣味。二是建立于明确事物本质基础上的趣味。比如，就像科学真理引起我们的兴趣那样，满足人的知识欲求的情况就属一例。此外，在人的生存和生活方式中日常没有在意或未予注意的事，被人一提起马上就发现这原来就是在眼前的事，从而产生原来确实如此、委实重要的感觉和感受的情况也属此类。在明确事物本质基础上的趣味可以给我们带来愉悦和充实感。②

有调查显示，学生作为道德课愉快有趣的理由或原因举出最多的就是"因为能够发现以往未曾察觉的重要事物，并为之所感动"（小学生48.1％，初中生34.9％）。虽然举出"因为老师以各种各样的方法使道德课愉快有趣"的学生也不在少数（小学生43.2％，初中生26.4％），但是，在小学生感觉道德课愉快有趣的理由中只排在第3位，在初中生那里只排在第5位。③由此可见，学生对更本质性的东西，亦即对加深自己的价值自觉的事，感到由衷的愉快有趣。

基于如上有关调查和自己的相关实践，金井肇认定：第一条途径比第二条途径更重要，即为了使道德教学生动活泼，更为重要的是明确道德教学的原理，与此同时伴以教学方法的研究。正是基于这一认识，金井肇从探讨道德教学原理入手展开其结构化方式道德教学论的建构。

二、问题的切入：道德教学的目标解析

金井肇认为，对道德教学质量而言，教师持有的儿童观以及其对教学内容的掌握和教学方法的运用等固然也很重要，但左右道德教学方向、决定道德教学成败的关键还在于教师如何把握道德教学的目标。那么，道德教学应该确立什么样的目标呢？

---

① 金井肇. 道徳授業の基本構造理論［M］. 東京：明治図書出版社，1996：9.
② 金井肇. 道徳授業の基本構造理論［M］. 東京：明治図書出版社，1996：9—11.
③ 金井肇. 道徳授業の基本構造理論［M］. 東京：明治図書出版社，1996：10.

（一）道德教学的应然目标

金井肇指出，道德教学目标的确立是由教育者对道德的把握方式决定的。也就是说，对道德的把握方式不同，道德教学的目标、内容和方法也会产生差异。因此，在开展道德教学时，首先必须明确"道德"的含义。这是建构充实的道德教学的必要条件，也是一条捷径。

"道德"这一概念，一般在两个意义上被使用着：一是着眼于人的行为侧面，将其作为与法律、习惯等相并列但性质不同的社会规范来对待，强调道德的本质在于它的规范性，道德的使命就在于规范、约束人的行为，使社会生活和谐；二是着眼于人生理念、人生目的的侧面，将其作为人更好的生活方式及其探究和实现活动来考虑，强调道德是人的需要和生命活动的一种特殊表现形式，其本质在于主体性。前者体现着规范伦理学（或称他律伦理学、义务论伦理学）的观点，后者贯串着自律伦理学（或价值论伦理学）的思想。

有不同的道德（本质）观就会有不同的道德教育观。如果立足于重视道德的社会规范侧面的立场，道德教育就会首先着眼于行为的善恶问题，成为劝导学生践履符合社会规范的行为的活动；而如果立足于重视道德的生活方式侧面的立场，道德教育首先就会着眼于生活方式的探究问题，成为使每一个儿童更好地实现自己的人生而开展的活动。前者可称之为规范性德育观，后者可称之为主体性德育观。

道德作为一种特殊的社会价值形态，它与其他意识形态把握、认识世界的思维方式的不同之处就在于，它以实践精神把握世界。所谓实践精神，是人类以践履意向为特征的理性能力，是一种行动的冲动，是以指向行为为目的的精神活动。可以说，离开了实践特征，要想准确地把握道德的意蕴是不可思议的。正由于道德的这种实践特征，人们在考虑道德和道德教育时，常常首先想到的是所期望的行为方式问题。反思包括当代在内的人类的道德、道德教育时，虽然流行着各种各样的道德主张，但这种"各种各样"主要只是表面的差异，在实质上作为人类道德和道德教育主流的是我们名之为"义务论"的道德和"规范教育"的道德教育。即，所谓道德就是规范，道德教育就是规范的劝导，道德教育的目标就是要使学生能够践履所期望的行为，就是要培养所谓良好的行为习惯。

对此，金井肇持否定态度。他认为，道德所意味的应该是"人应遵守之道，人像人一样善良的生活之道，善的存在方式，遵照价值的存在方式，遵循价值的生活方式等"。从其作为人的生活方式及其探究、实现活动的意义上来说，道德包含价值和社会规范两个侧面，但道德的本质还是在于其内面性。换句话说，道德的本质在于内部的人格，而不在于外在的规范。① 因此，道德教学的目标应该是为了使学生能够主体地、个性化地生存和表现所期望的行为，而培养作为其基础的道德性。他说："的确，道德教育最终可能期望其成果能够体现为所期望的行为。但是，这并非通过直接以行为为目标的教学就可以达成。那是一种德目主义，是无效的，这一点已经明确。在此，还需要检讨如何做才能使每个儿童接受教学，要在明确作为教育的程序基础上展开教学。并非单纯进行以行为侧面为焦点的教学就可以。"他还说："道德教学如果对以实现自己的人生为目标而生存的儿童自身无所益处的话，那么就不可能生动活泼。这是因为，儿童需要具备度过自己今后人生的生存能力，不自觉地就要求掌握这一能力，从而就会对有助于获得这一能力的学习抱有极大的兴趣。因此，与其兴趣相结合，是第一必需的。此外，从行为侧面来看，儿童朝着自己人生的自我实现而生存时，其行为自然就会发展成为所期望的东西。因此，只有结合儿童的人生自我实现的教学，才能够使儿童生动活泼地学习，并且也能够使其成果与所期望的行为相连接。所以，教学必须从儿童的需要出发进行考虑，必须根据儿童的实际状况进行考虑。"②

金井肇基于其上述价值论伦理学思想和主体性德育观指出，如果把握道德教育教学目标有误，以把作为各主题目标确立的价值直接地与行动建立联系，让学生践履所期望的行为的方式进行教学的话，学生的反应与教师的预期相背离的情况就会屡见不鲜。有些教师对此也充分了解，知道这样做存在着勉强。但另一方面又认为这就是道德教学的本来面目。在这种情况下，如果只以教学方法来谋求趣味性的话，不外乎就是一味地迎合儿童。其结果就会使教学目标无限地暧昧下去，除了迎合学生一时的兴趣之外，别无所获。如此教学虽然能暂时成立，但过后学生就会发现这样做不外乎就是迎合自己眼前的兴趣，与自己的进步关系不大，从而产生不满，结果未能进行深刻意义上的学习。

基于上述认识，金井肇对日本中小学道德教学的现状进行了针砭。他指出，在日本许多中小学的道德教学中，长期以来普遍采取的方式是设法

---

① 金井肇. 道德教育の基本原理 [M]. 東京：第一法規出版社, 1992：47—52.

② 金井肇. 道德授業の基本構造理論 [M]. 東京：明治図書出版社, 1996：21—22.

通过资料让学生面对这样一些问题：在遇到与资料中所描述的同样或类似的场合中，"应该如何行动""应该如何思考""如果是自己，会怎么做"。他认为，这种教学实际上给学生的感觉就是"在这种场合下，就应该这么做"。然而，无论在什么样的条件下，人的任何行动都是很难脱离这个人的整体人格来进行考虑的。"应该如何生活"这一人生最大的选择是由人的整体人格所决定的选择自不待言，即使一个微不足道的小场面的行动选择都是由这个人的整体人格所决定的，而不是由每个具体的价值所决定的。因此，如果进行诸如在遇到与资料同样或类似的场合中，"应该如何行动""应该如何思考"这样的教学的话，就会被理解为意在左右、支配学生的整体人格，而且这种人格支配意图也可以说是不应该的。因此，学生表现拒斥反应也是理所当然之事。比如，买东西找多了钱的时候，看到他人处于困境的时候，应该怎么做，就连一年级的学生都知道。尽管作为原则是知道，但是许多儿童就是不去做。在这种情况下，让学生考虑"如何做好""如何行动"的话，学生一定会回答"返还"、"帮助他"。① 因为，儿童随着年龄的增长和年级的上升，发表看法也注意别人对自己的评价了。一想到评价是由别人做出的，就想在别人面前说一些冠冕堂皇的话。其实这只是根据原则来回答的，而非真心话。这样，教学就极容易停留于表面。金井肇指出，产生这一问题的根本原因不是来自于教学方法钻研本身的问题，而是目标确立的问题，即在于教师是带着让学生践履良好的品行这一目标而不是培养"植根于内部的道德性"这一目标来进行教学之缘故。

　　总而言之，金井肇认为，道德教学无论如何是旨在培养作为学生道德行为之基础的道德性；只有在明确这一基本的基础上，伴以教学方法的探讨，才能创建出优秀的教学。

（二）道德教学实然目标的含义

　　金井肇认为，教学目标是任何教学的出发点和归依，因此，道德教学的前提就应该是对教学目标进行深入细致的分析，借此发现道德教学的原理或程序。正是基于这一认识，金井肇对日本中小学学习指导要领所规定的道德教育教学目标的内涵进行了考察和分析，并从分析道德教育教学目标入手，展开其理论推演和建构。

---

　　① 金井肇. 構造化方式を取り入れた授業改革 [J]. 道徳教育，1997（3）.

日本现行的中小学学习指导要领第 3 章 "道德" 中关于道德教育目标的规定共有两个段落，第一段规定了学校整体道德教育的目标，第二段规定了道德课教学的目标。

第一段规定的学习整体道德教育目标是："基于《教育基本法》和《学校教育法》所规定的教育的根本精神，为培育能够将尊重人的精神和对生命的敬畏之念活用于家庭、学校及其他社会具体生活中，致力于创造个性丰富的文化，发展民主的社会和国家，并主动为和平的国际社会做贡献的、具有主体性的日本人，而培养作为其基础的道德性。"金井肇指出，"作为其基础的道德性"这一点极为重要。因为，它指明了道德教育所着眼的不是培养某种道德行为本身，而是培养作为其基础的道德性。这里所说的"道德性"，正如学习指导要领总则中所言，是"植根于学生内部的道德性"，是旨在让学生自身在自己的内心中形成自己的道德性。

第二段规定的是道德课的目标。由于道德课是在教室中进行的教学，因此，所规定的是在教室中可以教学的目标。道德课的目标是"通过丰富儿童（学生）的道德情感，提高其道德判断力，增强其道德实践意愿和态度，培养道德实践能力"（初中的目标中，与"道德实践能力"相并列的还有"加深对人作为人的生活方式的自觉"）。

金井肇指出，在分析道德教育教学目标时，首先必须明确的是，道德教育教学的目标不是培养道德行为本身，而是培养作为其基础的道德性。[①]那么，道德性所谓何物呢？文部省的道德指导书把它理解为"使道德行为成为可能的人格特性"和"构成人格之基础的东西"，把道德情感、道德判断力、道德实践意愿和态度解释为道德性的表现形态，而且指出这些道德性的表现形态是作为道德实践能力发挥其作用的。这一解释实际上与道德课的目标规定是一致的。金井肇指出，以上这些道德性的表现形态并不是道德性的全部，而只是对道德课培养的道德性的解释；道德性的整体，除此之外，还包含道德习惯、道德礼仪等表现形式，所以道德性的表现形态实际上要比道德课目标规定中的"表现形态"要宽泛得多。但是，金井肇又指出，道德性基本上是一种内在素质，作为内在素质的道德性可以看作道德情感、道德判断力、道德实践意愿和态度的统一体。由于金井肇主要思考的是道德课的教学，因而他认为，只要明确了道德课的目标就可以了，道德习惯、道德礼仪等尽管也与道德性有关，但都是一些呈现在表面

---

① 金井肇. 道徳授業の基本構造理論 [M]. 東京：明治図書出版社，1996：22—23.

的东西，不适宜在道德课中进行培养。道德课中所要培养的，就是其目标中所列的作为内在素质的道德性。①

金井肇认为，只是理解这些表现形态，就建构教学是不够的，还必须明确培养的程序或原理，仅以所谓的"情感教材"来加深道德情感、使用"判断教材"来提高判断力的形式来进行道德教育是不充分的。为了明确培养道德性的原理，还必须从功能的侧面明确道德性到底发挥什么样的作用。

日本现行的高中学习指导要领关于高中道德教育目标（即"关于作为人的生活方式的教育"）的规定中有这样的说法，即为了使学生能够在自由的社会中自由地选择自己的生活方式，选择自己的行动，必须使之具备"自身特有的选择基准或判断基准"。金井肇认为，这一选择基准、判断基准是每一个人内在的。因此，对于小学和初中培养的道德性，特别是道德课中培养的道德性，在这一点上必须予以一贯性的把握。所谓选择基准，无疑就是选择自己的生活方式和行动方式的基准。小学和初中学习指导要领中所说的"植根于内部的道德性"，从其作用来说，所发挥的就是作为判断基准、行动基准的机能。如果这种基准能够在学生内心中积淀下来，那么就可以做到既能够使学生自己选择自己的生活方式，又不会违反社会的要求。正是从这里，发自自己内部的强大的道德实践才为可能。②

三、问题的解决：道德性的结构与道德性的培养原理

金井肇认为，具有某种机能的事物，一定具有发挥其机能的结构。在把握了这一结构基础上对其进行建构的话，就可以建构能发挥这一机能的结构：具有某种结构的事物，如果不以分析的眼光和态度来把握其结构，要想建构它是十分困难的。道德性也一样。因此，如果着眼于机能的话，还必须探讨具有这种机能的道德性具有何种结构；明确了道德性的结构，道德教学的原理也就一目了然了；而要明确道德性的结构，只要分析一下对我们的行动和判断产生影响和作用的东西即可。③

金井肇认为，构成我们判断和行动基准的要素大体上有两个方面：一是感觉、感情、欲望等先天的东西，即人的自然性；二是重视美、善、正当等的价值意识。价值意识的内容由每一个人固有的价值体系所组成。这

---

① 金井肇. 道徳授業の基本構造理論 [M]. 東京：明治図書出版社，1996：24.
② 金井肇. 道徳授業の基本構造理論 [M]. 東京：明治図書出版社，1996：25.
③ 金井肇. 道徳授業の基本構造理論 [M]. 東京：明治図書出版社，1996：26.

两个要素相互关联或相互重合就构成了判断基准、行动基准。为了形象化，金井肇将道德性比作由两层组成的日本年糕，自然性与价值意识的关系就好比两层年糕的关系：下层是自然性，上层是价值意识。我们的判断和行动就是在这两个要素均衡的基础上形成的（见图 3 - 1）[1]。

图 3 - 1　道德性结构的形象图

注：1. 上层在出生时为零，是通过广义的教育而成长的。

　　2. 下层随着人的成长而分化并逐步强大。

　　3. 上层的内容是由每个人个性地形成的。

金井肇指出，虽然将其比作日本年糕比较形象化，容易理解，但实际上，上层的价值意识的内容，由于是在每一个人内心所建立起来的价值体系，就其与下层的自然性的关系，将其比作图 3 - 2[2] 可能更为恰当。

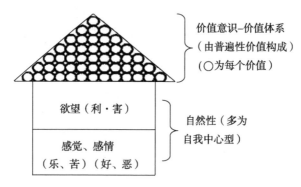

图 3 - 2　道德性结构的模型

注：1. 粗线以上部分

　　2. 粗线以下部分，为了简便而只列出部分要素。

资料来源：同图 3 - 1

金井肇指出，我们的价值判断和行动的基准就是在自然性和价值意识

---

①　金井肇. 道德教学的基本结构理论［M］. 东京：明治图书出版社，1996：27.

②　金井肇. 道德教学的基本结构理论［M］. 东京：明治图书出版社，1996：27.

二者相互作用的基础上形成的。正如上层的价值意识作用于下层的感情就形成了道德情感那样，二者的关系是相互渗透的。但是在进行教学时，还是根据事物的性质将二者明确地予以区分更好。将二者分开来进行思考，教学的原理就浮出水面了。即为了培养道德性，只要培养了上层的道德性即可。原因是下层非常强大，具有充分的潜力，随着身体的发育、发展而逐渐分化、强大起来，无须再对其进行强化，而想要对起加以抑制也是很困难的。因此，只要发展上层，从而使上下之间保持平衡即可。①

金井将上层的价值意识比作人的心灵面貌，并指出，正如人的身体面貌虽然因人而异，但构成面貌的材料（水分和蛋白质等）却是相同的一样，人的心灵面貌的构成材料也是相同的，接受这些价值的儿童将其作为材料构建自己的心灵面貌。也就是说，虽然建构的面貌是个性化的，但作为材料的价值则是普遍性价值，所以其判断和行动基准也就能够为社会所承认。这样，就可以培养出本人能够接受、社会也能够承认的适当的判断基准和行动基准。道德实践正是从这里自发地产生。②

四、总结与评价

金井肇一再强调，结构化方式道德教学论所阐述的并非具体的教学方法，而是无论采取什么方法都必须遵循的教学原理。③ 作为对道德教学原理问题的探讨，其中涉及了诸多道德教育教学的根本问题。以下就根据以上分析，尝试做一点总结与评价。

（一）道德的本质问题：价值与规范

任何道德教育理论与实践的基本价值取向和根本原理都必须以一定的道德哲学定位为其前提。结构化方式道德教学论也不例外。正如金井肇在其所著的《道德教学的基本结构理论》一书的前言中所指出的那样，结构化方式道德教学论是"按照伦理学的视点，从以道德教学为中心的教育实践中，导出精华要素，作为培育道德性的原理而开发的"。④ 从以上的分析

---

① 金井肇. 道徳授業の基本構造理論［M］. 東京：明治図書出版社，1996：26—30.
② 金井肇. 金井肇、生き生きした構造化方式の道徳授業（小学校）［M］. 東京：明治図書出版社，1998：7—8.
③ 金井肇. 金井肇、生き生きした構造化方式の道徳授業（小学校）［M］. 東京：明治図書出版社，1998：10.
④ 金井肇. 道徳授業の基本構造理論［M］. 東京：明治図書出版社，1996：10.

中我们也可以清楚地看到，结构化方式教学论的道德哲学基础是价值论伦理学。

众所周知，经典伦理学主要是规范伦理学或义务论伦理学，即以规范、义务为研究主题的伦理学。但是，"伦理学研究的未来走向是价值论，而不是义务论"。[①] 越来越多的人同意，道德所关注的应是"做人"问题，而道德对"做人"问题的探讨离不开生活的基础。越出生活的边界，人成为"非人"。在生活世界中"做人"问题的展开必然地包含如下两层：（1）人为什么而生活？或者怎样的生活才是值得一过的？这是一个价值问题。（2）人在生活世界中应当有怎样的行为？这是一个规范问题。从生活的角度看，价值和规范统一在人的生活中。没有价值的生活与没有规范的生活同样是不可想象的，但是价值和规范并不因此而同一，也不因此在道德中具有同样的重要性。无可怀疑，价值问题，即人生目的性（生活的意义）问题在逻辑上必须领先，只有价值问题才是道德中的核心问题。道德对"做人"问题的探讨，根本的就是对人生目的性的探讨，而不是对人的行为规范的探讨。[②]

基于上述认识，我们对金井肇的结构化方式道德教学论的伦理学基础持肯定态度。

（二）道德教育的目标：主体性教育与规范教育

有什么样的道德观就有什么样的道德教育观。基于价值论伦理学的道德观，结构化方式道德教学论为自己确立了培养作为内在素质的道德性，亦即培养能够自主、自觉、能动地进行价值选择和生活方式选择的道德人格的目标。因此，结构化方式道德教学论无疑属于主体性德育的范畴。

强调培养主体性的结构化方式道德教学论是针对日本道德教育实践中存在的德目主义教育弊端而提出来的。在金井肇看来，德目主义教育方式是日本中小学道德教学缺乏实效等很多问题产生的根源。所谓德目主义教育就是一种规范教育。

众所周知，学校道德教育的低效性长期以来一直是困扰我国广大教育工作者的一个难题。究其原因，固然是多方面的，但我们以往的道德教育在很大程度上专注于规范性而无视个体主体性是其重要原因。这种专注于规范性而无视个体主体性的道德教育主要表现在：（1）对道德教育价值认

---

① 江畅. 幸福之路：伦理学启示录 [M]. 武汉：湖北出版社，1999：78.

② 赵汀阳. 论可能生活 [M]. 北京：生活·读书·新知三联书店，1994：1—44.

识上的狭隘与功利，把道德片面地视为对人的意志与行为的限制与防范；
（2）对道德教育的目标设定得虚空或低俗，因而缺乏应有的感召力；（3）
在道德教育方法上把学生单纯地视为道德规范的被动的接收者，普遍采用
灌输的教育方法；（4）片面强调学生对于道德义务、道德责任的认同，而
无视义务与权利的对等性，忽视学生的道德生活和需要，忽视引导和提供
机会与情境，使学生对个体的人格尊严、生命的意义与价值予以体认。在
道德教育过程中，往往把"禁止""防堵"作为立足点，忽视学生的主体
地位和主体性的发展。① 正如有学者所指出的那样，由于规范具有工具性
与相对性以及先验性与强制性等特征，规范教育存在着致命的局限。道德
教育止于规范就等于放弃了价值真理和道德原则而陷于价值无根的境地；
道德教育止于规范固然有可能使学生"懂得"规范的利害而"恪守"规
范，但也可能是在塑造严守规范标准的同时导演一系列人生失败的悲剧，
从而导致教育的异化。规范教育的价值无根性和教育异化性可能使学生止
于道德规范而对道德本意一无所知。所以，教会学生掌握"规范"并没有
错，而以"规范"为道德教育的归宿则是完全错误的，因为它是将人等同
于物性自然，同时又最大限度地蔑视了人性自然，实际上违背了道德生活
和道德教育的本质与规律。②

那么，在道德教学中如何落实培养人的主体性道德人格这一目标呢？
在这一点上，结构化方式道德教学论有着自己一套独特的见解，值得我们
认真地去进行研究。对此，我们将另文予以展开。

（三）道德教育：价值与幸福的统一

在中日两国，道德教育的重要性似乎不容置疑。然而，与此同时，道
德教育在许多人眼里却又是一项枯燥乏味的活动，甚至有相当一部分人对
道德教育还怀有反感和厌恶情绪。其原因尽管很复杂，但现实中道德和道
德教育的形式化却是其中一个重要因素。

在生活中，价值与规范本应该是统一的，但由于长时期以来对规范的
过度强化，结果作为规范的根据的价值反而被人们遗忘了，从而道德由原
来的价值与规范的同一萎缩为与规范的同一。规范不仅仅外在于个人，更
为主要的是规范主要由官员确立。官员，由于角色的双重性——他一方面

---

① 肖川. 主体性道德人格教育：概念与特征［J］. 北京师范大学学报（社会科学版），1999
（03）：23—28.

② 檀传宝. 德育美学观［M］. 太原：山西教育出版社，1996：247—248.

是道德规范的制订者，另一方面又是意识形态的担当者，因此，极有可能导致道德的意识形态化。这样，规范不再以道德价值为基础而是以特定的意识形态为基础，从而道德生活异化为意识形态生活，道德教育沦为单纯的思想政治教育或意识形态教育，成为形式。在中日两国都有过的道德政治化、政治道德化的混乱局面就是道德和道德教育形式化的典型体现。道德和道德教育的形式化的结果就是道德教育与生活世界的剥离；而道德教育与生活世界的剥离反过来又进一步促进了道德教育的形式化，从而形成一种恶性循环。道德教育因此处于一种高处不胜寒的境地。

然而，正如金井肇所指出的那样，道德关涉所有人，关涉所有人的生活。没有脱离人的现实生活的道德。因此，道德和道德教育不应该只求高尚而脱离生活现实。道德应该被作为人类生活的现实问题来予以对待；道德教学必须立足于人，通过活生生的人的生活现实来思考人与价值的关系。事实上，作为道德教育内容项目的诸价值均与真实的人的多侧面中某一个或某几个侧面相互关联。因此，应该根据其关联的性质，明确价值与学生心灵衔接的机制，并在此基础上探讨教学的应有状态。生动活泼的教学就会由此产生。[①]

为什么会如此呢？原因就在于这种道德教育教学合乎人性，合乎人人谋求自我实现的价值目标。"人做了自己认为合乎人性的事，人认为自己在实现自己作为人的价值目标时就会有一种合乎人生目的性的喜悦，这种人生的果实就是'幸福'。"所谓幸福，"是一个审美范畴，是一个由价值（'魂'）实现而生产出来的果实（'趣'）"。[②] 金井肇的论述中较多地采用"生动活泼"和"愉快有趣"这些术语，而并没有使用"幸福"这个词，但是从其反对那种表面性、即时性愉快有趣，而强调建立在对事物本质的明确和价值自觉基础上的愉悦来看，金井肇确实表达了"幸福"概念的思想。那种"企图迁就教育对象，因而实质上有可能使学生固守自然本性而在道德生活上举步维艰不能长大"的所谓"愉快教育"绝不是金井肇所追求的目标，而恰恰是其所极力反对并试图要加以改变的。

"真正的道德教育目标只能是价值与幸福及其统一。"[③] 这句话虽然并非金井肇所言，但是的确是他想传达给人们的一种思想。这一思想值得我们去做些思考。

① 金井肇. 道徳授業の基本構造理論 [M]. 東京：明治図書出版社，1996：12—13.

② 檀传宝. 德育美学观 [M]. 太原：山西教育出版社，1996：248.

③ 檀传宝. 德育美学观 [M]. 太原：山西教育出版社，1996：248.

第 2 节　结构化方式道德教学论：
方法原理探析[①]

　　结构化方式道德教学论的提出者——金井肇博士的著述颇丰，其中《道德教育的基本原理》（第一法规出版株式会社）和《道德教学的基本结构理论》最具代表性。前者可称其道德教育原理论的总结，后者堪称其道德教学论的集大成。他所提出的结构化方式道德教学论是其于 20 世纪 70 年代末的时候开始构想的，在其 1984 年出版的《初中道德教育的基本课题》（日本明治图书出版株式会社）中初见雏形，并由其 1996 年出版的《道德教学的基本结构理论》（日本明治图书出版株式会社）大致完成。[②]在一定意义上讲，金井肇的道德教学论就是以其结构化方式道德教学论为中心展开的。

　　金井肇一再强调其结构化方式中所说的方式，与其说是方式，莫如说是指导的程序或方法原理。而其作为方法原理的结构化方式道德教学论则大体上由两大部分组成：一部分是道德性的培养原理，即阐明道德教学的目标在于培养作为内在素质的道德性，而要培养道德性则只需形成作为道德性结构之上层的价值意识即可；一部分是形成道德价值自觉的原理，即阐明要形成价值体系或价值意识，则需要基于人的自然性或本性即以儿童的现实为出发点，在明确价值与人的心灵结合的机制，把握价值与人的自然性关联的方式的差异基础上进行。虽然均是原理性内容，但二者相比之下，前者更具基础性，堪称结构化方式道德教学论的本体性原理，后者则相当于其方法性原理。本节将主要对后者进行考察。

一、形成价值意识的两种方式：结构化方式与整体化方式

　　金井肇一再强调，由于道德性的培养是通过形成上层的价值意识或价

---

① 本节发表于《外国教育研究》2001 年第 8 期，原文名称为"结构化方式道德教学论的方法论原理考察"。

② 金井肇. 明るく楽しい構造化方式の道德授業·小学校低学年編 [M]. 東京：明治图书. 2000：10.

值体系来实现的，因此，通过明确这一价值体系的形成程序或原理，就可以实现培养道德性的目标。那么人的价值体系是如何形成的呢？金井肇指出，价值体系的内部结构是由每一个人从心里接受自己认为重要的价值而形成的，而且这些价值是按照每个人自己认为是重要的顺序序列化、结构化的；意识化的价值通过积累和结构化就形成了每个人的价值体系。因此，虽然构成价值体系的每个价值是普遍的，但价值体系的内部结构则是因人而异的、个性化的东西。

金井肇特别指出，接受的价值的体系化，即价值体系的形成，必须是由每个人自由地进行的。正是由于在这一点上是自由的，每个人的价值体系才能成为各人所特有的东西，个性化的判断基准和行动基准也因此才能形成。如果这个结构化是强制进行，就很容易成为思想统治。但实际上即使指示学生将教学的每个价值放在什么位置，学生也不一定照做。由于是内心的事，强制是无意义的。对学生进行价值结构化方法的指示只有在学生对老师心存敬仰的场合才会有效。因此，为了避免使学生标准化、模式化，避免道德教学成为思想统制，自觉的价值的体系化最好由学生自由地决定。

正是基于对价值自觉的如此认识，金井肇提出了结构化方式道德教学的方法原理。

他指出，作为形成价值体系或价值意识的原理，大体上有两个：一个是结构化方式，一个是整体化方式。所谓结构化方式，其基本思路是，首先力求使道德课上所呈现的作为主题目标、作为价值体系构成素材的每个价值与行为相区别，只是作为价值本身为学生心里牢牢地理解和接受，并且通过使接受的诸多价值在学生心中日积月累和结构化，形成每个人固有的价值体系，从而培养道德性。由于自觉化的每个价值是通过积累而形成每个人的价值体系的，故而可被称作"积累方式"。但由于所接受的诸道德价值在学生的心中因人而异地结构化，从而形成因人而异的道德性之缘故，而且为了与其他方式相区别，从而使其特质更明确，而金井肇将之命名为"结构化方式"。

由于结构化方式始终贯彻"加深道德价值的自觉"这一原理或视点，不要求学生进行在遇到资料中出现的场合应该如何思考、如何行动这样的考虑，只是要求学生将作为主题目标确立的道德价值牢牢地理解和接受，所以，不会出现使学生的行动和思想出现模型化的现象，因而也就完全没有像后述的整体化方式那样是否会左右学生的人格的担心。相反，由于它使每个学生形成个性化、主体化的价值观，从而使道德教学对教师和学生来说都是愉快而且充实的经历。因此，金井自信地指出："结构化方式是最有效率的培养道德性的原理。"①

但金井肇也指出，形成每个人的价值体系的原理或程序并不仅仅限于结构化方式，还有一种整体化方式。所谓整体化方式是指"使儿童每个人的道德性整体，亦即上层和下层之整体，直面人生活的各种场面，并作为一个整体来对其予以提高的方式"。由于这种方式不像结构化方式那样对道德性采取分析的立场，因而是在不明确道德性结构的状态下进行道德指导的，因此为了与结构化方式相区别，金井肇称之为"整体化方式"。② 金井肇指出，迄今在日本的中小学里，许多教师尽管是无意识的，但采用的就是这种方式进行道德指导的。

金井肇指出，整体化方式有其自己的长处，主要表现为：（1）即使不对道德性进行结构性把握，也可以给学生提供包含道德课题的场面来简单地建构教学；（2）由于它基本上是设法让学生思考在包含道德课题的场面中如何考虑、如何做才好，所以比较容易组织以他人的想法为参考的教学；（3）由于这种方式总是让学生考虑把握资料中的出场人物在想什么、感受什么、如何做的，在这时候应该如何考虑、如何做才好，因此期望学生积极活跃地发言，而且比较容易引出学生的发言。③

但金井肇同时指出了整体化方式包含的很多问题，其中主要有：（1）由于它易通过资料使学生直面道德问题，使其以道德性整体思考如何考虑、如何做才好，所以容易急功近利地追求实践化，容易陷入德目主义的陷阱；（2）在目标放置上会出现不知所措的情况；（3）"加深价值自觉"的含义不明确；（4）会出现不明确到底培养学生什么样的能力的情况，教师和学生都感到有充实感的教学难以产生；（5）易走向"假大空"；（6）有强制学生发言之担心；（7）由于培养道德性这一目标达成的原理或程序不明确，教师不能预测教学到底如何对学生有益，因而难以产生自信；（8）容易只盯着教学方法；（9）方法容易单一化，不能适应学生的多样化要求。④

金井肇认为产生上述问题的原因在于它没有充分把握道德性的结构，

① 金井肇. 道德授業の基本構造理論 [M]. 東京：明治図書出版社，1996：31.
② 金井肇. 道德授業の基本構造理論 [M]. 東京：明治図書出版社，1996：31.
③ 金井肇. 道德授業の基本構造理論 [M]. 東京：明治図書出版社，1996：38—39.
④ 金井肇. 道德授業の基本構造理論 [M]. 東京：明治図書出版社，1996：39—43.

而是暧昧地以道德性整体为对象进行教学而必然产生的问题。要解决这些问题，需要以结构化方式为参考。但是，金井肇同时又指出，如果将整体化方式与结构化方式组合起来用，就可以组建立体的有深度的教学。①

二、结构化方式的本质：基于人的本性形成价值自觉

金井肇指出，结构化方式作为原理很简单，但问题是如何才能使每个学生内心中加深对各价值对自己是真正重要的这一自觉。也就是说，要进行成功有效的道德教学，首先必须明确价值与心灵衔接的机制。

对此，金井肇指出，只要着眼于道德价值与人的自然性的关联方式的差异，就可找到价值自觉的程序或原理。金井肇指出，道德价值与人所具有的诸多侧面皆有关联，而且其关联的方式各式各样。关联的方式不同，谋求价值自觉的方式也就不同。如果无视这一点来谋求价值的自觉，就好比不带地图登山一样。也就是说，为了加深学生对某道德价值的自觉，首先要弄清该道德价值在此场合下与人的自然性到底是什么样一种关联，并且要以与其相关联的人的自然性为起点，在明确各价值与心灵结合的机制之基础上进行教学。这样的话，道德价值就会和儿童的心灵相衔接。

为了教学上的方便，金井肇将道德价值与人的自然性的关联方式从五个侧面进行把握。但金井肇指出，这只是为了使结构化方式便于理解而做的方便区分，并不表示价值与人的自然性的关联仅限于这五个方面。他还指出，一般的道德资料里都有关于人的自然性和道德价值的描述。只要根据资料中所表现的自然性与道德价值关联的方式属于以下哪一种，就可以活用与各自相适应的价值自觉的程序来进行教学。

（一）与人所具有的软弱性、丑陋性侧面相关的价值自觉

金井肇指出，作为人，一般都具有自己不愿直面、不愿看到的软弱或丑陋的一面。比如，买东西找回的钱多了的时候想据为己有，看到他人处于困境却视而不见等等，均是人不愿示人的软弱性和丑陋性的表现。在此类场合下，人的自然性与道德价值指向不同的方向，二者处于一种相互冲突的关系。金井肇指出，道德教学上最难的就是谋求与软弱、丑陋这一侧面相关联的价值自觉。那么，在此情况下，到底应该如何谋求价值的自觉呢？

---

① 金井肇. 道德授業の基本構造理論［M］. 東京：明治图书出版社，1996：44.

　　金井肇指出，要克服道德价值与自然性的冲突，加深道德价值是重要的自觉，就必须把握克服的原理，并根据这一原理进行教学。金井肇指出，对于与人所具有的软弱性、丑陋性相关的道德价值，作为知识，许多学生在许多场合下是知晓的。比如，买东西找回的钱多了的时候，应该返还这一点，就连小学生也是知道的。此时加深价值自觉的方式，就是使学生从心里牢牢地接受在心灵之外作为知识知晓的价值。

　　金井肇将道德价值与自然性的冲突比作心灵的拔河现象。他说，由于自然性这一方的力量通常要远强于价值一方，因此，只有通过为道德价值一方找到不弱于自然性这一方的强力源，才能使道德价值战胜自然性，为学生心里所接受。具体做法，有以下几个要点：第一，从教学展开的最初开始，就最好让学生将资料与其自身重合起来思考，即将资料中出现的软弱和丑陋性与自身所具有的软弱和丑陋性结合起来思考。此举意在使学生将资料中出现的问题作为自己的切身问题，产生切身感；只有感到有切身感，才能使内心接受价值。第二，暂不与行为相联系，只让学生思考作为目标的价值本身。也就是说，要使学生将道德价值作为形成道德性的材料，从心里接受。而要使道德价值在心灵的拔河中获胜，即为内心所接受，就应该做到：（1）首先要明确心灵拔河的两方选手的情况。即一要加深对自然性的理解，即将资料中出现的人的软弱性等作为人所共有的本性予以确认，并以此作为教学的出发点。二要使学生意识到道德价值的存在。（2）在明确了拔河双方的基础上，还要为道德价值一方寻找力量的源泉。即首先要使学生注意到尊重价值会给人的心灵带来愉悦，如此，可能会给价值这一方增添少许力量。此外，还要让学生将价值问题作为人的生活方式或人的自豪与骄傲的问题来进行思考。这是因为儿童在具有软弱性、丑陋一面的同时，也具有要克服和超越的一面以及成为自己能够接受的人的愿望，具有要成为拥有骄傲的自我的愿望。因此，只要使学生意识到与这种心情相衔接，接受价值就是成为自己所喜欢的自我的道路，就可以成为能够带着骄傲生存的人这一面来思考问题。这样的话，学生就会感受到愉悦和充实。只要拥有愉悦和充实感，学生的心里就会接受价值。①

（二）与人所具有的高尚侧面相关联的价值自觉

　　金井肇指出，人不仅具有与道德价值相反的软弱、丑陋的一面，还具

---

　　①　金井肇. 道德授業の基本構造理論［M］. 東京：明治図書出版社，1996：57—80.

有符合道德价值的高雅、高尚的一面。正如孟子所言，恻隐之心人皆有之。人身上这种高尚性尽管有程度之差，但人皆有之。所谓高尚的侧面就是欲追求价值的一面。因此，就道德价值与这一侧面的自然性的关系来说，是同一方向的。此种情况下的价值自觉方式自然与心理冲突情况下的价值自觉方式不同。

金井肇再三强调，进行此侧面的教学，一定不能从行为方面进行，而是要使学生从心里认识到价值的重要性。金井肇还指出，在此情况下，加深价值自觉的方式是，使其注意到过去没有在意或注意到的价值，并形成对其重要性的自觉。也就是说，"重新意识到原本具有但过去没有注意到的高尚性，也是一种（价值）自觉。这是一种不自觉地拥有的东西被自觉化意义上（价值）自觉"。这种意义上的价值自觉会使学生意识到自己也具有这种闪光点，从而就会使其产生勇气，树立自信，而这一点对学生的成长是极其重要的。①

（三）与人所具有的追求道德的侧面相关联的价值自觉

金井肇指出，作为人，都希望有好朋友，都希望自己的存在能够获得他人的承认，都希望竭尽全力过好自己的人生。这种希望或愿望参照价值而言，都是好的。也就是说，人都有直接追求道德价值的侧面。金井肇指出，由于这种愿望本身符合道德价值，因此，满足这种愿望本身在道德上就是好的。在此情况下，要求学生对自己本身所追求的价值形成对自己是重要的自觉，几乎毫无意义。这是因为，这些价值原本就是本人所希望和追求的，对其重要性大体上从一开始就是知晓的。在此场合下，最为重要的是从怎样做才能实现这一愿望这一方面来进行教学。这样的话，就可以更好地加深价值自觉。②

（四）与人的有限性相关的价值自觉

金井肇指出，人在时间和空间上都是有限的，而且人可知和可做的也都是有限的。"道德价值中，存在着正因为人是有限的存在而被作为价值追求的情况"。如果人能够认识到作为人的有限性，那么就会全力努力实现对于人来说是可能范围内的事。而且对于可能范围外的事也就会根据事

---

① 金井肇. 道徳授業の基本構造理論［M］. 東京：明治図書出版社，1996：80—100.
② 金井肇. 道徳授業の基本構造理論［M］. 東京：明治図書出版社，1996：100—113.

物的性质来选择生活方式。认识到了人的有限性，就会产生竭尽全力、坚忍不拔的生活态度。换言之，认识到人是有限的，就会由此形成对许多价值的自觉。人如果认识到自己是有限的存在，就会对超越人的事物、永恒的事物和绝对的事物张眼，就会意识到崇高的事物，由此自然就会培育对超越人的事物的敬畏之念。此外，对动植物及其他一切事物都会抱着温暖的心态。不只是一个个价值，而且对所有价值都会尊重。从这个意义上讲，加深对人的有限性的自觉意义重大。那么如何加深与人的有限性相关的价值自觉呢？

金井肇指出，与人的有限性相关的价值自觉应该以对人是有限的这一意识为出发点来进行。这一点与人的其他各侧面的情况是一样的。此时，价值与自然性的关系，有若干个方向，但基本上是相反的方向。认识人的有限性，就会产生追求永恒、绝对的事物的心情，在这一点上与价值是同一方向的。可知、可做等的有限性的场合里，欲知可知的、欲做可做的情况与价值就是同一方向的，而欲做与此相反的事的情况就是相反的方向。

（五）通过加深感动，深化对价值的自觉

作为人，都有为高雅、高尚的价值所感动的一面。利用这一侧面，就可以谋求深化对价值的自觉。金井肇指出，进行价值自觉，不只是停留于知性理解，还需要感性上对其予以接受。而所谓感性就是欲接受善的、美的事物的一种心性，其作用极其强烈时就发展成感动。所谓感动，一般是接触到善的事物、美的事物而产生的一种摄魂夺魄的现象，是一种共鸣、喜悦而且可能伴随惊奇的感情。但金井肇同时又指出，在道德教学中要加深感动的话，还必须进一步明确：（1）感动只有产生于这个人在价值上予以肯定的事物，他人无论觉得有多令人感动，如果自己不觉得好的话也不会产生感动；（2）美的事物、好的事物，如果不是实现了超越日常性的高层次的价值，就不会产生感动。（3）仅仅表现了高尚的价值也不能带来感动，其中出现的人的姿态必须使人产生现实感。如果人觉得是脱离现实的，就不会产生感动。

关于加深感动的教学的主要意义，金井肇指出以下几点：（1）可以深化价值自觉，即通过感动可以加深儿童对迄今承认的价值的自觉。感动是针对这个人认为有价值的事物而产生的，但儿童的价值意识一般还不深入，稍有风吹草动就会发生动摇。因为感动伴随强烈的喜悦，所以，通过感动就可以加深还不深入的价值自觉。（2）可以扩展价值自觉，即通过感

动可以将价值意识由感动的对象进而扩展到周边价值。无论哪个儿童，即使其感动的范围很狭窄、有限，也具有可以感动的价值世界。比如当别人向自己表示强烈的友情时，就会产生感动。只要资料中表现的友情很好、很不一般，或通过教师的教学注意到高雅的友情，就会对其产生感动。如果是这样的话，以此为起点，就可以使可以感动的价值范围由友情的近处向周边扩展开去，比如对他人的体贴、同情等。金井肇指出："通过感动，可以培育对道德价值整体以衷心喜悦地接受的心灵。"（3）可以强化价值自觉，即通过感动可以实际感受生存的喜悦。①

三、总结与评价

（一）道德教育的必要性与可能性问题

尽管人们在道德教育的目标、内容、方法等方面见仁见智，但是对于道德教育的必要性这一点可以说是有一定共识的。这是因为大家都认识到这样一点：人要获得自由，要在世界上幸福地生活，就必须社会化。虽然人社会化了不一定就会获得自由和幸福，但人不经过社会化或不能社会化，则肯定不会享有自由和幸福。社会化包含很多内容，但道德社会化是其中的核心要素。也就是说，人要获得自由和幸福，就必须掌握一定必要的道德价值。这是道德教育存在的基础和依据，也是我们在此谈论道德教育的前提。对于道德教育的必要性问题，金井肇的著述中并没有过多着墨，事实上也完全没有必要。

既然道德教育的必要性不成问题，那么，剩下的就是道德教育的可能性问题。金井肇郑重地提醒人们，道德教育的必要性和可能性完全是两回事。他说："打个比方说，学习的必要性是谁都不会否定的，但是实际上让儿童学习在很多场合并不那么简单。'好好学习'这一要求是多么的苍白无力是许多家长都知晓的。为了使儿童实际地学习，……必须为了使学习成为可能开展援助。也就是说，必须找出怎样做才能使儿童学习的途径后开展教学，才能设法让儿童学习。尽管是必要的，但并不因为是必要的就可以说就会这样掌握了。……对于这一点，社会上，即使是老师有时也会错过的。"② 金井肇的意思不外乎是要提醒人们对于如何才能使道德教育

---

① 金井肇. 道德授業の基本構造理論［M］. 東京：明治図書出版社，1996：134—155.

② 金井肇. 道德授業の基本構造理論［M］. 東京：明治図書出版社，1996：48—49.

成为可能这一可能性问题给予足够的关注。虽然金井肇的提醒并不是什么新的见解，而且主要是针对日本的道德教育而言的，但是对于我国的道德教育来说，是不是也极具现实意义呢？应该说，自中华人民共和国成立以来，我国对道德教育一直是极为强调的，至少在理论和政策上如此。但是我们的道德教育的实际效果又如何呢？道德教育在"加强"的高喊声中持续处于实效性低下的低迷状态是不是与我们的理论与实践对于道德教育的可能性问题观照不够有关呢？对此，有必要做认真的思考。

（二）人的本性与道德价值的关系问题

那么，如何才能使道德教育成为可能呢？换句话说，如何才能使人接受道德价值，形成关于道德价值的自觉呢？金井肇的回答是以人的本性为基础和出发点，在明确人的本性与价值的关联方式的基础上来谋求人的价值自觉。这里就涉及人的本性与价值的关系这一古老而又常新的伦理学话题。

人的本性是什么？自古以来思想家们在这个问题上众说纷纭，对这个问题的不同回答构成了他们之间伦理学理论分歧的始点。中外思想家关于人的本性的观点大体上可归为两大类：一是评价论的观点，即用善恶概念看待人的本性的观点。这种评价论的观点主要有性善论和性恶论以及由两种观点派生的观点和折中的观点。二是描述论的观点，即不对人性做善恶评价而只对人性做自然描述的观点。后者这种对待人性的自然主义态度已越来越为人们所认同。其之所以如此，是因为："无论人的本性如何，到目前为止都是自然形成的，尽管人类特有的文化积累越来越大地影响到人的本性，但人的意识和意志不能对人的本性发生作用。既然如此，我们就不能对这种自发形成的本性进行道德评价，因为道德评价只适用于那种有意识的行为，那种无意识的行为不在道德评价的范围。对这种本性不能进行道德评价，就如同不能对无知的孩童的行为、自然现象进行道德评价一样。"因此，"当我们谈到人的本性是什么的时候，是要对人的本性本来是怎样的做出描述性判断，而不是要对人的本性是好是坏做出评价性判断"。①

如果将金井肇关于人的本性的观点归类的话，当属描述论观点。对于他这种对待人性的自然主义态度我们持肯定态度。原因不仅是因为它体现

---

① 江畅. 幸福之路 [M]. 武汉：湖北人民出版社，1999：24—127.

了伦理学思想的大潮，更为重要的是，也只有这种态度才是道德教育成为可能的前提和基础。正如价值是"满足主体需求的客体的性能"这一定义所表明的那样，价值的现实基础在于人的需求。① 换言之，人的需求倾向亦即人的本性或自然性是价值、价值意识的唯一、现实的基础。忽视或否定人的自然性，也就意味着使道德价值失去嫁接的砧木，从而使道德教育成为不可能。

正如金井肇所指出的那样，人的自然性或本性是多向度、多侧面的，因而需要我们具体分析，具体对待。但是，由于人的本性的极大部分与价值的关系是相冲突的，因此，在生活和道德教育中常常被不加分析地予以否定。过分地扬灵抑肉的结果只会使活生生的人性和生活变得空洞而枯萎，只会使本应生动活泼的道德教育变成枯燥乏味，日趋"高尚"而高处不胜寒，而且常常导致伪善者不断大量滋生。现在中日两国不断出现的"好孩子"的问题行为的现象难道不值得我们好好地思考一下吗？

---

① 見田宗介. 価値意識の理論 [M]. 東京：宏文堂，1996：17.

第 3 节　统合性道德教育论：思想探析^①

20 世纪 80 年代末 90 年代初，面对日益走向信息化、国际化和价值多样化的日本社会，日本政府提出了"新学力观"，以期培养具有自我学习意愿、能够自主应对时代变化的人。在这一背景下，日本教育界掀起了研究道德教学的热潮，涌现出许多比较有代表性的道德教学理论。统合性道德教育论就是其中之一。

统合性道德教育论是日本高知大学伊藤启一教授于 20 世纪 90 年代初开始倡导的道德教学理论。伊藤在其《统合性道德教育的创生：学习现代美国道德教育》（1991）、《培养"生存能力"的道德教学——初中统合性方案的实践》（1996）、《培养"同情"心的道德教学——初中统合性方案的展开》（1998）等论著中对统合性道德教育论进行了较系统的阐释。有鉴于此，本节主要依据这些论著尝试对该理论的基本主张和观点做概要性的考察和分析。

一、何谓统合性道德教育

何谓统合性道德教育？伊藤在《培养"生存能力"的道德教学——初中统合性方案的实践》一书中将其表述为："统合性道德教育，以统合'向儿童传授道德价值'和'培养儿童的道德批判能力与创造能力'为目标。以此为标准，将道德教学分为'以传授目标价值（价值内化）为第一要义'的 A 型教学和'以接纳儿童具有个性的、主体性的价值表现与价值判断为第一要义'的 B 型教学，统一、综合这两类道德教学形成统合性方案，以期实现道德价值的传授与创造的统合。"^② 可见，统合性道德教育应该包含以下三方面内涵：

---

① 本节作者系高亚杰、饶从满、魏微，本节曾发表于《比较教育研究》2011 年第 11 期，原文名称为"伊藤启一统合性道德教育论解析"。

② 伊藤啓一.「生きる力」をつける道徳授業—中学校統合のプログラムの実践 [M]. 東京：明治図書，1996：7.

（一）目标层面的统合：道德价值的传授与创造的统合

伊藤一再强调，统合性道德教育的目标是统合道德价值的传授与创造。因为在他看来，传授与创造道德价值是道德教育的两个基轴，二者相辅相成，缺一不可。伊藤指出，道德教育的主要目的是培养儿童的道德判断能力、道德心情、道德实践能力。但在价值多元化时代，道德教育首先要着眼于道德价值的创造，即"培养儿童的道德批判能力与创造能力"。这就意味着必须建构一种尊重儿童主体性的道德教育。"我们必须培养能够自主判断、具有批判性道德观点的儿童。因此，必须依据儿童的成长意愿，建构以儿童为主体的道德教育。"① 而要构建这种尊重儿童主体性的道德教育，就要求教师必须改变以往的教师权威观念，从儿童的立场组织道德教学。"今后的道德教学，尤为重要的是让儿童积极参与，由儿童作为主体创造道德学习，培养其积极向上的生活态度。"② 其次，道德教学必须传授道德价值。这一方面源于作为人，在任何时代都必须"有所为"与"有所不为"。这既是人类生存及日常生活必不可少的基本价值，又是人之所以为人的基本规约。道德教学必须将这些价值传授给儿童，特别是在价值多元化时代，更要重视这些价值的传授。因为在没有形成一致的基础性价值的社会里，价值多样化只能造成价值的混乱。另一方面是因为传授道德价值是道德教育的基础③。伊藤认为，在道德教育中只发展儿童赖以创造价值的道德形式（道德认知结构）是不够的，道德内容的指导同样必不可少。因为，儿童首先是从日常生活经验中获得各种美德，并通过成人教化与自身学习，逐渐形成道德的基本法则与思考形式。正因如此，伊藤才强调不能忽视道德教育中的他律意义，道德教学就是要让儿童理解道德规则的被动性。儿童一旦理解了这种被动性，就会变被动为主动，积极地遵从道德规则，进而在道德上保持不可欠缺的"自律性"。④

---

① 伊藤啓一. 統合的道徳教育の創造：現代アメリカの道徳教育に学ぶ [M]. 東京：明治図書，1991：160.
② 伊藤啓一.「生きる力」をつける道徳授業—中学校統合的プログラムの実践 [M]. 東京：明治図書，1996：11.
③ 伊藤啓一. 統合的道徳教育の創造：現代アメリカの道徳教育に学ぶ [M]. 東京：明治図書，1991：165.
④ 伊藤啓一.「生きる力」をつける道徳授業—中学校統合的プログラムの実践 [M]. 東京：明治図書，1996：19.

（二）过程层面的统合：教与学的统合

统合性道德教育将"啐啄同时"的道德教学视为理想状态。"啐啄同时"是日本江户时代儒学家伊藤仁斋的观点。① 所谓"啐"即是指鸡蛋即将孵化时，壳内小鸡的鸣叫声，所谓"啄"是指母鸡从外面啄蛋壳，两者抓住时机同时进行即为"啐啄同时"。"啐啄同时"的教学即是教师与儿童均获得相宜时机的教学，即儿童的成长愿望和教师的适当指导正相适宜，教师的教与学生的学在教学过程中形成了完美的统一。因此，统合性方案的实施就应该是教与学的统合过程。即平衡教师的有效支援与儿童的主体性活动，充分激发师生的智慧，以更加灵活的态度，共同造就简单易行、充满活力的道德教学。"教学，基本上是教师与儿童共同创造的，他们任何一方都必须是主体。"② "儿童的自主性与教师的指导性如同车之两轮，二者和谐地结合在一起正是我所提倡的教学。"③

（三）方式层面的统合：A 型教学与 B 型教学的统合

为了方便教师构建、开展统合性方案，伊藤将道德教学分为两种类型："以传授目标价值为第一要义"的 A 型（传授·理解型）教学和"以接纳儿童具有个性的、主体性的价值表现与价值判断为第一要义"的 B 型（接纳·创造型）教学"（参见表 3 - 1）。在"A 型"教学中，虽然也要尽量地尊重儿童的主体性，但这只是第二位的，居于第一位的是传授"目标"价值；而"B 型"教学则与此相反，虽然也期待深化所规定的价值内容，但处于优先地位的却是儿童自主的价值表现和探究活动。这就明确了单元教学的方向，使教师明白在何时可以由教师发挥主导作用，在什么情况下可以由儿童自主活动。

伊藤强调，将道德教学分成"A"与"B"两种类型，说到底是为了教师更容易分析、把握道德教学。因此，教师始终要持有"教学是教师与儿童共同创造的"灵活态度，超越"型"的限制，不拘形式地采用多种方法组织道德教学。

---

① 曹能秀. 当代日本中小学道德教育研究 [M]. 北京：商务印书馆，2007：237.

② 伊藤啓一.「生きる力」をつける道德授業—中学校统合的プログラムの实践 [M]. 東京：明治図書，1996：28.

③ 伊藤啓一.「思いやり」の心をはぐくむ道德授業—中学校统合的プログラムの展開—[M]. 東京：明治図書，1998：7.

表 3-1 A 型教学与 B 型教学的特征①

A 型	B 型
目标：向儿童传授（内化）的价值内容	目标：儿童作为主体的活动内容和学习过程
重视传授被历史、社会所认可的道德价值	重视价值表现能力、判断能力和批判能力等
强调所有儿童学习共同内容	强调儿童的个性差异
重视结果（评价基准是目标价值的内化）	重视过程（评价基准是儿童能够自主地活动）
封闭式（教学结束时倾向于封闭）	开放式（教学结束时是开放的）

二、缘何提倡统合性道德教育

统合性道德教育论的提出与倡导，有着深刻的背景因素。正如伊藤自身所指出的那样，他所提倡的统合性道德教育，"在考虑到'永恒与流变'的同时，还关注了当前个人与社会的和谐，因此才将统合道德价值的传授与创造作为目标。"②

（一）统合性道德教育的提出是社会发展的要求

首先，随着日本社会日益步入信息化、国际化和价值多元化的时代，培养具有自主思考、自主判断、自主行动的能力，并于国际社会有贡献的、值得信赖的日本人成为教育的重大课题，同时为道德教育的根本性变革提供了契机。其次，科学技术的发展，经济的腾飞，以及新生成的环境、伦理等问题，从根本上考问了现代人应有的生活方式与生存态度，从而促使道德教育突破传统框架，转变教学方式，从更广阔的视野立体地审视人的问题。再次，教育病理的出现且日趋严重，直接证实了往昔的道德教育已经不能应对时代的变化，承担起相应的责任。因此，从根本上变革一直以来以传授价值为中心的道德教学，积极引入、倡导着眼于接纳儿童的多元价值观，尊重儿童主体性与创造性的新型道德教育成为当时的主旋律。

① 伊藤啓一.「生きる力」をつける道徳授業―中学校統合的プログラムの実践［M］.東京：明治図書，1996：30.
② 伊藤啓一.「思いやり」の心をはぐくむ道徳授業―中学校統合的プログラムの展開―［M］.東京：明治図書，1998：7.

　　然而，新型道德教育的引入，并不意味着完全否定以往的道德教育。因为在价值多元化的时代，仅仅强调儿童的主体活动是远远不够的，还必须传授人类生活中必要的基本价值。无灌输的传授道德价值是时代对道德教育提出的要求。有鉴于此，伊藤提出了推行以统合道德价值的传授与创造为目标的统合性道德教育。

（二）统合性道德教育的倡导是社会现实的需要

　　统合性道德教育论最初是"从美国道德教育研究的结果中推导出来的"①。伊藤指出："最近 4 个世纪，美国的道德教育在两类道德教育之间摇摆。"② 一类是传统的道德教育或品格教育，以成人传授给儿童一定的价值观为主，重视经过历史检验的道德文化遗产，关注道德价值的传授结果，教学结束时基本上是封闭式的；另一类是始于 20 世纪 70 年代的进步主义道德教育，强调以价值澄清学派与柯尔伯格理论为基础的道德对话，批判传统道德教育是注入式的，重视儿童主体性的价值表达与判断能力，道德教育不关心价值的传递，取而代之的是关注价值获得的过程，教学结束时通常是开放型的。然而，后者这种新型道德教育广泛地应用于实践之后，并没有取得期望的效果，而与之相呼应却是青少年的问题行为（如吸毒、暴力、自杀等）不断增加，并日益成为严重的社会问题。到了 80 年代，品格教育再次成为热点。新品格教育吸收了进步主义道德教育的观点，在重视道德价值传授的同时，强调儿童的自主活动，尊重儿童的自主选择与价值判断。这与统合性道德教育论的论调基本是一致的。

　　事实上，日本在批判传统道德教育、引入新道德教育的过程中同样出现了如上所述的种种不良反应。伊藤认为，这些问题是由多种因素造成的，但最根本的原因则是由于儿童应该具备的道德性没有培养出来，从而导致儿童不能充分应对社会的巨大变化及与之相伴而来的价值多元化现象，造成诸如代际间、亲子间、师生间在基本价值上存在着巨大分歧，彼此无法充分交流，儿童间也没有形成接纳多元价值观的基本生活态度。由此，伊藤认为，倡导统合性道德教育，在当前日本是非常必要的。

---

①　伊藤啓一.「生きる力」をつける道徳授業—中学校統合的プログラムの実践［M］. 東京：明治図書，1996：7.

②　伊藤啓一. 統合的ショート・プログラムの展開—小学校における統合的道徳授業［EB/OL］.［2010—4—10］. http://www.meijitosho.co.jp/shoseki/tachiyomi.html？ bango＝4—18—805018—7.

三、如何实施统合性道德教育

伊藤十分推崇价值澄清学派与柯尔伯格理论赋予儿童在道德教育中的主体地位，认为实施统合性道德教育的首要条件是，教师尊重儿童，归还儿童在道德学习中的主体话语权；而后以此为基础，精选重要的价值项目，以对话活动为支柱，实行多课时大主题的道德教学。

（一）尊重儿童在道德学习中的主体性

尊重儿童的主体性，并不意味着教师对儿童放任自流，而是体现于教师在道德教学中充分地认识、了解儿童，真诚地接纳、尊重儿童。在以往的道德教学中，许多教师也很重视认识、了解儿童，并据此指导教学，但收效甚微。究其原因，伊藤认为，上述情况并非真正意义上的认识儿童，因为"每个儿童都是具有独特思想、情感、价值观的个性存在"[1]，教师无论怎么努力也很难百分之百地预测到儿童的心思；而能清楚认识儿童真实心理并将其表现出来的只有"儿童自身"。因此，教师只能通过道德教学尽可能地认识、了解儿童。即教师在组织道德教学时，遵循"儿童价值观优先"原则，"设定能让儿童自由表达自己的思想、判断、感情等的场所"，"谦虚地倾听儿童的意见，真正地接纳、尊重他们的价值表现"。[2] 这样就能让儿童在道德学习中畅所欲言，讲真话、说实话，真实地表现自我，诚实地表达内心意愿，自主地发表自己的意见、观点，并将道德学习作为自己的课题进行思考，自愿培养积极向上的人生态度。这类似于以来访者为中心的咨询服务。"咨询服务，无条件地接纳来访者的所有体验。……无论喜欢与否，都必须将来访者的所有体验——喜怒哀乐、失败与成功，甚至是充满敌意的防备情绪——作为来访者情感的一部分接纳共容。咨询服务的这种积极关照，使来访者从一开始就能真正地做自己想做的事，感受自己想感受的情感，从而极富创建性地促进来访者按照自身步伐成长发展。"[3]

---

[1] 伊藤啓一.「生きる力」をつける道徳授業—中学校統合的プログラムの実践 [M]. 東京：明治図書，1996：11.

[2] 伊藤啓一.「生きる力」をつける道徳授業—中学校統合的プログラムの実践 [M]. 東京：明治図書，1996：12.

[3] 伊藤啓一.「生きる力」をつける道徳授業—中学校統合的プログラムの実践 [M]. 東京：明治図書，1996：12—13.

（二）精选重要的价值项目

与罗列所有道德价值进行传授的传统道德教学不同，统合性道德教学要求精选重要的价值项目，组成单元，通过多课时教学逐步深化这些价值内容，最终形成儿童对价值的内在自觉。对价值的内在自觉表现为"深化对人类的理解，形成丰富的人生观与积极向上的人生态度"。[①] 故而，统合性道德教学不仅是关于某些价值的学习，还更应是加深人类理解的窗口，使儿童能够多方面认识人的复杂心理，正视人性中既有高尚的一面，又有极端自私的一面，进而形成宽厚而丰富的人生观（参见图 3-3）。

在精选的重要价值项目中，伊藤特别强调"尊敬"与"同情"。他认为，"尊敬（respect）"即为珍视自我，尊重他者，尊重维持人类生命与生活方式的环境；它体现了黄金律的精神，是在世界任何一种宗教与文化中都能发现的道德原理。故而，尊敬即便不是道德的全部，也是道德的核心。[②] 而"同情"则是诸种道德价值中的基础价值，即与其他德性相比，"同情"是支配诸德的基本的、基础的德性，它关系到其他价值内容的深化。[③]

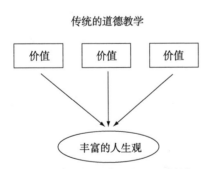

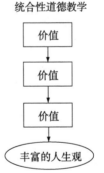

在单元教学中罗列多种价值进行学习，教学结束时常常是流于浅层理解，很难形成丰富的人生观。 在多课时教学中多方面研究一个道德主题，教学结束时加深了对价值的理解，易于形成丰富的人生观。

图 3-3　传统道德教学与统合性道德教学的对比图[④]

① 伊藤啓一.「生きる力」をつける道徳授業—中学校統合的プログラムの実践 [M]. 東京：明治図書，1996：38.
② 伊藤啓一. 統合的道徳教育の創造：現代アメリカの道徳教育に学ぶ [M]. 東京：明治図書，1991：169.
③ 伊藤啓一.「思いやり」の心をはぐくむ道徳授業—中学校統合的プログラムの展開— [M]. 東京：明治図書，1998：10.
④ 伊藤啓一.「生きる力」をつける道徳授業—中学校統合的プログラムの実践 [M]. 東京：明治図書，1996：39.

（三）以对话活动作为道德教学的支柱

伊藤所提倡的"对话活动"，不仅仅是师生间的对话，更重要的是儿童间的同伴对话。他指出，以往道德教学虽然也重视"对话活动"，但是这种对话基本是以师生间的一问一答为中心，很容易导致儿童遵从教师的权威，不利于儿童道德性的发展。而儿童间的同伴对话则不同，他们能从中感受到彼此间的平等；面对异己的意见、观点，更容易激起讨论的欲望，积极踊跃地参与价值对话，这就为儿童做出主体性价值判断提供了绝好的机会。

（四）采用多课时大主题的教学

相对于时下惯常采用1课时主题的道德教学，统合性方案选择了多课时主题。1课时主题教学是指1课时内只选择并完成1个道德主题；多课题主题则是指将1个道德主题在多个课时进行指导，或者将选择的大主题分成几个小的道德主题，在多个课时内完成。伊藤认为，二者相比，后者的优点在于：第一，不同于1课时主题教学由于时间限制而造成的刻板划一，多课时主题教学则因时间充足而颇具灵活性，既可以运用多种教学方法，从不同视角思考、深化同一道德价值；又能够充分考虑适合学生实际状态的内容，多方引发儿童的兴趣，尽情发挥师生的创造性。第二，随着学年的升高，与之相适应的学习资料在质与量上都会变得厚重。篇幅比较长的资料即使只是阅读也需要时间，如果再进行难懂语句的解说，加深价值理解，那么就很难在1课时内要完成预期目标了，而多课时主题教学则恰恰解决了这一难题。

通过考察可以看出，就理论建构而言，统合性道德教育论的核心关键词是"统合性"。伊藤以"统合性"一词为统摄，将教师主导的A型（传授·理解型）教学与儿童主体的B型（接纳·创造型）教学融合于多课时大主题的道德教学中，以此来实现一种简单易行、充满活力的道德教育。就理论内容来看，统合性道德教育论很重视"培养儿童的道德判断能力与创造能力"，颇有理性主义的意味。但是，这种重视又旨在尊重儿童的主体性，激发儿童的主体活力，而不是以发展儿童的道德形式为主要目的，也不认为道德形式在培养儿童的道德性中起着决定性的作用；并且，伊藤在设计统合性方案时，将重点放在培养"尊敬""同情"等价值项目上，认为"尊敬"是道德性的核心，"同情"是支配各种道德的基础德性，强调道德教育必须培养儿童在这些方面的道德性，认为只有具备了"尊敬""同情"的道德性，儿童才能与他人建立信赖关系，进而深化其他道德价值，形成价值的内在自觉。这与日本主流道德教学理论颇为相似，表现出内化论、情感主义的倾向。

统合性道德教育论在当代日本是颇具影响的道德教学理论之一。我国学者曹能秀对其给出了很高的评价①，认为统合性方案是伊藤综合各家各派、融合古今日本及外国而提出的，是最能体现"综合"、体现日本善于学习的一种教学理论。的确，我们在对待外来道德教育理论时，全盘否定或全盘肯定显然都是不科学的。伊藤从社会现实出发，博采众家之长而不偏于一隅，这种态度值得我们吸纳与借鉴。而在对待传统道德教育方面，伊藤与杜威如出一辙，反对"非此即彼（Either-ors）"的哲学，强调在新学力观背景下，要积极地倡导尊重儿童主体性的"B 型"教学，但不能因此就完全否定以往在日本居于主流地位的以价值内化为目标的"A 型"教学。② 新兴的"B 型"教学也是具有局限性的，需要"A 型"去补充、完善。这一认识也同样是我们需要学习的。杜威认为，"旧教育强迫儿童接受成人的知识、方法和行为的规则，但是不能因此就认为成年人的知识和技能对于未成年人没有指导的价值，只有极端的非此即彼的哲学会导出这种主张"；而新教育"可能意味着成年人和未成年人之间的接触比在传统学校中所曾有过的接触，更为频繁而且更为密切，结果，未成年人受到别人的指导是更多了，而不是更少了"。③ 因此不能武断地全然否定传统教育，将之与进步教育对立起来。这样的观点对于我国当前的道德教育实践，特别是在新课程背景下如何改变传统道德教学，确立适应时代变化的新型道德教学，是很有启发意义的。

然而，不可否认的是，统合性道德教育理论也存在着一定的问题。首先，统合性道德教育的目标是统合道德价值的传授与创造。然而，传授价值是教师活动的重点，而创造价值则必须以尊重儿童的主体性活动为核心，如何将如此矛盾的两个概念在道德教学中同时满足既是关键点，又是难点。尽管为了解决这一问题，伊藤启一将道德教学分为以价值传授为核

---

① 曹能秀. 当代日本中小学道德教育研究 [M]. 北京：商务出版社，2007：238.

② 伊藤啓一.「思いやり」の心をはぐくむ道徳授業—中学校統合のプログラムの展開—[M]. 東京：明治図書，1998：9.

③ 杜威. 我们怎样思维・经验与教育 [M]. 姜文闵，译. 北京：人民教育出版，1991：251.

心的"Ａ型"教学和以尊重儿童主体性为核心的"Ｂ型"教学，通过组合这两类教学来实现统合的目标。但是，这种划分并没有在实际上解决"统合"的难题，让人依然很难弄清究竟怎样才能实现真正的"统合"。而且，这种划分在教学现场如若掌握不好，难免会形成各自为政的局面，致使所谓的"统合"也去了存在的意义。其次，统合性道德教学采用多课时主题教学，这就需要确保儿童对同一道德主题具有持续的学习意识与问题意识，而要做到这一点是不容易的。"道德时间"一周只有一次，若要儿童对"道德时间"提出的同一道德主题一直处于学习与思考状态，就必须将各个学科的学习以及家庭教育都与这一道德主题联系起来。可是各科教学与家庭也有自己的本职任务。如此一来，如何协调它们之间的关系及怎样相互配合就成了至关紧要的问题。然而伊藤启一对这一问题却没有做出明确的阐述。

第 4 章

公民教育与国家建构：理论与视角

第 *1* 节　现代化进程中的国家建构与公民教育①

伴随中国现代化进程的不断深化，特别是进入 21 世纪以来，越来越多的学者和有识之士指出公民教育的欠缺正在制约着我国现代化的进程，因而高呼实施公民教育的必要性。公民教育与现代化的关系，特别是公民教育在现代化进程中的功能等问题，成为摆在我们面前的一个重要理论与现实问题。对这一问题进行初步的探讨，即是本节的目的。

一、国家建构：分析公民教育与现代化关系的视角

在分析现代化进程中公民教育的功能之前，明确公民教育与现代化发生关系的维度至关重要。

所谓现代化，简单地说，就是从"传统"社会向"现代"社会的转化，也就是一个社会逐渐获得"现代性"的过程。而"现代性是法国民主革命以及英国工业革命的产物，它表现在政治思想上就是民族国家体系与自由、民主精神的出现；在经济上是资本主义工业制度的诞生；在文化上则是理性的张扬"。② 也就是说，从政治的角度而言，现代化即现代国家建构的过程，是一个由分散、互不联系的地方性社会走向现代民族国家的过程，也是一个由封建等级制的不平等社会走向现代民主国家的过程。徐勇先生对此有着精辟的概括：现代国家建构，亦即由传统国家向现代国家的转型，它"既是现代化的条件，也是现代化的结果。与现代化相伴随的现代国家有两个特性，一是民族—国家，即居住在具有主权边界里的集体为统一的国家机器所控制，并形成统一的国家认同；二是民主—国家，即居住在国家内的人民居于主权地位，国家机器的权威来源于公民授予。由此

---

① 本节作者系赵明玉、饶从满，本节曾发表于《比较教育研究》2008 年第 5 期。

② 文军.承传与创新：现代性、全球化与社会学理论的变革 [M].上海：华东师范大学出版社，2004：37.

而产生所谓的民族主义和民主主义"。①

　　所谓公民教育（citizenship education），无论如何界定，都是关涉公民资格（citizenship）的教育。正如特纳（Bryan S. Turner）所指出的那样，"公民资格实质上是现代政治的产物，即法国大革命与工业革命的社会政治结果。……完整意义上的公民资格是封建与奴隶社会衰亡的后果，因此与现代工业资本主义社会的出现直接关联。用更具社会学性质的术语来说，公民资格既是现代性的构成要素，又是现代化过程的结果"。② 作为现代性构成要素和现代化过程结果的公民资格，关涉两个维度的关系：一是公民与现代国家或政治共同体的关系，二是在该国家或共同体范围内公民之间的关系。也就是说，由于公民资格与现代化、现代性密切关联，公民资格、公民教育也就与现代国家建构、与民族和民主建立了密不可分的关系。正如日本学者熊谷一乘所指出的那样，民主主义和民族主义，作为现代国家的基本原理，构成了现代公民产生和现代公民教育崛起的契机。③ 也正因如此，公民教育自从诞生之日起，就受民族和民主的观念支配，一直将重心放在民族国家的政治主权和合法性以及公民的权利和义务上。④

　　既然无论是现代化，还是公民教育，都与现代国家建构及其基本原理——民族主义和民主主义——具有密切的关系，那么以现代国家建构为切入点，来探讨公民教育在现代化进程中的功能问题，也就顺理成章。

二、现代化与现代国家建构

　　现代国家具有两个基本特性：一是民族－国家，它是现代国家的组织形式，以主权为核心；一是民主－国家，它是现代国家的制度体系，以主权在民为合法性基础。⑤

（一）现代化与民族国家的建构

民族国家是现代化的产物，是伴随近代资本主义产生而构建的现代政

　　① 徐勇. 现代国家建构中的非均衡性和自主性分析 [J]. 华中师范大学学报（人文社会科学版），2003（5）：97—103.
　　② Turner B S, Hamilton P. Citizenship-critical Concepts [M]. Vol. 1, London and New York：Routledge，1998，General Commentary.
　　③ 熊谷一乘. 公民科教育 [M]. 東京：学文社，1992：4.
　　④ Law W-W, Globalization and Citizenship Education in Hong Kong and Taiwan [J]. Comparative Education Review，2004，48（3）：253—273.
　　⑤ 徐勇. "回归国家"与现代国家的建构 [J]. 东南学术，2006（4）：18—27.

治共同体。它既是现代化锻造的现代性在政治生活中的反映，又是现代化的必要基础条件。前现代化时期，虽然也存在着国家，但是社会主要是由氏族、家族、部族、地方性族群等共同体构成的，并形成相应的政治单位，而且这些政治共同体独立、分散且互不联系。现代国家起源于西欧中世纪后期，兴盛于 18—19 世纪，并由西向东推进，在 20 世纪扩展到全球，由此构成现代世界体系的主体要素。较之传统的国家形态而言，现代国家本质上是"民族国家"，即当国家和民族融为一体时才形成现代意义上的民族国家。这里的民族更准确地说应为"国族"，是人们在历史上形成的一个有共同语言、共同地域、共同经济生活以及表现在共同文化上的共同心理素质的稳定的共同体。① 现代化正是以民族国家为载体而展开的。没有民族国家，便不可能启动现代化，也不能保障现代化的进程。因此，建立统一的民族国家是第一步，一切国家的现代化都不可避免。

现代民族国家的建构，意味着国家整体和代表国家主权的中央权威日益深入地渗透于主权国家的各个领域，并支配整个社会。民族国家是以主权为核心的。主权是国家所拥有的自主处理其内外事务的最高权力，国家凭借这种权力可以以最高权威独立自主地处理内外一切事务，而不受任何其他国家或实体的干涉和影响。因此，主权对内主要表现为其有效的统治权和管辖权，而对外则意味着维护国家的独立自主和领土完整。为了体现这种国家主权的神圣性、不可侵犯性，国家主权的渗透与维系，不仅要依靠稳定的税赋体系、集中领导的军事权力、垄断立法和法律权力，以及拥有专职官员的行政管理体制，而且需要依靠来自于文化、教育以及可以支配大众社会的话语权。这种国家主权的渗透过程实际上就是国家对于分散的社会力量加以整合的过程。

（二）现代化与民主国家的建构

现代化进程不仅是民族国家建立中央权威及其主权渗透的过程，还是民主制度日益完善、民主观念在全社会日益深化，所有公民获得自由平等公民权利的过程。民主国家是现代国家建构的又一重要方面，是现代国家的制度体系。

虽然民主的渊源可以追溯到古希腊、古罗马时期，但是，民主国家的

---

① 徐勇."回归国家"与现代国家的建构 [J]. 东南学术，2006（4）：18—27.

建构则是与现代化进程紧密相伴的。在前现代化时期的传统国家中，主权不在于人民，而是集中在最高统治者——皇帝手里。国家通过庞大的官僚体系和金字塔式的层级控制，有效利用地方精英，达到对地方的统治目的。皇帝统治的合法性来自于传统型的权威，以暴力夺权为基础（即使在通过世袭的"合法"方式获得统治权的情况下，也必须有强大的军事力量作为支撑）。而一旦取得政权之后，皇帝便拥有了至高无上的权力和不可置疑的合法性。直至 17 世纪末期，伴随着西方国家现代化进程的启动，英国光荣革命、美国独立建国以及法国大革命之后，封建君主制被颠覆，新兴的代议民主制度逐渐成为西方及其他地区国家效仿的对象，终至形成现代民主国家。自此，作为现代国家核心的主权不再由一人独揽，而是越来越集中地体现国家中公民的意志。

现代化进程中，民族国家建构所要解决的核心问题是国家主权的建立与维护，而在此过程中势必会产生权力归属、权力配置和权力行使的问题。这些正是民主国家建构所要解决的核心问题。现代民主国家建构"强调的是按照主权在民的原则构造国家制度，主要反映的是国家内部统治者与人民、国家与社会的关系。因此，衡量民主—国家的重要标准就是统治的合法性的民意基础，即统治权力是否按照体现人民意志的法律取得和行使"。[①]

三、现代国家建构与公民教育

（一）民族国家的建构与公民教育的整合功能

现代民族国家打破了传统国家的血缘性、地缘性，在共同语言、共同地域、共同经济生活以及表现在共同文化上的共同心理特质基础上，使原本分散的社会凝聚为一体。它不仅是具有地理边界意义的实在共同体，而且是具有文化与心理边界意义的虚拟共同体。因此，在现代国家建构的过程中，更需要从文化、心理方面强化全体公民的整体性，即通过民族认同的培养来实现国家的整合。

民族认同是国家建构的意识形态基础。正是公民对国家权威的认可、崇敬，及其对国家的热爱，才会在整个国家内形成一种强大的凝聚力、向

---

① 徐勇. "回归国家"与现代国家的建构 [J]. 东南学术，2006（4）：18—27.

心力。这种力量可以鼓舞人们万众一心击退外敌侵犯，可以支持人们兢兢业业地投身国家建设，可以使公民在追求个人利益的同时兼顾国家的整体利益。这种力量可以是坚如磐石的，它激励人们在关键时刻宁愿舍弃自己的利益甚至生命，也不放弃对祖国的热爱；但是，有时候这种力量也是不堪一击的。如果一个国家长期处于分崩离析或者受人奴役的状态之中，公民无法作为国家的主人去享受自由、平等的权利，那么公民就很有可能对中央权威的合法性产生怀疑，进而将导致公民对国家产生离心力，对国家忠诚度弱化，甚至会背离自己的祖国。除了背离祖国以外，在国内，对国家的失望还会促使人们回归到自己更加认同的政治单位，从而造成国家的分裂和地域化、族群化，由此大大动摇统一国家的根基。特别是对于那些民族国家体系还相当脆弱的国家，由对国家忠诚感下降而产生的民族分离主义和族群分立主义，很容易导致国家的解体。①

由此可见，培养公民对国家的认同感与归属感是现代国家建构的重要保证。世界各国在现代化进程中一般都十分重视对公民开展爱国主义教育，原因即在于此。培养公民的民族认同是现代化进程中民族国家建构的一种必然需求。而教育恰恰在民族认同的培养方面能够迎合现代国家的这种需求。19世纪以来，许多西方国家都逐步加强了对教育的干预，公共教育体系也随之建立起来。一方面，这反映出现代化进程中，国家开始有意识地通过教育培养公民的民族认同；另一方面，这也是现代公民教育形成与发展的重要基础。通过公民教育，能够培养公民的爱国情感，渗透国家意志，能够有效地促成公民对国家的认同、归属，促进民族整合，实现民族国家建构。

公民教育本身就是一项综合性的、系统性的复杂工程，其功能的发挥势必要通过多种教育活动才能实现。但就公民教育整合功能的实现途径来说，以下三个途径至关重要。

其一，通过公民科、社会科或政治课等与公民教育直接相关的学科教学，学生初步认识国家。现代化进程中，伴随国家主权凝聚力的逐渐增强，主权成为区别国家与国家之间的基准线，于是也就有了一系列体现主权国家的象征和符号体系：国名、国旗、国徽、国歌、国语、国界、国籍、公民等等。公民科等学科教学的一项基础任务就是让学生了解这些抽

---

① 徐勇."回归国家"与现代国家的建构［J］.东南学术，2006（4）：18—27.

象意义上的国家象征与符号，形成对国家的初步印象与初步认同。

其二，民族语言的教学，不仅蕴含着民族文化传承的深刻意义，还潜在地发挥着巨大的民族整合功能。语言是文化的有形载体，因此，民族语言教学的过程实质上就是培养公民对民族文化进行认同的重要过程。现代国家大都是多民族国家，对官方语言的界定、标准化以及教学已经成为世界各国"民族国家建构"的首要任务之一。①

其三，民族历史也是任何国家进行公民教育的关键学科之一。历史教学通过弘扬本民族的辉煌历史培养公民的民族认同感、归属感，并着意于通过树立民族英雄、历史文化名人等光辉形象，以培养学生的民族自豪感与爱国主义情感。

公民教育整合功能的发挥不可避免地带有某种强制性，而这也就涉及了公民教育整合功能的"度"的问题。在学校教育中仅仅强调通过单一语言教学、单一民族历史教学进行整合，或许会迅速达到某种程度上暂时的整合与稳定，但是极易于忽略多文化国家中的社会团结问题。因此，过度的、极端的公民教育整合方式往往会适得其反，造成国家内部的分裂与不团结。如果国家没有把握好公民教育适度整合的问题，那么就很容易导致公民教育的极端民族主义倾向。

（二）民主国家的建构与公民教育的民主化功能

与民族国家建构的过程一样，现代民主国家的建构也非一蹴而就。确切地说，民主国家的建构实质上就是民主化的过程。从历史发展的纵向角度来看，它是一个渐进建构的过程。现代国家的民主化经历了由少数新兴资产阶级到多数平民，再到下层平民、黑人、妇女的过程。这个过程是历经数代人的卓绝努力，历时三百多年时间才逐步实现的。从民主内涵的横向角度来看，民主不仅仅是一种现代国家的政治制度，而且是一种现代国家公民的生活方式。相应地，现代民主国家的建构，也并不仅仅是国家民主制度的建立与完善，还包含着民主观念的传播与民主意识的塑造。

现代化进程中，民主制度的建立是民主国家建构的第一步，也是现代国家制度体系的重要根基。民主制度的建立与完善确认了"人生而平等"

---

① 金里卡. 少数的权利：民族主义、多元文化主义和公民 [M]. 上海：世纪出版集团，2005：345，350.

的原则，并使得个人的自由与权利有了法律保障。民主制度的建立与完善至关重要，然而若只是建立起民主制度而没有相应的民主观念作为支撑，那么民主制度也就不可能具有可持续性，民主国家的建构亦会举步维艰。以菲律宾为例，"今天的菲律宾虽然在政治制度层面已经实现了民主化，但在政治文化领域仍然受到传统的权威主义、主从观念、世袭制、裙带关系等的影响"。因此，"在制度层面上已经现代化的菲律宾仍然蹒跚于传统与现代政治文化之间，在传统的惯性与现代化的冲动之间经受着折磨"。①其民主国家建构的任务依然是长久而艰巨的。

公民教育，不仅是可以宣扬国家权威、进行民族整合的途径，还是推广民主制度、渗透民主意识的途径。前者是一股旨在谋求稳定的整合力量，而后者则是一股旨在谋求平等与自由的民主化力量。从民主化功能这一方面来看，通过公民教育，能够有效地宣传和普及民主观念，提高公民的民主意识、参与能力。众多西方国家的实践也表明，公民教育在民主观念塑造方面成效卓著，它是现代民主国家建构过程中的关键环节。法国于1871年第三共和国建立以后，在小学开始开设公民道德教育课，并把公民教育课程列为各科目之首。其目的就是为了共和国培养合格公民，以自由、平等、团结、人权为准则，将民主共和国的基本价值观念传播给每一个青少年，使之成为法国社会中的一员。②尽管多数西方国家并不像法国那样拥有强大的集权教育体制，而且又都奉行政治中立的原则，但是这些国家在公共教育体系中都非常重视公民教育中的民主教育。

公民教育民主化功能实现的基本途径，是通过设置公民科、社会科、政治课等学科的教学使学生掌握有关民主的基本知识，例如公民的权利与义务、国家、政府、宪法与法律、选举……总之，学生们所要掌握的文化知识必须有助于他们由个体转变为一个好人、一个好公民。③

除了传授民主基本知识以外，通过课外实践和社区参与等途径培养公民的民主参与能力也越来越受到更多国家的重视。尤其是到了20世纪末，国际公民教育呈现出了一种新的国际走向——培养主动公民。伴随民主化进程的推进，"许多国家都越来越强调参与型或经验型公民教育，即强调

---

① 丛日云. 当代世界的民主化浪潮 [M]. 天津：天津人民出版社，1999：158.
② 赵明玉. 法国公民教育述评 [J]. 外国教育研究，2004（6）：11—14.
③ Pratte R. The Civic Imperative：Examining the Need for Civic Education [M]. New York：Teachers College, Columbia University, 1998：49.

通过学生在学校生活与社区中的参与，强调将知识与内容的学习与鼓励调查、讨论和参与有机结合起来，以培养学生的参与意识和能力。作为前者的表现，许多国家已经或正在进行旨在使学校生活民主化并促进学生积极参与学校民主生活的'民主学校'的实践，亦被称作'学校民主精神模式'（school ethos model）；后者体现在许多国家大力推进的社区服务或服务学习实践，亦被称作'社区行动模式'（community action model）"。①

四、小结

在世界各国的现代化进程中，民族国家的建构与民主国家的建构并不一定都齐头并进。正如约翰·本迪克斯（John Bendix）所指出的那样，民族国家的建构并不等同于民主建设，尽管二者都非一蹴而就。② 由于民族国家建构的速度、程度、质量和民主国家建构的速度、程度、质量之间并不是完全处于同一水平，因此，民族国家建构与民主国家建构之间的关系在不同国家有着不同的表现。"在欧美国家，民族—国家和民主—国家的建构是同步的。而在中国这类后发国家，不仅民族—国家和民主—国家的建构是不同步的，而且会产生矛盾。因为，前者追求的是整体性和强制性，后者是基于多样性和自主性。"③ 即使在同一国家内部，由于现代化进程中各个时期的社会核心发展目标有所不同，因此也会在民族国家建构与民主国家建构之间各有侧重。

由于民族国家建构与民主国家建构之间的这种关系，世界各国现代化进程中公民教育的功能取向也就有相应的体现。在早发现代化国家中，总体上来说，民族国家建构与民主国家建构是趋于同步发展的。但是，基于二者之间存在一定的张力，不同时期的公民教育也会出现不同的功能取向。在后发现代化国家，民族国家的建构通常要早于民主化进程，因此，在这些国家早期的公民教育中，通常首先注重的是整合功能，强调国家的整体性与国家意志，从而有助于快速形成民族凝聚力，促进国家的稳定与发展。伴随着后发现代化国家经济活动以及各种社会生活的开展，民主化

---

① 饶从满. 主动公民教育：国际公民教育发展的新走向 [J]. 比较教育研究，2006（7）：1—5.

② Bendix R. Nation-Building and Citizenship [M]. New Brunswick and London：Transaction Publishers，1996：xii.

③ 徐勇. 现代国家建构中的非均衡性和自主性分析 [J]. 华中师范大学学报（人文社会科学版），2003（5）：97—103.

逐渐成为社会的需求，公民教育的民主化功能也随之受到重视。国家实力的增强使公民个人的权利会受到更好的保护，这时国家也将更加关注公民个体的权利、需求，关注民主体制的完善，因为这是推动国家良性发展的重要保障。

综上所述，现代公民教育与现代国家是相伴相生的。对于公民教育的探究，仅仅关注教育方面的问题是远远不够的。公民教育因与国家建构紧密联系，会更多地受到国家社会、历史发展大背景的影响。民族国家建构与民主国家建构之间既一致又紧张的关系深刻地影响着公民教育的功能取向。

第 2 节　现代化、民族国家与公民教育①

已有研究揭示，公民教育在世界各国的民族国家建构和现代化进程中扮演了重要角色。近年来，伴随全球化在深度和广度上的突飞猛进，公民教育与民族国家的关系等问题再次引起了人们的研究兴趣。而要明晰公民教育与民族国家的关系，就有必要将这个问题置于现代化这一宏观背景中进行考察。为此，本节试图就现代化、民族国家与公民教育的关系做一思考。

一、民族国家与现代化

民族国家是现代化的政治前提，没有这个前提，现代化便无从谈起。不管是英、美等早发内生型现代化国家，还是日、俄等后发外生型现代化国家，其现代化的成功推进，无不得益于民族国家的建构。

（一）民族国家为现代化提供了必要的制度前提

现代性起源于理性，现代社会的理性呼唤着建立统一的民族市场和统一的民族国家。因为市场经济的私人性要求作为公共权力的国家来界定、保护产权和个人利益。罗宾·坎托（Robin Cantor）等学者最近出版的著作从众多学科的视角详细分析了市场经济所需要的条件，认为："除了一些技术条件以外，这些条件可以概括为三类，其中，现代国家是重要的一类。因为只有现代国家的强制力量能够提供市场经济最基本的法律条件、知识产权、制订规范等。"② 现代国家的建构，既为市场经济提供了具有普遍意义的法律秩序，又为宪政、民主的建立提供了制度保证，是现代市场正常运作不可或缺的基本前提。也正因为如此，诺斯坚持认为："创造一

---

① 本节作者系苏守波、饶从满，本节曾发表于《首都师范大学学报（社会科学版）》2009年第 5 期。

② 埃利亚斯. 文明的进程［M］. 北京：三联书店，1999：129.

个国家是经济增长的必要条件。"① 正是在这个意义上，可以说一个稳定、统一具有广泛有效的干预和保护功能的现代民族国家，是现代化的一个必要前提。

（二）民族国家为现代化提供了强大的发展动力

当人类社会活动的范围不断延伸时，民族国家因为其拥有的主权而可以更加有效地运用立法和行政手段在这个广大的范围内，动员所有可以利用的人力与物力资源。而这种对资源的有效动员加速了经济社会的整合，提高了改造国家制度和安排经济资源的实力，提升了政治共同体承担社会功能和满足社会需求的能力，成为促进现代化建设的一种无可替代的力量。从现代化的发源地——西欧资本主义国家的发展历程来看，他们在从传统向现代社会转变的过程中，无不经历了一个现代民族国家建构的过程。正如美国学者艾恺所言，"没有民族国家，现代化就不会进行得那么快速"，"法国'国内'强大的原因之一是她的政治现代化——建立了现代民族国家"。② 同样，布莱克先生在考察日本和俄国的现代化后也指出："到19世纪初，日本和俄国的政权具有明显的相似点。统治两国人民的是在全国一级行政职权的、组织严密的和公认的政府，这种情况在世界上是极少的。两国都是在长期实行的政治制度下实现政治统一的，这些制度已经成为全国团结的有力象征。"虽然两国的集权有很大的差别，"但是，同其他现代化以前的社会相比，日本和俄国的有效统治都发展到了比较高的程度"。③

（三）民族国家为现代化提供了稳定的秩序保障

现代化是一项史无前例的巨大社会变革，社会的巨大变革必然带来社会秩序的动荡和不稳定。而稳定和秩序又是发展的基础和前提。无论是原初的内源型现代化，还是外源型或追赶型现代化，社会的稳定和秩序都是现代化的首要条件。因此，如何确保现代化发展所需的稳定的社会秩序，成为现代化进程中必须面对的重大课题。面对这一课题，民族国家体现了其自身的优越性。与传统国家相比，现代民族国家作为一种有效的强制性

---

① Hall J A, Ikenberry C J. The State [M]. University of Minnesota Press，1989：1—2.
② 艾恺.世界范围内的反现代化思潮 [M].唐长庚，等译.贵阳：贵州人民出版社，1991：18—29.
③ 孙立平.社会现代化 [M].北京：华夏出版社.1988：191.

政治组织，具有高度集中的行政力量。它改变了过去政治权力通常由为数众多的权力当局分享的局面，将原有家庭、乡村、地主、教会和其他各种力量所执行的功能，都逐步集中到国家手中。而且，在此期间国家第一次与社会的每一位成员有了直接的联系，使国家的权威更能够日益深入地渗透于主权国家领域，并支配整个社会。正如现代政治学大师吉登斯所说："只有现代民族国家的国家机器才能成功地实现垄断暴力工具的要求，而且也只有在现代民族国家中，国家机器的行政范围才能与这种要求所需的领土边界直接对应起来。"①

二、民族认同与民族国家的建构

民族国家通常被认为是"两种不同的结构和原则的融合，一种是政治的和领土的，另一种是历史的和文化的"，② 那么，民族国家的建构就意味着是一个不断增进权力集中、国家统一和文化同质的过程，一个促进共同体成员一体化的过程。这个过程需要共同体成员对其提供高度的忠诚。而忠诚，就是个体对"国家"这个符号及其内涵的认同。所以，艾恺说："民族国家，不仅要求在固定的疆域内享有至高无上的主权，建立一个可以把政令有效地贯彻至全国境内各个角落和社会各个阶层的行政体系……还要求国民对国家整体必须有忠贞不渝的认同感。"③

（一）民族认同为民族国家提供了一种共同体意识支撑

民族认同作为一种集体认同，"在现存所有形式的集体认同中，它最具根本性和包容性"。④ 因为，民族认同不仅确立了民族国家的身份，规定了国家是什么，国家做什么，还使民族国家这一共同体内的成员在心理上产生了一种休戚相关的联系，增强了个体对共同体的归属感和认同感，成为维系一个国家存在和发展的重要纽带。本尼迪克特·安德森在他的名著《想象的共同体：民族主义的起源和分布》一书中把民族国家称为"想象的政治共同体——并且，它是被想象为本质上有限的（limited），同时享

---

① 吉登斯.民族—国家与暴力［M］.胡宗泽，赵为涛，译.北京：生活·读书·新知三联书店，1998：20.

② 米勒，波格丹诺.布莱克维尔政治学百科全书［M］.中国问题研究所，等译.北京：中国政法大学出版社，1992：490.

③ 艾恺.世界范围内的反现代化思潮［M］.唐长庚，等译.贵阳：贵州人民出版社，1991：17—20.

④ Smith A D. National Identity［M］. Las Vega：University of Nevada Press，1991：141.

有主权的共同体"。"它是想象的，因为即使是最小的民族的成员，也不可能认识他们大多数的同胞，和他们相遇，或者甚至听说过，然而，他们相互连接的意象却活在每一位成员的心中。"① 正像安德森所说的，虽然共同体的成员大都未曾谋面或者互有耳闻，但是他们都通过一种共同的身份来获得一种共同体意识。而这一共同体意识一旦确立，就会给本民族的社会文化传统注入新的内容，并广泛影响本民族成员，使其在心理上产生一系列亲近、依恋、热爱、自豪、尊重等内心体验，在行为上表现出对国家政治过程的积极参与以及对国家政治制度和政治决策的支持和拥护。

（二）民族认同为民族国家提供政治合法性证明

迈克尔·罗斯金等撰写的《政治科学》一书开宗明义地指出："合法性不仅指'统治的合法权利'，而且更主要的是指'统治的心理权利'，现在的合法性意指人们内心的一种态度，这种态度认为政府的统治是合法的和公正的。"也就是说，合法性在一定意义上带有较强的主观色彩，是公众对政治统治的一种认可、忠诚态度。"这种把合法性等同于社会公众对政治系统的认同和忠诚的观念，代表了当代社会对于合法性概念的最一般、最普遍的认识。"由此可以看出，政治合法性的本质特征体现在"认同"二字上。② 而"认同"的本质就是在有"他者"存在的情况下，确立起自我的边界。所以，顾名思义，民族认同就是在"他国"存在的情况下，人们确立起对某一"国家"的认同。它表现为个体与国家共同体之间的关系。就个体而言，它意味着公民个体自愿归属于民族国家，并认同自己具有该国成员身份的一种心理活动。众所周知，世界上的任何个体都不会孤立存在，都要归属于某一个强有力的群体，否则就很难在世界上找到属于自己的确定位置。因此，每当人们在确立自己身份的时候，总是通过对国家共同体的认可和接受表现出来，并在需要的时候能采取共同行动来维护它的权威性和统一性。正是在这个意义上，民族认同具有了很强烈的国家政治意向，成为国家合法性的有力证明。正如亨廷顿所言："只有当

人们认为自己同属一国时，国家才会存在。"[1]

三、公民教育与民族认同的形塑

如前所述，民族认同作为一种集体性的象征，不仅是民族国家形成的重要基础，而且是维系一个国家存在和发展的重要纽带。因此，如何形塑共有的民族认同，就成为民族国家建构的关键问题。而民族认同的形塑则是一个共同体内的个人和群体不断被接纳或被整合到统一的社会体系的持续、动态的历史发展过程。这一过程离不开教育，尤其是公民教育的积极推动。

（一）民族认同教育是公民教育的重要维度

公民教育是建立在公民概念基础上的一个教育概念，而公民概念的核心要素则是公民资格（citizenship）。因此，公民教育无论如何界定，都是关涉公民资格的教育。所谓公民资格，首先，是关于社会正式成员资格的一种地位（status）；其次，拥有这种地位的人在权利和义务上都是平等的。[2] 也就是说，公民资格概念主要关涉两个维度的关系：一是公民个体与国家或政治共同体的关系；二是在该国家或共同体内公民个体与个体之间的关系。其中前者更为根本，它是公民资格的首要维度，在公民资格中起着决定性的作用。它体现了一种公民与现代民族国家的关系，规定了哪些人是或哪些人不是国家共同体的成员，它既是民族国家对其成员资格地位的法律确认，又意味着公民个体与民族国家之间的关系所产生的一种情感，而这种情感实际上指的是公民对民族国家的一种认同。因此，民族认同教育构成了公民教育的重要维度和内容。

就世界各国的公民教育来看，尽管他们的社会制度、意识形态、宗教信仰、文化、历史不尽相同，但无不重视对公民民族认同的培育。法国是世界上最早实施并始终高度重视公民教育的国家之一。在法国的公民教育中，民族、社会意志明显处于至高无上的位置。无论是在过去，还是在当代，法国的政治、经济、文化在世界上都处于相对强势的地位，这使得每一代法国人的内心之中都洋溢着浓厚的法兰西民族自豪感。法国公民教育

① 亨廷顿. 我们是谁?：美国国家特性面临的挑战 [M]. 程克雄，译. 北京：新华出版社，2005：90.

② Alfred Marshall. Citizenship and Social Class [M]. Chicago：University of Chicago Press，1950：84.

就是要使这种自豪感代代相传，使学生们在受教育的过程中形成共和国的价值观，使他们顺利地融入建基于启蒙运动精神和现代普遍价值基础之上的共同的民族文化当中。[①] 美国是现代公民教育理论研究的策源地，其公民教育不仅对美国本土，而且对世界许多国家的公民教育均产生了广泛而深刻的影响。从独立战争以后，一代又一代人，无论是激进派或保守派，在远景的看法上都确定了他们的信念，那就是共和国的福利落在受教育的公民身上，任何一种公民教育的首要成分都应是对爱国主义的教育和道德的培养。[②]

在亚洲，自二战以后，许多国家先后实施了公民教育，其中日本和新加坡是两个具有代表性的国家。从总体上来看，日本学校的公民教育课程，都把民族意识、民族精神教育作为核心。[③] 20 世纪 90 年代，新加坡使各种族在对自身文化传统及他族文化传统充分认识、了解的基础上，使移民及其后裔淡化、放弃对原移出国的认同感和归属感，而代之以对新加坡人的认同及对新加坡共和国的归属意识。在建国 25 周年之际，新加坡政府提出了"一个民族，一个国家，一个新加坡"的口号。[④]

（二）培养民族认同的教育途径与方式

教育是"形成民族的最有力的武器"。[⑤] 通过公民教育可以帮助公民形成共同的政治原则和统一的国民文化，自觉地抑制与克服文化的歧视性可能导致的政治认同的离散性，有效地培养公民对国家的认同感与归属感，实现社会的整合和国家的统一。民族认同的培育是通过校内和校外各种公民教育途径来实现的。

1. 学校的民族认同教育

学校的公民教育一般通过学科课程和活动课程两个途径来推进，民族认同教育自然也不例外。学科课程主要包括历史课、民族语言课以及公民科或政治课等。民族历史是一个民族的发展历程，它记载着民族过去经历

① 赵明玉. 法国公民教育述评 [J]. 外国教育研究，2004（6）：11—14.

② Butts R F. The Revival of Civic Learning: A Rationale for Citizenship Education in American Schools. Phi Delta Kappa Educational Foundation，Eighth and Union，Box 789，Bloomington，IN 47401，1980.

③ 蓝维，高峰，吕秋芳，等. 公民教育：理论、历史与实践探索 [M]. 北京：人民出版社，2007：202.

④ 冯增俊. 亚洲"四小龙"学校道德教育研究 [M]. 福州：福建教育出版社，1998：233.

⑤ Hobsbawn E J. The Age of Capital. London [R]. Random House Inc，1977：120.

的辉煌与梦想、不幸与灾难。通过历史教学，可以锻造民族特性，促进民族融合，传播共同的价值观，激发民族自豪感和忧患意识，是民族认同感形成的重要文化资源。现代国家大都是多民族、多元化的国家，"对国家历史的认同感是维护社会统一的少数几个可行方法之一"。① 因此，绝大多数国家都把民族历史教育作为培养民族认同的重要途径。民族语言不仅仅是民族特有的交际工具，而且是民族的重要构成特征，是民族文化和民族精神得以传承的载体，是促进民族融合和民族情感，形成民族意识，推动国民文化同质性的基础。而且，语言是一种最重要、最基本、最显现的符号系统，一定的语言必定与一定的民族性和文化特征相联系。因此，民族语言的教学过程实际上是一个促进公民融入共同的社会性文化的过程，一个促进社会平等和政治和谐、保持民族一体感和民族认同感的过程。就"民族国家构建"而言，对官方语言的界定、标准化和教学事实上已经成为世界各国的首批任务之一。②

公民科或政治课是对公民进行政治认同的有效渠道。通过公民科或政治课的教学可以帮助公民识别国旗、国徽、国歌等非常重要的政治象征，了解政治知识，增强政治责任，培养公民的爱国主义情感。在此基础上，有助于增强公民对国家政治制度和意识形态的认同，有助于对社会主流文化的认可和接受，有助于形成社会共同的价值体系。正因为如此，越来越多的国家开始重视通过这些直接的公民教育途径来培育民族认同。

除了学科课程之外，学校和教师举办的各种活动也是培育民族认同的有效途径。在很多国家，比较普遍的做法是在学校各种仪式和活动上升国旗，并让学生唱国歌，还有用艺术表演、运动会等形式去庆祝诸如总统日和感恩节这样的全国性节假日。这类仪式和活动，由于其丰富多样的形式，可以起到学科课程起不到的作用。除此之外，在美国、加拿大、澳大利亚等许多国家盛行的服务学习、社区服务，通过增进学生与社区公民之间的一体感，也间接起到培育公民民族认同的作用。

2. 校外的民族认同教育

培养公民的民族认同不仅是学校的责任，还是社会各种单元、各种组织、各种机构共同的责任。事实上，许多国家也充分利用校外的教育活动

---

① Callan E. Beyond Sentimental Civic Education [J]. American Journal of Education, 1994, 102 (2): 190—221.

② 金里卡. 少数的权利：民族主义、多元文化主义和公民 [M]. 邓红风，译. 上海：上海译文出版社，2005：346.

和机会，培育公民的民族认同。

美国的社会公民教育比较注重公共环境的营造和渗透。像美国历史博物馆、自然博物馆、国家航空航天博物馆、华盛顿纪念堂、林肯纪念堂、杰斐逊纪念堂这样大规模的公共场所，在华盛顿就有十几所，而且都可以免费参观。这些场馆集中展现了美国的物质文明与精神文明，是美国向其国民进行民族主义教育的重要基地。美国人对国旗和国歌非常崇敬。在很多地方，甚至在居民的家门口，都悬挂着国旗。每年，华盛顿诞辰日、阵亡将士纪念日、美国国旗日、退伍军人节、美国独立日等都是公民教育的重要节日。此外，大众传媒和随处可见的宗教设施，同样是美国进行核心文化教育的重要因素。正如迈克尔·罗斯金等人所说："孩子们在现实生活中所遇到的每一个场所，都是政治社会化的潜在机构。"①

自1991年苏联解体后，如何加强青少年的爱国主义教育重新成为俄罗斯面临的一项迫切而重要的任务。2004年，俄罗斯在《2001—2005年俄联邦爱国主义教育国家纲要》的基础上，进行了一系列的教育改革措施，突出了社会团体或组织的教育功能。据统计，在全国近5个联邦主体内，共有58个青少年组织，其中较大的是一些全国性青少年社会组织，如统一俄罗斯青年组织、俄青年联盟、俄青少年全国委员会和俄青少年首创精神委员会等。此外，还有一些专业性青少年组织，如青少年教育联合会及青年之家等。在俄罗斯89个联邦主体行政机构里设有7 000多个青少年教育机构，专门负责文化教育、公民教育和爱国主义教育。②

---

① 罗斯金，等.政治科学 ［M］.林震，等译.北京：华夏出版社，2001：143.
② 蓝瑛波.俄罗斯的爱国主义教育 ［J］.中国青年研究，2006（6）：86—87.

第 3 节 多元文化社会中的国家建构与公民教育①

20 世纪 90 年代以后，全球化使人们越来越感受到文化趋同的压力和文化异质的冲突。文化多元共存的持续发展对国家治理方式、公民归属情感以及政治认同等问题提出了根本性的挑战。文化认同、价值认同、公民身份认同乃至国家认同越来越有超越本土化的趋势。然而，现代国家始终追求的一个核心目标仍然是创造一种共同文化，保持政治共同体的团结和凝聚，维护国家的稳定和统一，寻求以国家为单位的利益最大化。因此，如何在多元文化社会中塑造国家认同与深化民主成为摆在人们面前的重要课题，公民教育也因此成为现代国家重塑公民文化和国家地位新的聚焦。

一、多元文化社会中的国家建构：公民教育的新挑战

多元文化社会的普遍存在已经成为一个不争的事实。当一个民族或一个国家发展成为一个多元文化社会时，国家的认同和归属就显得有些复杂，或者趋于同一，或者趋于多元，这是现代国家的困惑。多元文化社会是指一个国家、一个民族、一个地区甚至是一个有界限的地理范围，诸如一个城镇或者学校，由属于不同文化的人们构成，② 形成了几种相对独特的文化群体。全球化、移民和城市化进程使这一现实更加鲜明地呈现出来。文化多样化不仅反映了可能的不平等问题，也迫使许多矛盾进一步尖锐化，造成了犯罪率上升、就业机会与福利资源竞争、社会融入、文化认同等一系列问题，形成了威胁国家安全的潜在不安定因素。加之种族主义、民族主义和排外情绪的助推，使得为了公民身份以及社会、政治、经济地位和权利的斗争更多地出现在公领域，构成了对于民族民主国家的权威和认同的挑战。如何让所有的人对这个国家怀有认同与归属感，是一个既古老又现代的问题。今天看来，尽管这种认同和归属感可以远远超越国

---

① 本节作者系范微微、赵明玉、饶从满，本节曾发表于《教育学报》2012 年第 10 期。

② Watson C W. Multiculturalism [M]. Buckingham: Open University Press, 2000: 1—17.

家界限，但是，它还没有，至少目前也不可能摆脱其最为重要的国家维度。

公民教育自然成为塑造和强化这种力量的必要手段。尽管全球化提升了教育促进国家经济发展的功能，导致其作为社会整合机构的日渐式微，共同的社会纽带也变得愈加松散，但是，教育在形塑现代多元社会的国家公民上的地位却是无可取代的，或者也可以说除此之外没有更为有效的方法了。学校对于民族语言、国家历史、社会文化的传播无不传达着好公民的价值观念。然而，每个国家都有一个占据多数的主流文化群体，学校教育必然在促进主流群体的语言、文化、价值观、认同感和意识形态上发挥更大的作用，而使少数文化群体受到排挤和边缘化。随着少数文化群体诉求的呼声越来越高，各国重又寄希望于教育的整合作用而更加关注公民教育。当西方国家开始不太情愿地承认他们的民众对多样性和文化多元主义的需求不断增长时，他们发现自己已经不能确定他们的民族性是什么、他们的学校应该培养什么样的公民。[1] 因此，许多国家开始了对于公民教育的新探索。相较于传统的公民观，多元文化主义的观点是现代国家应对复杂的民族文化关系而做出的一种重新调整，似乎更倾向于阐释现代社会公民生活中有关于民族、国家、忠诚、差异与认同等一系列亟待解决的问题情境。

二、多元文化主义与国家建构的关系

多元文化主义出现于 20 世纪 20 年代，流行于 20 世纪五六十年代。从 20 世纪 70 年代开始，多元文化主义开始登上西方政治舞台，更多地出现在国家政治话语中。随着现代国家中主流群体和少数族群矛盾的日益加剧，多元文化主义逐渐成为政治和学术领域关心的重大议题，成为学术界和大众作品中流行且频繁使用的语汇。多元文化主义的含义也随之扩大，成为一种广泛的意识形态和价值观念，以及一种更为深刻的政治诉求。因此，在现实中，少数族群与主流社会在诸如语言权利、区域自治、政治代表、教育课程、土地归属、移民政策等方面产生利益冲突时，便借助多元文化主义寻求更多的权利。他们试图通过建立新的话语体系来实现其在保持各自文化认同和民族身份的同时，享有充分的公平与平等。而国家体系

---

① 格林. 教育、全球化与民族国家 [M]. 朱旭东，徐卫红，等译. 北京：教育科学出版社，2004：155.

也试图通过多元文化主义采取一种对于这些问题在道德上可辩护且在政治上可执行的解决办法，以避免多样性可能引发的一系列重大而潜在的政治威胁。如今，许多国家在面临这些诉求的挑战时，都坚持体现"多元文化主义"的精神，这也被视为自"冷战"结束以后一种新的世界秩序理论。

（一）多元文化主义与民族国家建构

全球化时代的民族国家已然不同于传统意义上的民族国家，是一种以新的形式存在的民族国家。现代多民族国家的公民普遍面临着多元文化的社会现实，生活在不同文化的碰撞、交融和冲突中。公民一方面作为文化民族，是族群中的一员，另一方面作为国家民族，是更广泛的政治和地域共同体中的一员。前者代表了国家内部不同族群之间的关系，后者代表了不同政治体即国家之间的关系。民族国家作为民族主义的载体，一方面，它允许较大的或较小的群体进入政治竞技场，承认普遍的公民身份和公民权利的平等，充分尊重民族文化遗产和权利；另一方面，它却以血缘、文化或是民族起源为由，排斥其他不同的民族。地缘纽带是包容性的，而文化纽带则是排他性的，这常常导致痛苦的和持续的族群冲突，这些冲突已经成为现代民族国家的不安定因素。民族国家以多民族、多文化的新形式出现，新形式的政治共同体不可避免地会降低民族国家作为政治效忠中心的地位。文化民族主义成为国家意识形成的威胁。尤其是传媒在世界范围内的传播和渗透，以及移民和少数族群使现代民族国家的合法性和内聚性产生了深刻的危机。民族认同的纯洁性和同质性正在解体。[1] 这些导致了民族国家建构的难题。

多元公民身份代表了多元理解、多元认同、多元忠诚、多元权利和多元责任的要求。公民被希望忠诚于自己的国家，忠诚于自己所在的州或者地区，忠诚于自己的城市，忠诚于自己身处其中的公民社会。如果个人被要求认同如此众多的统一体，而且这些统一体都承载着公民的忠诚时，情况就不再那么清楚明了了。[2] 但是，多元并不代表对于共同价值的抛弃。每一个多元文化社会都会面临着这样的文化挑战：一方面既要调和、承认、保护和尊重文化差异，另一方面又要肯定和宣扬因为这些文化差异互动而形成的普遍价值观。在迎接这些挑战的过程中，了解社会凝聚力可以整合

---

① 史密斯. 全球化时代的民族与民族主义 [M]. 北京：中央编译出版社，2002：113.

② 希特. 何谓公民身份 [M]. 长春：吉林出版集团有限责任公司，2007：152—157.

文化元素的多样性，在此基础上不同特性之间的紧张对立才会转变为一种动力，推动民族团结的复兴。① 因此，在多元文化社会背景下，有些人会固守某一种特定身份，有些人会过着双重生活，还有一些人则会为自己打造多重身份。多元文化主义在此承担着以下一些功能：其一是身份以及由此带来的自尊；其二是归属感，即对一个社会、一个宗教或者一个国家的划定、认同和维系的心理表现；其三是乡土情结，或者说是对某个地方的认同，即从一些周围的人们所使用的语言上认为是故乡的地方；而其四是历史感，源自过去，可以追寻血缘和家族的传统。② 20 世纪后半叶，多元文化主义的整合模式使不同群体成员在公领域和私领域中相互作用的一些方面合法化。在私领域，尤其围绕诸如语言、宗教、家庭生活和接纳等问题；在公领域，对种族的消极歧视和其他理由不应该被包容。③ 多元文化主义提供了一种法律框架，个人权利受到保护并在多元社会中得到承认、支持和促进。

（二）多元文化主义与民主国家建构

现代西方民族国家大多也是民主国家。作为民主国家，民主是什么？正如达尔指出，民主至少存在五项标准：有效的参与、投票的平等、充分的知情、对议程的最终控制、成年人的公民资格。④ 一种民主的文化必定强调个人自由的价值，也必定承认更为广泛的权利和自由。公民身份是现代民主国家的一项基本制度。它不分种族、民族、文化、宗教信仰，承认所有成员都具有平等的权利，共同承担社会责任和义务，并且应该充分尊重少数民族的文化和权利。但是，少数族群的弱势社会地位使他们在竞争平等机会时显得更加不平等。因此，一些移民、少数族群、土著人把他们的文化权利、经济权利、社会权利等作为人权问题提出来，使文化差异问题变成了是否公正分配的问题。尽管民主政治承认民族文化群体具有基本的人权，他们在不与其他公民基本权利发生冲突的前提下可以保持自己的传统方式。但是，自由主义的平等观要求把公民纳入国家的普遍主义模式，反对用集体权利名义提出的、限制个人权利的任何建议。它认为赞同

---

① UNESCO World Report：Investing in Cultural Diversity and Intercultural Dialogue [R]. Paris：UNESCO Publishing，2009：43.

② 沃特森. 多元文化主义 [M]. 长春：吉林人民出版社，2006：118.

③ Grillo R. An Excess of Alterity，Debating Difference in a Multicultural Society [J]. Ethnic and Racial Studies，2007，30（6）：979—998.

④ 达尔. 论民主 [M]. 北京：商务印书馆，1999：52.

少数族群的集体权利在实践中是危险的，这容易导致以维护集体权利的名义去实施民族歧视和民族分离。因此，对文化成员身份的保护与对个人权利和普遍价值的追求成为自由民主社会中难解的冲突。

在民主国家中，一个势在必行的要求就是提高公民的能力，从而使他们更加积极地、有智慧地参与到政治生活中。这也是民族建构的一个过程。因此，国家通过教育、媒体、官方语言、国籍政策、国家假日和象征国家的标志等手段促进共同语言和共同成员感，促进享有社会制度的平等机会，从而在全社会扩展一种文化，形塑一种共同的民族身份。现代民主制的健康和稳定不仅依赖于基本制度的正义，而且依赖于民主制度下公民的素质和态度。[①] 因为一个国家的生命力不仅取决于公民对于权利的意识，还取决于公民关于责任、义务的意识。所以，多民族民主国家的运作和成功与构成国家根本的大多数人的态度和政策以及少数民族和移民人口与国家发生关联的方式密切相关，他们是否理解和愿意履行责任，是否具有要求文化变革和在一定程度同化上进行文化调整的良好愿望。多元文化国家中一种全面的正义理论就是，既包含赋予每个个体而不考虑其群体成员身份的普遍性权利，又包含特定群体有差别的权利或少数族群文化的"特殊地位"。包容种族与民族差别似乎可以成为实践一种更为宽容和包容的民主。它有助于抵消边缘群体的异化，在一定程度上消除族裔的不满，塑造一个包容性的政治神话及象征主义，形成一套为所有族裔共享的价值观以及政治记忆。这有助于在民主国家内保证团结和政治合法性。

三、多元文化主义公民身份与公民教育

（一）多元文化主义公民身份

一个国家中的多元文化主义问题必然会对公民身份产生衍生性影响，因为归属感，因为传统、语言或者是宗教的原因，使得那些少数族群不同于多数族群。当这些情感被充分而又牢固地植入人们心中时，它们必然能够挑战公民身份作为整体性地位的特性。因此，公民身份必须被看作一个多元而非单一的概念和身份。在这种情况下，公民教育也就变得更加复杂了。[②] 多元文化主义倡导"差异公民身份"，既承认公民身份中的公共价值取向，又允许族群身份的"差异性"，强调个人在具有国家公民身份和权

---

① 金里卡. 当代政治哲学 [M]. 上海：上海三联书店，2004：512.

② Heater D. A History of Education for Citizenship [M]. London：Routledge Falmer，2004：194—196.

利的同时，具有族群的身份和权利。多元文化公民身份不仅突出强调了公民的文化身份，也更加体现了多元文化主义对各种文化群体的包容性。多元文化公民身份意味着在公共领域中承认不同文化群体的多样化权利。在理论上，多元文化公民身份是一种包容种族、民族和其他少数者群体的机制；而在实践中，多元文化公民身份事实上一直是一些移民社会在不存在独立的创始神话的情况下进行民族缔造的一种变异。① 总之，文化多样性联结了个人、民族、社会与国家，他们分享彼此的历史、现在和未来。所有参与群体在这种共享中既是贡献者也是受益者，而共享的成果即是所有各方持续发展的强大基础。多元文化主义是一个不断流动的、统一的对话领域，需要不同身份的每一种表述都参与其中。

（二）多元文化主义公民教育观

多元文化主义理论从 20 世纪 80 年代开始在教育领域盛行。多元文化主义教育理念认为，传统教育对非主流文化的排斥必须得到修正，学校必须帮助学生消除对其他文化的误解和歧视以及对文化冲突的恐惧，学会了解、尊重和欣赏其他文化，学习伴随着差异和多样性积极地生活。一种有效的和变革的公民教育能够帮助学生获得在其文化社群、国家、地区以及全球社会有效发挥作用必需的知识、技能和价值。这样的一种教育也能够帮助学生获得世界主义的观念和价值，这是平等和社会正义所需要的。因此，多元文化主义教育理论与公民理论的主要目的是相联的。它们都试图回应认同意识与国家、地区、民族和宗教认同的竞争形式。

公民教育被视为当代社会在面对社会和政治挑战时具有巨大潜力的一项教育工作。对于少数群体文化的积极经历，或者至少能够了解其他文化，都有助于保持客观、避免偏见。托里斯（C. A. Torres）指出，公民、民主和多元文化主义问题是世界范围内关于教育改革的核心议题，影响着在处理当代教育挑战时的大多数决定。② 对于公民教育重新产生兴趣代表着对于深刻社会和政治变化的回应。从世界范围看，不同国家在公民教育问题上面临着共同挑战：（1）国内和跨国人口流动的加剧；（2）对于土著

① 乔帕克.多文化公民权［M］//伊辛，特纳.公民权研究手册.王小章，译.杭州：浙江人民出版社，2007：335.

② Torres C A. Democracy, Education, and Multiculturalism: Dilemmas of Citizenship in a Global World ［J］. Comparative Education Review, 1998, 42（4）: 421—447.

人和少数群体权利的逐渐承认；（3）政治结构的瓦解和新政治结构的诞生；（4）女性社会角色的改变；（5）全球经济的影响和工作方式的改变；（6）信息和通信技术革命的影响；（7）全球人口的增长；（8）新的共同体形式的产生。[①] 文化地位变革了，人们的态度和观念也应发生变化，并以许多新的方式影响它的过程。

今天世界的多样性以及边缘群体、民族和种族群体对于文化承认和权利的诉求更加强烈。学校需要实施多元文化公民教育，以使学生保持对他们的文化社群、跨国共同体以及对获得公民身份的国家的权利和需要的承认。同时，公民教育也应该帮助学生发展一种对于全球社会的认同与依恋，以及一种与全世界人们联结的纽带。公民教育应该使学生认识到他们与世界其他地区的人们紧密联系的命运。学校应该帮助学生理解文化、国家、地区和全球身份是如何相互联系、交错和演进的。这些身份以动态的方式相互作用。学生应该被鼓励去批判地审视他们的身份和承担的义务，以及理解他们相互作用和建构的复杂方式。[②] 当人们更加愿意接受和承认文化和道德多样性时，文化多样性的合法性以及它与社会平等的关系就会更加明朗。

（三）多元文化主义公民教育实践

教育体系是回应多元文化主义、民族和文化遗产以及多样性的一个重要部分，促使许多国家审视文化传统和价值。而且，教育还在促进一种更广泛的公民观念中扮演重要角色，这种公民观念能够加强归属于一个共同社会和文化共同体的意义和体验。班克斯（James A. Banks）指出，多元文化主义"是一场旨在在深度不安定和极端民族化的国家和世界里使所有学生成为有知识的、富有同情心的和积极的公民的活动"。[③] 多元文化主义在学校课程上包括多元文化课程的设置和多元文化内容的灌输。多元文化课程包含在语言教育、社会科、历史、地理以及诸如少数民族文化、女性研究、人类学等社会研究的一些次级分类的课程中和其他潜在课程中。通

---

① Kerr D. Citizenship Education：An International Comparison ［R］. International Review of Curriculum and Assessment Frameworks. London：QCA，1999：9.

② Banks J A. Diversity, Group Identity, and Citizenship Education ［J］. Educational Researcher，2008，37（3）：129—139.

③ Banks J A. Multicultural Education：Historical Development, Dimensions, and Practice ［J］. Review of Research in Education，1993（19）：22—28.

过课堂讨论、经验分享、合作学习、活动参与等形式，使学生认知、理解、尊重、欣赏不同民族的文化，树立开放、平等、自由、包容的民主价值观念。案例教学是广受推崇的一种教学方法。文化间理解被看作新兴公民教育概念的一个核心要素，它包含着反种族主义和多元文化教育的实践。但是，来自不同背景的教育研究者和实践者有一点共识，即需要反思针对种族、文化和民族多样性问题的教育方式。[①] 公民教育形式的关键挑战包括需要发展一种理论改变和挑战传统的公民观念，需要反思有关代表、认同、差异和文化理解问题的基本假设，需要反思教育理论的发展。公民教育概念需要明确地回应文化多样性问题，呈现种族主义和社会排外问题，促进开放和包容的认同形式。[②] 然而，学校总是假设同化进主流文化是公民身份和国家归属感的要求，学生应该放弃对于其他社群、文化和国家的认同。教育对这些问题的回应至今没有对主流教育实践产生重要影响。

四、多元文化社会中公民教育的应有走向：寻求多样性中的统一

多元文化社会面临着如何建构民族国家与民主国家的问题。过分强调国家认同或者说是政治认同会使少数族群的文化权利和情感陷入被压迫的困境；而过分强调文化认同又会使国家认同陷入分裂的危机。因此，统一性和多样性之间的平衡是多元文化国家始终面临的挑战。没有多样性的统一性将导致霸权和压迫；没有统一性的多样性将导致巴尔干化和国家破裂。[③] 所以，人们渴望的政治特征是：它既是多元的又是公共的。这也必然要求公民教育的回应与调整。

（一）塑造公共文化

民族问题在许多自由民主国家的复兴引起了自由公民与共享价值之间暗含的联系。在多元文化国家中，尽管不同群体在权利要求上各有不同，

---

① Rattansi A. Changing the Subject? Racism, Culture and Education [M] //Donald J, Rattansi A. "Race", culture, and difference. The Open University, 1992: 11—48.

② Endpiece M A. Citizenship Education and the Challenges of Cultural Diversity [A]. Scott D. Lawson H. Citizenship education and the curriculum [C]. Westport: Ablex Publishing, 2002: 168.

③ Banks J A. Introduction: Democratic Citizenship Education in Multicultural Societies [M] //Banks J A. Diversity and Citizenship Education: Global Perspectives. San Francisco: Jossey-Bass, 2004: 3—15.

但是国家发展仍然需要建立和培育一种能为大多数人所接受的共同的核心价值，即独特的政治文化，这样才能使多元文化社会有效地运行。一个统一、相互尊重的共同价值在多元文化民主国家中是必需的。国家认同是一种共享的公共文化，不仅包括自由原则，而且包括社会规范和价值。这种共同的认同对于确保公民平等和减少疏离感发挥着作用。自由民族主义者认为，公民必须附属于他们的政治体，而不是仅仅附属于共同的普遍价值，如自由、正义和民主。① 然而，政治认同必须具有一种文化意义。理想地为了促进政治参与和团结的共同认同被视为一种包容的认同，即一种由承认文化多元主义改变而来的认同。

一个国家民族同一性的确立不仅仅是一个政治和经济过程，而且是一个复杂的文化过程，其中教育的文化功能发挥着不可忽视的重要作用。② 公民教育应该努力促进一种新的、更加包容的国家认同的形成，塑造新的、更加民主的社会和公民，而不是传递和生产文化民族的意识形态和民族认同。公民教育应该促进民族形成的公民工具维度，而不是强调民族形成的文化象征维度。在国家层次，公民教育需要一种包容性的、符合公共价值的国家认同和公民美德。在个人层次，公民教育需要在复杂的集体中培养在社会和国家层次主动地、有意识地参加民主社会的能力和倾向。教育必须保留在公共领域培养宽容、相互尊重、理解、相互合作的能力。只有这样，一个民主的和凝聚的社会才有可能实现。

（二）培养多元文化社会的"好公民"

培养"好公民"不仅是民主政治的需要，更是国家忠诚的需要。通过教育使个体成为一个合格的公民是国家对个体发展的最基本的愿望，也是教育最基本的目标。在当前的国际环境下，各国政府都致力于通过教育提高公民的认识水平和素质，增进文化理解与宽容，促进社会多元化发展和尊重人权，尤其是在年轻一代中开展和加强这种教育非常重要。而培养公民具备自律、合作、和平解决冲突的能力与态度，尊重和理解社会与文化的多元性等素质和能力，也已经成为国际社会的普遍共识。因此，民主社会通过教育系统来保证每一代人获得成为好公民的习惯和美德。公民美德

---

① Houle F. Canadian Citizenship and Multiculturalism [M] //Boyer P，Cardina L，Headon D. From Subjects to Citizens：A Hundred Years of Citizenship in Australia and Canada. Ontario Canada：University of Ottawa，2004：219.

② 项贤明. 比较教育学的文化逻辑 [M]. 哈尔滨：黑龙江教育出版社，2000：92.

是围绕共同目标联合所有个体的团结意识。这个目标至少是如何在当代多元社会中一起生存和生活，或者更加雄心勃勃一点，是指如何繁荣作为社群的共同体、作为文化群体的文化，从文化多样性中汲取一种文化力量以及一种平权运动、广泛的理解和一个有益的政策。[①] 可见，公民不仅关乎身份认同，还关乎公民美德。要想实现民主，就要使公民能够获得广泛的信息并接受良好的教育。但是，受过良好教育的与教育不良的人们之间总会存在能力上的差距，而且这种差距常常发生在少数族群成员身上，愈发加剧了公民身份的不平等。而且，国家促进民主价值的发展又常常侵犯少数族裔的权利，使得缩短这种差距的努力却往往取得相反的效果，加剧了不平等。这也成为民主国家持续不断的困扰。所以，民主需要更多的人受到足够的教育。只有受到足够教育的人才能更有效地、积极地参与民主。

（三）创造公民教育的实践环境

公民教育和培养良好公民意识的教育意味着教导学生越过自身所述群体的界限和约束而思考或行动。[②] 学校是践行公民角色的重要场所，尽管不是唯一的场所。家庭、社区、群体组织以及其他文化场域都对公民意识和行为产生着影响，而且通过这些场所获得的公民意识可能与通过学校获得的价值观念有所抵触。学校或许不是一个真正的民主机构，因为它总在建立和执行统一的标准，塑造着基本相同的公民角色，传递着主流社会的价值观念，但是学校环境确实长久地影响了公民概念和行为的发生。当各种标准化的内容、模式及测评方式渗透于方方面面，学校使学生在形成多样性的品格和多元化的背景上压抑了许多潜在的力量。因此，普适性与多样性需要学校管理者、教师、学者和课程设计者的充分参与才能发挥作用。多样性的环境有助于改变依赖于理论而形成的意识形态。这意味着多元化的实践方式可以改善公民教育的同化本质，鼓励学生发展批判性思维，学会追求正义和运用权力，参与以民主价值为导向的实践活动，提倡行动主义的学习方式，从而实现公民教育构想的目的和可能性。当然，不只是社会科，所有课程与活动都是公民教育的内容和过程。教师需要帮助学生从多元文化的视角审视知识和事件，建立积极而宽广的公民态度与意

---

① Torres C A. Democracy, Education and Multiculturalism: Dilemmas of Citizenship in a Global World [R]. The Annual Meeting of the Comparative International Education Society, 1998: 56.

② 理查森，布莱兹. 质疑公民教育的准则 [M]. 北京：教育科学出版社，2009：155.

识，践行民主观念与价值。尽管公民身份概念本质的复杂性带来了许多实践难题，但是，学校和教师应该为多元文化社会价值观的发展与对话提供良机。

总之，国家一方面需要通过公共教育、大众传媒以及政府政策向少数民族及边缘群体普及国家意识，在尊重民族文化多样性权利的基础上努力使移民、少数族群接纳并融入主流文化。同时，国家渗透力和现代化还要力争实现其在经济和社会方面的承诺，如全面就业、更好的居住条件、更多的教育资源、更全面的健康照顾等等。因此，多样性是一种社会现实或社会状态，而多元共存则是一种规范和动态过程。它要求在社会内部和社会之间对不断变化的文化价值敞开门扉。而多元共存不论在国家内部还是国家之间，都应该是动态、开放的，它暗含着可持续发展的挑战，① 是民主的深化。

---

① 阿布杜莱，斯泰诺. 可持续多元共存和未来归属问题 [R] //联合国教科文组织. 世界文化报告 2000：文化的多样性、冲突与多元共存. 关世杰，等译. 北京：北京大学出版社，2002：106.

第 5 章

公民教育的发展：理念与实践

第 1 节　公民教育中的两个基本关系：比较透视①

本人自攻读硕士学位以来，就一直以日本道德教育为主要研究领域。在研究日本道德教育的过程中，有两件事引发了我对公民教育的研究兴趣：一是战后日本首任文部大臣前田多门在 1946 年 1 月的离任发言中指出："新时代的教育中，最应重视的是公民教育。在我国，无论是校内还是校外，均未顾及公民之道，这是带来今日之惨状的主要原因。"② 二是美国著名比较教育研究者卡明斯在对东西方价值教育进行比较后得出如下结论：相比较而言，东方更重视道德教育，西方更重视公民教育。③ 而从发展走向来看，东方国家越来越重视公民教育，而西方国家也越来越重视道德教育。

由此我产生了如下的困惑和疑问：公民教育到底具有什么目的和功能？它与道德教育到底是什么关系？为什么东西方国家在价值教育方面既存在巨大的差异，又出现共同的趋势？我的公民教育研究就是由对这些困惑的思考而开始的。以下本节就以分析公民教育中应该处理好的两个关系为中心，尝试对以上这些困惑做一初步的回答。

一、公民资格与公民教育

正如在英文中经常用 "citizenship education" 或 "education for citizenship" 来表述 "公民教育" 那样，要理解公民教育的内涵，首先要弄清 citizenship（公民资格）的内涵。

正如美国著名公民教育研究学者弗里曼·巴茨（R. Freeman Butts）所指出的那样，公民资格概念形塑于两大关键时期：一是古希腊—罗马时

---

① 本节曾发表于《外国教育研究》2011 年第 8 期，原文名称为 "论公民教育中应该处理好的两个基本关系"。

② 新堀通也. 道德教育 [M]. 東京：福村出版，1977：87.

③ Cummings W K, Gopinathan S, Tomoda Y. The Revival of Values Education in Asia and the West [M]. New York：Pergamon Press，1988：3—9.

期；二是西欧和美国大革命时代民族国家兴起的时期。① 形成于古希腊—罗马时期的古典公民资格概念尽管存在很大的历史局限性，但是有两点内含了现代所有政治文明和法治文明的"基因"，从而构成现代公民资格概念的源头：一是公民资格建立在法律调节的政治共同体的成员身份基础上；二是法律是由既是统治者又是被统治者的自由公民所制定、管理和评判的。前者意味着公民资格是由法律所赋予的权利和义务（后天获得的身份地位），而非因为等级继承、亲族关系或性别而获得的角色和责任（归属的身份地位）；后者意味着自由公民是民主、共和的政治共同体的成员，并积极地参与国家事务。② 由古典公民资格概念我们也可以看到，公民资格概念实际上关涉纵横两个维度的关系：一是公民与政治共同体的关系，二是在该共同体范围内公民个体之间的关系。③

　　而形成于 17—19 世纪的现代公民资格概念，与民族国家的兴起（民族主义）和大革命的蓬勃发展（民主主义）这两大事件密切相关，也因此打上了深刻的民族（主义）和民主（主义）的印记。从现代公民资格与民族（主义）的关系来看，公民与政治共同体的关系就是公民与民族国家的关系。主要体现在：（1）作为公民资格主要内容的权利与义务是民族国家范围内的权利与义务。（2）公民的归属与认同的对象主要体现为民族国家。④ 从现代公民资格与民主的关系来说，至少体现在以下两方面：⑤（1）在公民与国家（或公民权利与公共权力）的关系这个维度上，现代公民资格概念以国家与公民的两极对立假定为基础，构建了公共权力来源于公民权利且归属于公民的理论前提。这不仅揭示了公民权利之于公共权力的本源性，还合理地导出了人权保障和人民主权原则。⑥（2）在公民个体之间的关系这一维度上，现代公民资格概念蕴含了公民之间关系的普遍意义平等。

　　由上我们可以看出：第一，现代公民资格指的是一个有确定边界的政治共同体（即民族国家）的完全成员资格，而这一公民资格的核心内容是权利与义务的统一。第二，现代公民资格通过法律上有关权利与义务的规

① Butts R F. The Revival of Civic Learning [M]. The Phi Delta Kappa Educational Foundation，1980：24.
② Butts R F. The Revival of Civic Learning [M]. The Phi Delta Kappa Educational Foundation，1980：25.
③ 饶从满，陈以藏.全球化与公民教育：挑战与回应 [J].外国教育研究，2006（1）：46—51.
④ 饶从满，陈以藏.全球化与公民教育：挑战与回应 [J].外国教育研究，2006（1）：46—51.
⑤ 饶从满，陈以藏.全球化与公民教育：挑战与回应 [J].外国教育研究，2006（1）：46—51.
⑥ 谢维雁.从宪法到宪政 [M].济南：山东人民出版社，2004：161—163.

定确立了两种基本关系：公民与民族国家之间的权利义务关系；民族国家成员——公民个体之间在一定水平上的平等关系。

在厘清公民资格的本质基础上，再来理解公民教育的内涵，就容易得多了。所谓现代意义上的公民教育，可以看成为民族国家这一社会—政治共同体培养合格成员的一种教育。这种教育以培养公民在民主与法治的框架内参与社会政治生活所需的基本素质为主要目标，并以与公民作为法定的权利和义务主体相关的政治、法律、道德等方面的教育为主要内容。

二、公民教育中民族主义与民主主义之间的关系

如前所述，现代公民资格概念与民族（主义）和民主（主义）密切关联。事实上，也正如熊谷一乘所指出的那样，民主主义和民族主义，作为现代国家的基本原理，构成了现代公民诞生和现代公民教育兴起的主要动因。[①] 也正因如此，公民教育自诞生之日起，就受民族和民主的观念支配，一直将重心放在民族国家的政治主权和合法性以及公民的权利和义务上。[②] 但是，正如熊谷一乘所指出的那样，民族主义和民主主义二者之间存在一种既相互合作又相互对立、牵制的关系，二者并非齐头并进。基于世界各国公民教育的发展历史，熊谷将公民教育中民主主义与民族主义之间的关系分成四种类型（参见图 5 - 1），并认为战前日本相当于第 3 种类型，而战后的日本则相当于第 1 种类型。[③] 事实上，如果按此分类，世纪之交以来全球化背景下的国际公民教育发展似乎又呈现了第 2 种类型的特征。

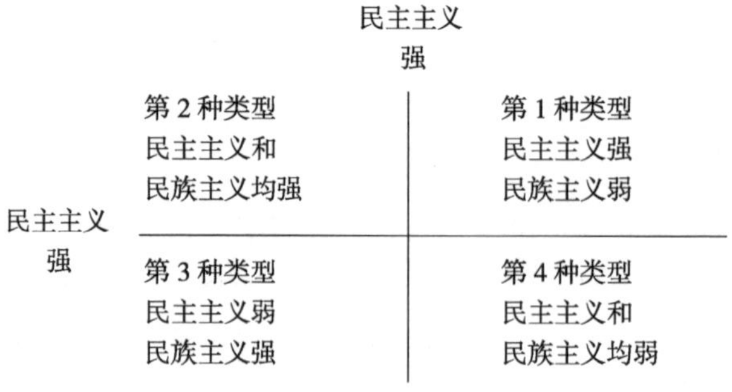

民主主义
强

	第2种类型 民主主义和 民族主义均强	第1种类型 民主主义强 民族主义弱
民主主义 强	第3种类型 民主主义弱 民族主义强	第4种类型 民主主义和 民族主义均弱

图 5 - 1 公民教育中民主主义与民族主义的关系

---

① 熊谷一乘. 公民科教育 [M]. 東京：学文社，1992：13.

② Law W-W. Globalization and Citizenship Education in Hong Kong and Taiwan [J]. Comparative Education Review，2004，48（3）：253—273.

③ 熊谷一乘. 公民科教育 [M]. 東京：学文社，1992：15—16.

表 5 - 1　民族主义与民主主义的比较

	主　体	目　的	意识、价值观	方法、过程
民族主义	国家、民族	全体	一元性、一体性	集权、控制、序列
民主主义	民众、市民	个人	多元性、多样性	分权、自由、公平

　　公民教育发展中民族主义与民主主义之间之所以呈现出动态的关系特征，用熊谷一乘的话来说，是因为二者之间存在着性质上的差异（参见表5 -1）；用约翰·本迪克斯（John Bendix）的话来说，是因为民族国家的建构并不等同于民主建设。[①] 也就是说，由于社会政治经济条件和发展水平不同，民族主义（民族国家建构）与民主主义（民主国家建构）之间的关系在不同国家有不同的表现。"在欧美国家，民族—国家和民主—国家的建构是同步的。而在中国这类后发国家，不仅民族—国家和民主—国家的建构是不同步的，而且会产生矛盾。因为前者追求的是整体性和强制性，后者是基于多样性和自主性。"[②] 其实，即使在同一国家内部，由于不同时期的发展目标有所不同，也会在民族主义、民族国家建构与民主主义、民主国家建构之间各有侧重。日本在战前和战后的不同历程就是一个很好的体现。

　　正因为民族主义与民主主义、民族国家建构与民主国家建构之间的不同性质以及复杂关系，我们赞成熊谷的说法：在设定公民教育的目的时，关键是要处理好民族主义与民主主义之间的关系，考虑好重点是放在民族主义还是放在民主主义上。[③] 而在处理民族主义与民主主义之间的关系时，需要注意的是，二者并不是一种非此即彼的取舍关系，而是一种需要根据各自的国家在特定时代的具体发展目标和要求，不断地加以动态平衡的关系。民族主义所强调的统一性是一个国家和社会稳定的基础与前提，而民主主义所推崇的多样性则是一个国家和社会发展的动力和保障。二者对于一个国家与社会的稳定与发展都是不可或缺的，关键是如何在确保多样性的同时建立统一性（unity in diversity）。这是任何国家开展公民教育时都必须认真思考的问题。在这方面，日本的经验与教训值得我们认真汲取。

---

① Bendix R. Nation-Building and Citizenship [M]. New Brunswick and London：Transaction Publishers，1996：xii.

② 徐勇. 现代国家建构中的非均衡性和自主性分析 [J]. 华中师范大学学报（人文社会科学版），2003（5）：97—103.

③ 熊谷一乘. 公民科教育 [M]. 東京：学文社，1992：13.

众所周知，第二次世界大战之前，日本的价值教育主要体现为一种道德教育，公民教育在其中只不过是昙花一现，无足轻重。而且，战前的价值教育特别是道德教育又主要是在修身教育体制下进行的。在这一体制下，学生们所接受的主要是一种以"忠君爱国"为主要内容的民族主义"臣民"教育。虽然在明治中期，以森有礼为中心设计的国家主义教育制度的确立和《教育敕语》的颁布，为日本确保"秩序"（统一性）与"能量"（多样性）之间的平衡提供了一个基本的制度与思想框架，[①] 但是随着义务教育的迅速普及，民族主义的"臣民"教育形成了巨大的惯性，使得这种制度与思想框架在保持"秩序"与"能量"之间的平衡方面显得捉襟见肘。根据日本学者鹤见俊辅的考察，进入 20 世纪 30 年代以后，一些原本主张民主与和平的日本进步力量纷纷转向支持日本国家侵略其他民族的行为，促成这种转向的一个重要原因，就在于周边的广大日本国民强烈的国家主义意识和热情使他们倍感压力。"当时，他们感到孤立于人民的心情、孤立于周邻的人们以及自己家里亲人的心情，促使他们决心转向。"[②] 由于国民长期受着"忠良臣民"教育的熏陶，缺乏支撑民主制度的民主意识，所以虽然大正时代日本出现了民主化浪潮，但是最终在极端国家主义、军国主义的强大压力下走向衰败。

第二次世界大战结束后，在美国占领军主导下，日本的教育进行了一次民主化的改革。在这场民主化改革中，不仅道德教育被置于公民教育框架下进行，而且整个教育在理念、制度和内容上都经历了一场民主化洗礼。经过民主化洗礼的新公民教育，以社会科为中心，传播着《日本国宪法》和《教育基本法》所规定的以完善人格为目标的和平民主主义价值观念。这一观念教育与民主主义体制相呼应，给战后日本国民的观念意识带来巨大变革。具有一定主体地位和自主意识的社会和国民的出现，使得战后民主化进程能在开始之后得到一定的维护和发展。[③] 因此，尽管战后改革结束之后，战前体制都有不同程度的恢复，但都没有发展到完全排斥民主主义、反对民主主义的地步。这不能不说是战后公民教育之功。

---

① 饶从满.日本现代化进程中的道德教育 [M].济南：山东人民出版社，2010：150—153.
② 鹤见俊辅.战争时期日本人精神史 [M].高海宽、张义素，译.长春：吉林人民出版社，1991：15.
③ 饶从满.日本现代化进程中的道德教育 [M].济南：山东人民出版社，2010：290—291.

三、公民教育中权利与义务之间的关系

如前所述，权利和义务是公民教育的核心内容。但是，在不同的国家、不同的时期，权利和义务在公民教育中的地位和比重是不一样的。

谈到权利与义务的关系，必然要牵涉到公民教育与道德教育的关系问题。卡明斯关于东方更重视道德教育、西方更重视公民教育的研究结论，在一定程度上可以换成另一种说法：东方的价值教育更关注义务，而西方的价值教育更重视权利。东西方之所以会出现如此差异，至少可以从以下两个方面做出解释：第一，是东西方文化的差异。东方重视整体，而西方重视个体。在以个人主义为主要取向的西方文化中，个人的自由和权利受到极大的尊重；东方文化则以集体主义为主要取向，视人为关系中的存在，强调个人应同集体相协调。第二，是东西方现代化的进程与模式的不同。西方较早地步入现代化进程，一方面为现代公民教育的发展较早地创造了条件和可能，同时较早地对发展现代公民教育提出了要求。因此，西方在实施公民教育上有着更长的历史和更成熟的经验。而东方国家不仅步入现代化进程的时间较晚，而且属于后发—外源性现代化。传统文化与现代文化、西方文化与本土文化的双重冲突使得东方国家在维持民族国家的统一与稳定方面遭遇到西方国家未曾有过的巨大困难和威胁。在"民族革命"诉求压倒"民主革命"需要的背景下，义务本位的道德教育被视为更适合追赶型现代化阶段的需要而受到青睐。而结束或即将结束追赶型现代化进程的一些东方国家，如日本、韩国等国家，为了适应新形势下国家发展的需要——民主建设，也逐步重视公民教育。因此，卡明斯关于西方更重视公民教育、东方更重视道德教育的研究结论，在一定程度上换成另一种说法更为准确：西方比东方在公民教育方面有着更悠久的传统和更为丰富的经验。

其实，权利和义务在公民教育中地位和比重的差异，不仅体现在国家、地区之间，也体现在不同时期。在西方的公民资格理论与实践中，长期以来有着两大传统：一是个人—自由主义模式；二是公民—共和主义模式。个人—自由主义将公民身份视为在特定政治共同体中的完整成员身份以及相应的一套法定权利和义务；而公民—共和主义则将公民身份视为一种"主动实践"，主张公民身份的范围和质量取决于公民在这个政治共同

体中的参与作用。不难看出，个人—自由主义所持的是一种被动公民观（passive citizenship），而公民—共和主义坚持的是主动公民观（active citizenship）。①

众所周知，带有个人—自由主义思想背景的被动公民观是战后相当长一段时间里国际上尤其是西方发达国家中占主导地位的公民观。但是，这种被动公民观在进入 20 世纪 90 年代之后，受到越来越多的批评。伴随这类批评，凸显义务和参与的主动公民观逐渐压倒强调消极权利的被动公民观，成为主导的公民观。之所以会出现这种转变，是因为人们坚信，如果没有主动的参与型公民，民主的未来就将受到严重的威胁。公民对民主生活的日趋淡漠、公民参与程度的降低、社会资本的衰落潜在地影响着民主的长期稳定，从而也从另一个方面强化了社会对培养主动公民的需要。②

比较而言，以个人—自由主义公民观为背景的公民教育基本上属于一种权利本位的教育，不太看重公民道德（civic virtue）教育；而以公民—共和主义公民观为背景的公民教育则高度重视公民美德教育。但是必须指出的是，我们却不能因此将以公民—共和主义公民观为背景的公民教育称作义务本位的教育，因为它并不否定个人自由和权利的重要性。

由上我们可以看到，原先比较重视道德教育的东方国家越来越重视公民教育，而原先比较重视公民教育的国家也越来越重视道德教育。然而，我们在此必须郑重指出的是，在西方国家，虽然有直接的公民教育途径，但是基本无独立设置的直接道德教育途径，而且道德教育基本上是在公民教育体制下进行的以公德为优先的一种现代道德教育。③

在开始重视公民教育的一些东方国家，虽然道德教育在绝大多数情况下具有独立设置的直接途径，与公民教育分途而行，但是也出现了以公德为优先的趋势。以日本为例。战后初期的新公民科构想就是一种把道德教

---

① 饶从满. 主动公民教育 [J]. 比较教育研究，2006（7）：1—5.
② 饶从满. 主动公民教育 [J]. 比较教育研究，2006（7）：1—5.
③ 关于这一点，只要考察一下曾经在欧美特别是美国产生巨大影响的科尔伯格道德认知发展阶段理论和价值观澄清理论等，就不难明白。如科尔伯格的道德认知发展阶段理论以罗尔斯的正义论为其伦理学基础，把正义置于最高伦理取向这一点就充分说明其倡导的是以公德为优先的道德教育。因为判断一种道德和道德教育是否是一种公德优先的现代道德和道德教育，关键是看其是否凸显现代道德最重大的主题——公正或正义。

任剑涛. 道德理想主义与伦理中心主义 [M]. 北京. 东方出版社，2003：324.

育纳入公民教育框架下进行的一种设计。[①] 这一新公民科虽然后来发展性地消解在社会科中，但是道德教育以社会生活认识为基础，培养社会需要的道德品质这一思想并没有改变。而且，尽管 1958 年之后伴随道德课的特设，道德教育与公民教育分途而行，有关个人道德的教育得到了一定的加强，但是道德教育在公民教育的框架下进行这一基本格局并没有改变，因为判断道德教育是否是在公民教育框架下进行，主要看其道德教育是否以公德为优先，而非道德教育与公民教育是否有不同的途径。1958 年版的日本《学习指导要领》中规定，道德教育"以培养学生一贯坚持尊重人的精神，并将这种精神贯彻于家庭、学校及其他各自作为其中一员的社会具体生活中，努力创造个性丰富的文化以及发展民主的国家和社会，主动为和平的国际社会做贡献的日本人为目标"。由这一目标规定，我们不难发现，特设道德教育体制下的日本道德教育高度关注的是真正的社会化道德——公德，而非仅体现于个人自身德行的社会个体的私人性品德与情操。此后各次的学习指导要领修订中关于道德教育目标的表述尽管有所调整，但是重视公德的基本精神没有变。

因此，我们认为，在开展公民教育时，在处理权利的教育与义务的教育之间的关系时，既要考虑我们的文化传统，考虑我们的发展模式，又要根据国家和社会发展对现代公民素质提出的要求，适时地对传统的德育体系做出相应的调整，积极推进传统的德育体制向现代公民教育体制转换。而由传统德育体制向现代公民教育体制的转换，应该首先体现在理念、目的、取向上的转变，而不应停留于内容要素上的简单增减。

[①] 系统提出公民教育构想的公民教育刷新委员会咨询报告中指出："由于道德原本是社会中个人的道德，故而'修身'只有与公民知识相结合方可获得其具体内容，而且其德目也是为了在现实社会中被践行的。因此修身与'公民'应成为一体，应将二者统合确立'公民'科。"

宫原诚一他. 资料日本现代教育史：第 1 卷 [M]. 东京：三省堂，1974：220—224.

第 2 节　美国现代化进程中的公民教育：
　　　特征解析①

美国作为现代化高度发展的国家，在其举世瞩目的现代化进程中，公民教育从建国时就成为一个国家问题并在其国家建构中始终占据着重要位置，无论在谋求社会统一方面还是在推进民主化进程方面都发挥着不可替代的作用。经过两百多年的发展，建立在美国特有的政治经济社会的巨大变化以及特别由此引起的国家建构（包含民族—国家和民主—国家建构两个方面）② 基础上的公民教育，已形成了比较完善的教育体系，积累了比较丰富的经验。从现代化进程中国家建构与公民教育关系的角度来看，美国公民教育的以下几个特征尤为明显。

一、不断演进的公民资格观是影响美国公民教育的关键要素

公民教育是建立在公民概念基础上的一个教育概念，而公民概念的核心要素则是公民资格或公民身份（Citizenship）。有什么样的公民资格观，自然就有什么样的公民教育。而公民资格自现代国家建立以来就一直与自由民主、民族主义和民族国家的观念紧密地联系在一起，并成为国家建构必不可少的重要元素。美国是经过独立战争建立的共和制国家，是现代民族国家和民主国家同步建构的典型。但是，在其现代化进程中由于不同时期所面临的不同发展要求，美国国家建构的两种维度——民族与民主之间自然表现出不同的侧重，因此，鉴于公民资格与国家建构的内在关联，探讨其公民教育，我们有必要对不同时期的美国公民资格观做一梳理和解读。

---

① 本节作者系苏守波、饶从满，本节曾发表于《外国教育研究》2013 年第 1 期，原文题为"美国现代化进程中的公民教育特征"。

② 关于这一点，徐勇指出：与现代化相伴随的现代国家有两个特性，一是民族国家，二是民主国家。

　　徐勇. 现代国家建构中的非均衡性和自主性分析 [J]. 华中师范大学学报（人文社会科学版），2003，42（5）：97—103.

（一）美国现代化酝酿时期的公民资格观

现代公民资格是与民主宪政的政体相伴生的。伴随美国独立战争的胜利和联邦政府的成立，以及宪法和《权利法案》的颁布实施，13 个殖民地的人民彻底摆脱了宗主国的统治，并演变为一个新的国家——美利坚合众国，原属英帝国殖民地的人民从此变成了美国公民。因此，基于公民资格诞生所具有的宪政条件，美国学者詹姆斯 H. 凯特纳（James H. Kettner）指出，"是大革命造就了'美国的公民资格'，产生了自由社会中成员身份的普遍原则"。① 法律意义上美国公民资格的界定既催生了成员个体对共同体的一种归属感，为作为民族认同的公民资格的出现奠定了基础，又引入了共同体成员之间的权利平等观念，为美国公民资格的演进和发展起到了至关重要的作用。对于此时的公民资格而言，尽管联邦政府还没有被赋予明确的权力，而且对妇女、奴隶和印第安人来讲，还没有获得公民资格，但是公民属于一个更广泛的国家范畴这一观点已引起了人们的广泛关注。至少在某种程度上，公民资格已经成为一种国家性的意识并开始影响到各个州。②

因此，这一时期的公民教育特别强调以爱国团结为主要内容的公民道德观念的谆谆教诲和以自由平等为主要内容的公民价值观的灌输。在共和国的缔造者看来，公民教育要承担起培养学生正义感和对政府忠诚感的双重任务，需要通过教育在美国新生代的心灵中播下道德和自由的种子，鼓励他们忠于祖国，让他们懂得国家神圣而不可侵犯。此时，公民教育最重要的论题是"如何将儿童的忠诚献给州和国家。爱国的情感、对国家的热爱以及对上帝的爱，都是美德的基石：'爱国……一定要被视为最伟大的社会美德'"。③

（二）美国现代化转变时期的公民资格观

就公民资格概念的本质而言，公民资格主要关涉两个维度的关系：一

---

①　Kettner J H. The Development of American Citizenship，1608—1870 [M]. Chapel Hill，North Carolina：The University of North Carolina Press，1978：10.

②　Kettner J H. The Development of American Citizenship，1608—1870 [M]. Chapel Hill，North Carolina：The University of North Carolina Press，1978：220.

③　Brown B F. Education for Responsible Citizenship：The Report of the National Task Force on Citizenship Education [M]. New York：Mcgraw-Hill Book Company，1977：48.

是公民个体与国家或政治共同体的关系；二是在该国家或共同体内公民个体与个体之间的关系。其中前者更为根本，它是公民资格的首要维度，在公民资格中起着决定性作用。但自美国建国以来，真正对这一成员资格进行认真对待和思考却始于 19 世纪初。一方面，社会的整合和统一成为这一时期国家建构的主要任务。另一方面，公民资格总是首先与法律意义上的国籍相关联。作为国籍的美国公民资格，是对一个社会成员是否是美国公民的法律认可。但是，在 19 世纪的那段时间里，作为法律意义上的公民资格却仍然不断受到来自美国独有的联邦体制和过去人们那种传统社会地位、种族、肤色以及性别观念的挑战。联邦与州的主权冲突、财产制度、奴隶制度、种族歧视、本土主义和性别歧视经常在一些排外性、歧视性的法律和实践中被制度化，它们一直未被列入官方承认的平等公民资格行列中，由此使得美国人一直处于"公开声称的政治平等的公民原则与根深蒂固的愿望——将某些群体永远排斥于基本公民权利之外——的突出矛盾"困扰中。[①] 自联邦宪法生效到内战发生时，宪法仍然无法对公民资格做出明确界定。直到战后宪法第十四条修正案在国会通过时，法律意义上公民资格的界定问题才算真正得以解决。同时，公民资格概念和联邦之间的紧密联系变得清晰多了。该修正案特别强调"州的公民资格依赖于国家的公民资格，依赖于公民自己居住地的选择，各州无权干涉"。[②] 尽管此时的公民资格仍然具有双重性，包含着国家和州两个层面上的成员资格和权利，但人们对国家层面上的公民资格是首要的观念已深信无疑，即"我们美利坚人民"代表和界定着美利坚合众国最终的和不可分割的主权权力。

相应地，在上述公民资格观的影响下，这一时期的公民教育主要被视为一种促进国家整合、统一和平衡的工具，一种解决因进行国家建构而带来的意识形态冲突、弥合因快速工业化和移民大量涌入等因素带来的政治裂缝的重要力量，一种因具有"公民调和效应"（Civically Harmonizing Effects）而作为实现"合众为一"（E Pluribus Unum）的重要手段，一种被证明是形成国家观念、建立民族认同、培育公民精神、增强社会凝聚力、维护共和政府的最强有力武器。正如美国学者弗里曼·布兹（R. Freeman Butts）所说，此时的公民教育在维护共同的政治合法性方面起到了

---

① Kettner J H. The Development of American Citizenship, 1608—1870 [M]. Chapel Hill, North Carolina：The University of North Carolina Press，1978：288.

② Kettner J H. The Development of American Citizenship, 1608—1870 [M]. Chapel Hill, North Carolina：The University of North Carolina Press，1978：348—349.

基础性的支撑作用，使得一个松散的、种族多元化的、因建立不久还不稳定的新的政治实体成为一个"稳定的多元"（Stable Pluralism）统一体。①

（三）美国现代化成熟时期的公民资格观

按照英国著名社会学家马歇尔（Thomas Humphrey Marshall）的公民资格理论（在马歇尔看来，公民资格往往指的是一种权利资格，一种权利逐渐拓展、地位逐渐提升的资格，它通过一系列公民权利、政治权利和社会权利体现出来，在参与公共领域及公共组织的实践过程中，这种原则被逐渐制度化），② 自 19 世纪末期至 20 世纪 60 年代，可以说是美国公民资格趋于完善并进一步扩展的重要时期。一方面，20 世纪 20 年代广大妇女获得了投票权，所有印第安人被无条件地赋予美国公民的地位，并享有公民资格的公民权利和政治权利；另一方面，20 世纪 50 年代联邦政府通过新的宪法修正案和选举法，帮助黑人重新获得了选举权；此外，在公民权的扩展方面，社会权利成为这一时期美国公民资格的重要元素。公民资格的拓展使得公民资格本身与过去相比发生了很大改变，人们不仅关注公民资质的政治意义，也越来越关注社会的平等和对自身权利的诉求，更加重视公民的自由和个性发展，由此使得美国公民资格由公民权利和政治权利领域延伸到社会权利领域，公民资格的内涵不断得以丰富。

相应地，这一时期的公民教育在强调国家范围内的公民同质性、对社会与文化的价值适应性以及维护社会的经济与生活秩序、增强国家内聚力的同时，特别注重公民的民主参与教育。主张公民应更多地参加与他们的社会生活息息相关的活动，更加重视公民的个性、品质和情感的发展，更加关注公民对重要的社会进程和时代问题进行批判性分析的能力，以便使个人更好地融入社会生活之中，满足现代民主社会的发展需要。

（四）美国现代化高级发展时期的公民资格观

美国民主制度的基础是公民资格。公民资格是将权利的拥有个体与保护国家机构联系起来的根本制度。这一制度提供了一个社会个体政治参与和共同治理国家的重要渠道。但是，自 20 世纪 60 年代以来，由于过分个

---

① Butts R F. The Civic Mission in Educational Reform：Perspectives for the Public and the Profession [M]. Stanford, California：Hoover Institution Press, 1989：94.

② Klusmeyer D B. Between Consent and Desent：Conceptions of Democratic Citizenship [M]. Washington, D. C.：Carnegie Endowment for International Peace, 1996：94.

人主义的影响，政府的合法性正在受到人们的质疑，私人利益越来越得到人们的推崇。而且，社会问题变得越来越突出：混乱、无序、激进而痛苦，公共的情绪变得越来越糟，愤世嫉俗，只顾自己。同时，美国人的公民参与意识和社会责任感与托克维尔时代相比也明显下降了，相当一部分美国公民不再对投票站感兴趣，参加投票的人数在大量减少。不仅如此，美国人与社区的联系也减弱了，参加各种社团活动的积极性都比以前大为降低。面对这样的形势，卡内基委员会前任主席厄内斯特·博伊尔（Ernest Boyer）曾经说道："除非我们能找到更好的方法教育我们自己成为公民，否则美国将面临在不经意间落入新一轮的黑暗时代。"[①] 为此，20世纪70年代末美国公民教育国家特别工作组在充分调研的基础上发表了一份名为"负责任的美国公民资格教育"的研究报告，强调培养有知识、有教养、能参与的公民将成为今后美国教育的奋斗目标。1989 年 9 月，当时的总统乔治·布什和各州州长在弗吉尼亚州召开全国"教育峰会"结束时，提出了六项目标以指导 2000 年的美国教育改革。其中的两项目标详细阐述了培养责任公民的必要性。1995 年公民教育国家特别工作组又发表报告进一步指出："民主并不是'能自行运转的机器'，它必须被有意识地复制：一代人教给下一代人民主得以传承的知识和技能，以及使下一代人健康成长的公民品格和责任。"[②] 自此，积极的公民资格在美国逐渐发展起来。一方面，积极公民资格不仅强调政治参与，还强调社会参与；另一方面，积极公民资格强调公共善，主张做好公民；此外，积极公民资格强调公民品性，并认为公民品性不仅是一种公共精神，而且是每个公民必须具备的生存能力，这种能力的发挥能使公民愿意服从公益，并维护社群的自由。总之，积极的公民资格观强调的是权利与义务两个维度的平衡。

在这种积极公民资格观的影响下，这一时期的公民教育，一方面强调对国家责任感、认同感和归属感的培育，主张政治统一和不同族群、不同文化间的相互共存性；另一方面强调公民德性和公民参与，主张多元和平等，注重公民知识和技能的养成。用弗里曼·布兹（R. Freeman Butts）

---

① Boyer E L. Civic Education for Responsible Citizens [J]. Educational Leadership：Journal of the Department of Supervision and Curriculum Development，N. E. A，1990，48（3）：4—7.

② Center for Civic Education. Report of the Task Force on Civic Education：The Second Annual White House Conference on Character Building for a Democratic，Civic Society [R]. Wahington，D. C.：Center for Civic Education，1995：3.

的话说："对公民教育来说，此时最主要的目的，最优先的事情是它的政治目标，即赋予所有人行使他们自己的权利，以履行作为真正民主公民的责任。"①

二、对民族认同教育的重视和捍卫

已有研究显示，现代国家具有双重性：一是民族国家，二是民主国家。而在现代国家的两种特性中，民族国家却是现代国家建构的基础和前提条件。现代国家作为一种"共同体"，不仅仅是一种领土的统一体，更是一种政治的、历史的和文化的被本尼迪克特·安德森（Benedict Anderson）称之为"想象的政治共同体"。因此，在现代国家建构过程中，更需要通过民族认同来实现现代国家的一体化建设。因为，民族认同不仅确立了现代国家的身份，还为现代国家提供了一种共同体意识支撑，使现代国家内的成员在心理上产生了一种休戚相关的联系，并把公民与国家强有力地扭在了一起，成为维系一个国家存在和可持续发展的重要基础。正如美国著名的学者塞缪尔·亨廷顿（Samuel P. Huntington）在《美国国家利益的侵蚀》一文中所强调的："国家利益来源于民族认同（National Identity）。在我们知道我们的利益是什么之前，我们必须先知道我们是谁。"② 由于民族认同是被建构出来的，而且也是公民资格的首要维度，所以通过公民教育塑造公民的民族认同，促进公民的民族自豪感和归属感的形成，进而发挥公民教育的社会整合功能，就成为每个现代国家能否生存和健康发展的前提条件和首要任务。

纵观美国国家建构的整个历程，无论是学校的公民教育，还是校外的公民教育，从立国起公民教育就被视为培育美利坚民族认同、增强社会凝聚力、进而创建一个强有力民族国家的最有力工具，并在国家建构中一直占据绝对位置。北美独立革命前，教育基本上是家庭和社区的事务。革命胜利后，教育成为一个国家问题摆在了共和政府的面前。共和国的缔造者们普遍认为，在这样一个讲不同语言、有着不同文化背景的移民国家里，若要建立一个真正的国家，通过公民教育向人们灌输一种新的民族认同和

---

① Butts R F. The Revival of Civic Learning: A Rationale for Citizenship Education in American Schools [M]. Bloomington, IND: Phi Delta Kappa Education Foundation, 1980: 74.

② Huntington S P. The Erosion of American National Interests [J]. Foreign Affairs. 1997 (Sep/Oct): 22—30.

民族意识是非常有必要的。这一时期的公民教育尽管刚刚起步，但已经开始被视为形成新的民族特征和民族文化、培养社会凝聚力、支撑美国民主、防止出现新贵族阶级倾向的重要途径。19世纪，面对巩固和发展新的共和政体的需要，公立学校被视为培育爱国主义情操、向公民提供良好的共和主义观念和统一文化，并致力于实现新的具有内聚力的共和政体的最佳机构在全国得以推广和建立。而且，在这期间全国性爱国主义教育纪念日的建立、社会爱国团体的形成以及其他民族象征的涌现亦成为公民教育发挥社会整合作用的主要途径。

20世纪上半时期，伴随着新的移民潮的到来，以及由接连发生的美西战争、一战和二战所带来的极端民族主义，促进国家范围内的公民同质性（这里的公民同质不仅包括语言和文化的同质，还包括政治信念和价值观的同质），以捍卫国家利益，就成为这一时期校内外公民教育的主要目标。20世纪六七十年代以来，在经过前十几年的社会动荡之后，重构爱国主义再次提上公民教育的议事日程。在这期间，无论是《国家处在危险之中：教育改革势在必行》的发表，还是服务学习的兴盛、品格教育的复兴以及国家历史和地理等公民课程标准的出台，都是公民教育培养民族认同感和责任感以及增强国家凝聚力和向心力的集中体现。总之，从美国现代国家建构的实践来看，公民教育对公民民族认同（National Identity）的培育，不仅涉及国家身份、人的归属和效忠问题，更重要地关涉能否为国家的建设和发展提供一种国家共同体意识支撑和国家政治合法性的证明，以实现对分散的社会加以整合的重大国家问题。所以，在美国现代化进程中，通过公共学校向青年学生进行共同语言、文化、强烈的历史叙事和引人注目的神话故事的教育教学，以及南北战争之后并延续至今的在学校进行背诵民族誓词和向国旗敬礼等活动，都是凸显美国公民教育在塑造公民资格的民族性，教育青年持有民族意识方面所具有的不可替代作用的有力说明。即使在全球化和多元化的今天，坚持建国初期提出的"合众为一"仍是美国公民教育的主流价值倾向。正如20世纪后期美国学者弗里曼·布兹（R. Freeman Butts）在谈到公民教育的功能时所说，"政治统一（Political Unum）是公民教育的理想目标。公立学校应该尽最大努力在每一代公民心中重新树立一种民主政治共同体的认同感"。①

---

① Butts R F. The Revival of Civic Learning: A Rationale for Citizenship Education in American Schools [M]. Bloomington, IND: Phi Delta Kappa Education Foundation, 1980: 74.

三、对民主参与的积极培育

就现代国家而言，民主不仅是一种政治制度，还是一种政治生活方式，一种公民自治的过程。在此过程中，通过教育塑造公民的民主意识、权利观念以及提高公民的参与能力是至关重要的。所以，美国政治学者本杰明·巴伯（Benjamin Barber）曾撰文写道："强有力的民主，所依靠的概念在于自我管理的公民群体，把他们联合在一起的，主要不是同一的利益，而是公民教育；他们之所以能够致力于共同的目的和联合的行动，是由于他们的公民态度和参与机制，而不是由于利他主义或良好本性。"①

由于民主社会的公民不是自然生成的，他们并非生来就掌握自由、平等、公正和权利等有关民主的基本原则，生来就知道如何行使权利、履行责任和承担义务的参与技能和公民品性，所以，早在美国建国之初，托马斯·杰斐逊（Thomas Jefferson）就说："社会最终权利的可靠掌管者是人民自己，而非他人。如果我们认为人民还不够开通，还不能以一种有益的方式来实践他们对政府的管理，那么补救的方法并不是从他们的手中夺去权利，而是交给他们如何运用权利。"② 之后，经过两个多世纪的发展，尽管不同时期美国公民教育的目标有所差异，但是培养能参与的"民主公民"却是一以贯之的诉求。

尤其是伴随着《权利法案》的出台，公民教育对民主宪政的推动作用，到 18 世纪末 19 世纪初，不管是联邦主义者还是反联邦主义者都已成为他们的共识。在他们看来，良好政治制度的构建与确立，其基础并不足以支撑立宪民主，在所有的因素之中，教育是建立民主共和的关键。南北战争结束后，伴随着公共教育精神对人们民主权利意识的推动，国家也越来越重视对公民民主意识的培育。1871 年，时任圣路易斯教育局局长的美国教育政治家威廉·哈里斯（William T. Harris）曾经这样写道："可以期望的是，在公共学校中比在其他任何地方更能体现出美国学校的精神。如果年轻一代不是发展民主思想，那么，责任就在于公共教育制度。"③ 1918 年，作为美国公民教育史上具有里程碑意义的重要文献——《中等

---

① Benjamin B. Strong Democracy [M]. Berkeley：University of California Press，1984：117.

② Cogan J J. Civic Education in the United States：A Brief History [J]. International Journal of Social Education. 1999，14（1）：52—64.

③ 克雷明. 学校的变革 [M]. 单中惠，等译. 上海：上海教育出版社，1994：19.

教育基本原理》强调，在民主社会里，学校应特别促进学生形成真正的民主理念。1981 年，美国社会科委员会指出，社会科课程的作用在于向学生提供民主社会的基本概念和结构。1994 年，该委员会制订的《社会科课程标准》重申："社会科课程最高目标是把学生训练成为民主社会的有效参与者。"① 世纪之交，美国进一步强化了以民主参与为重要内容的公民教育，《2000 年目标：美国教育法案》特别指出培养具有参与意识的积极公民才是保持民主生存与发展的根本要素。

在美国国家建构的历程中，如果通过公民的民族认同教育以确保国家的稳定和秩序是一件理所当然的事情，那么发挥公民民主参与教育的功能以确保公民权利的平等和主权在民就成为一件两难的事情。这种两难集中地表现在公民对权利的享有和对共同体义务之间的张力上。公民缺少了权利，则国家建构就缺少了合法性基础。但是，如果公民过于强调权利而忽视了义务，那么势必影响公民对共同体的忠诚，甚至会导致某种政治冲突，威胁到国家建构的根基，到那时国家就会出面干涉以进行适当的调整。比如，20 世纪五六十年代美国民主化浪潮威胁到国家的权威和统治力时，美国时任总统肯尼迪（Kennedy）就向国民发出了"不要问你的国家能为你做什么，而要问你能为国家做些什么"的号召。所以，美国著名学者塞缪尔·亨廷顿在《民主的危机》一书中指出："民主在很大程度上需要节制。"② 这种节制还体现在建国早期公立学校对民主政治常识教育的缺乏上。虽然早在建国之初，美国的缔造者就意识到真正的民主不能只停留在社会秩序的稳定上，还要依靠公民的积极参与。但是，在相当长的时间内由公立学校主导的公民教育除了强调某些基本的民主价值观念外，几乎没有进行公民政治参与能力的培养。因此，正是从这个意义上说，由于国家建构中民族与民主之间的张力对公民教育功能取向的影响，与通过公民民族认同的培育以实现社会整合和统一的绝对性相比，对公民实施民主参与教育以推进民主化进程则具有相对性。

---

① 唐克军.比较公民教育［M］.北京：中国社会科学出版社，2008：52—53.
② 亨廷顿，克罗齐，绵贯让治.民主的危机：就民主国家的同质能力写给三边委员会的报告［R］.北京：求是出版社，1989：101—102.

第 3 节　当代加拿大魁北克公民教育：
　　　理念与途径[①]

　　魁北克问题始终是加拿大政治生活中的重要议题。魁北克人要求独立与加拿大联邦追求国家统一的斗争构成了当代加拿大政治生活的一部分。20 世纪 70 年代以来，魁北克社会结构的深刻变化和省权的发展，使魁北克在经历了"平静的革命"后，围绕独立还是联邦斗争不休。而魁北克社会自身的多元文化特征，又使其面临着少数民族群体融入主流社会的难题。因此，在新民族主义力量的推动下，魁北克不断建构和发展自己的公民教育模式，以维护其独特的社会形态和权利。

一、魁北克人公民身份的变迁

（一）魁北克人争取权利的进程

　　法裔加拿大人总是以"建国民族"自居，但是自从英法七年战争结束后，法裔加拿大人始终笼罩在盎格鲁主流文化的阴影之下，各种权利和利益受到限制。直至二战后，城市化、工业化等现代化过程改变了法裔加拿大人建立在传统天主教和乡村农业经济基础上的价值观念。新的民族主义兴起，从而推动了 20 世纪 60 年代开始的"平静的革命"（Quiet Revolution）。"平静的革命"使魁北克在政治、经济、社会、文化等方面发生了深刻变化，创造了一种新的民族认同，导致了一个新的、世俗的、现代化的和地区定义的魁北克民族（Quebec nation）的产生[②]。从此，法裔加拿大人开始了建立其作为多数群体的魁北克地区和构建政治主权的大胆计划[③]，以寻求获得更大的生存空间。他们希望通过社会的全面发展实

---

① 本节作者系范微微、饶从满，本节曾发表于《教育科学》2010 年第 12 期，原文名称为"当代加拿大魁北克公民教育的理念与实施途径探析"。

② Oakes L，Warren J. Language，Citizenship and Identity in Quebec［M］. Palgrave Macmillan，2007：27.

③ Oakes L，Warren J. Language，Citizenship and Identity in Quebec［M］. Palgrave Macmillan，2007：x.

现民族力量的强大，从而提高魁北克的特殊地位，进而为魁北克寻求新的角色，甚至是主权独立。

20世纪60年代至90年代，魁北克的民族主义运动空前高涨，先后经历了两次全民公投和三次修宪，尽管均以失败告终，但是对整个加拿大联邦的统一和稳定造成了极大威胁。对此，1969年的《官方语言法案》赋予法语与英语以同等地位和优先于其他语言的地位。继而，多元文化主义政策乃至《多元文化主义法案》进一步改变了加拿大政治，包括《权利与自由宪章》在内的《宪法法案》确立了加拿大的社会特征，巩固了法语的国家地位，而魁北克在加拿大的地位在经历了世代变迁、国际政治变革及国内社会现实后仍然得以存续，证明了其一贯的存在立场①。2006年，哈珀政府通过了魁北克集团的动议，承认了"魁北克人在统一的加拿大内形成一个民族（nation）"，"这是从文化社会学角度而不是从法律意义上定义的民族"②。一方面由于在加拿大联邦的地位得到加强，另一方面由于追求独立的道路异常艰难，主张魁北克独立的公民数量正在逐渐减少。

（二）魁北克公民身份的界定

作为加拿大公民身份，法裔加拿大人始终力图避免英裔加拿大人的同化，顽强地维护着自身独特的社会形态、文化传统和民族认同。但是，从20世纪60年代开始，民族多样性导致了民族认同的重构。在魁北克，地方主义的身份认同逐渐使魁北克民族去种族化。为了区别于法裔加拿大人身份，居于魁北克的所有民族都被称为"魁北克人"。"魁北克人"这一称谓是重新评价身份认同的一个积极信号。这一民族身份也在1975年魁北克的《人权与自由宪章》中得到体现，确立了公民在法律上的平等地位③。《人权与自由宪章》阐述了象征魁北克民族的一种重要的公民维度，承认了少数民族保护和发展其文化的权利，禁止对于语言和民族背景的偏见④。从这一时期开始，魁北克身份认同进入了一个新的历史阶段，移民和少数

---

① Alain G, Iacovino R. Federalism, Citizenship, and Quebec: Debating Multi-nationalism [M]. Toronto, Buffalo, London: University of Toronto Press, 2007: 24.

② House passes motion recognizing Québécois as nation. [EB/OL]. [2010—08—20]. http://www.cbc.ca/canada/story/2006/11/27/nation-vote.htm.

③ Oakes L, Warren J. Language, Citizenship and Identity in Quebec [M]. Palgrave Macmillan, 2007: x.

④ Oakes L, Warren J. Language, Citizenship and Identity in Quebec [M]. Palgrave Macmillan, 2007: 27.

民族开始逐渐对法裔加拿大人的身份认同承担角色。而从"抵抗认同"到"接受认同"的这种改变使各种认同相互包容成为可能，例如加拿大魁北克人、意大利裔魁北克人、意大利裔加拿大人、摩洛哥出生的魁北克人等等①。从加拿大人（Canadians）到法裔加拿大人（French-Canadians），再到法裔魁北克人（Franco-Québécois），最后到魁北克人（Québécois），魁北克人经历了深刻的变迁。这种变迁不能仅仅被看作一种对于族群归属情感的单纯变革，它们还代表了魁北克人认同的不断发展和魁北克地区公民身份从无到有的过程②。

二、魁北克公民教育的理念

（一）公民教育理念的形成

民族主义是整个法裔加拿大人历史发展过程中一股重要的力量。当新的民族主义将魁北克问题诉诸政治权力时，加拿大联邦政府不得不在多元主义中寻求民族和解的道路。尽管多元文化主义在一定程度上满足了魁北克民族主义的符号性要求，明确了魁北克独特的社会地位，但是，魁北克人不仅希望被看作加拿大的少数群体，而且更希望被看作在他们自己文化背景下的多数群体。因此，为了存续法裔文化传统，魁北克坚持自己的公民教育模式，更倾向于类似共和主义的公民教育观。它一方面在运用自由主义的公民框架定义公民权利的同时，又向多元文化主义妥协，强调公民的文化权利；另一方面又主张公民共和主义，指出公民身份不只是行使权力时的法律能力问题，它在更大意义上是一种基于共同的政治和文化联系与共同认同的、对于现存传统的归属情感③。总之，魁北克希望在自由原则的基础上，在共同的公共文化和多样的民族文化之间进行调和，以实现一种"去种族主义"的魁北克认同。

（二）公民教育理念的基本内容

面对文化马赛克观念，魁北克创造了借由"文化聚合（cultural

---

① Labelle M. The Challenge of Diversity in Canada and Quebec [J]. Policy Options, 2005 (3—4)：88—93.

② Alai G, Iacovino R. Federalism, Citizenship, and Quebec：Debating Multinationalism [M]. Toronto, Buffalo, London：University of Toronto Press, 2007：97.

③ Oakes L, Warren J. Language, Citizenship and Identity in Quebec [M]. Palgrave Macmillan, 2007：39.

convergence）"观念而形成的一套整合理想，而运用法语交流成为 80 年代其多元文化主义政策的中心。到了 90 年代，魁北克的文化领域在关于"共同的公共文化"的争论中发生了转折，即政府针对移民宣布了"道德契约"原则。至此，魁北克在努力回应加拿大多元文化主义政策的同时，积极探索构建了自己的整合理念，即为文化间性主义（interculturalism），这与魁北克理解的公民观念更加一致。

文化间性主义作为一种政治意识形态是指一个社会中不同文化族群之间相互交流的哲学。文化间性主义要求以一种开放的态度去对待"他者"文化。它通过促进对话试图在不同文化元素之间寻找共性以实现融合。文化间性主义的主要目标是发展一种基于自由价值和人权的共同的公民文化，鼓励不同社群之间的相互影响。而多元文化主义追求不同文化的并存，不同文化各自独存又相互尊重，也就是多个文化没有相互关联地存在①。虽然文化具有不兼容性，但不是不可沟通的。文化间性主义承认在更广泛意义上的文化理解，包括语言、信念和社会角色关系形式。

魁北克的文化间性主义试图促进各种民族群体和文化群体之间的对话和交流，包括移民后代，尤其是法裔加拿大人。一些人认为，魁北克的文化间性主义与美国和加拿大的整合模式没有差异。美国和加拿大看起来是盎格鲁式的，而魁北克的文化间性主义则被转换成了法国式的，其实都是主流模式的胜利。然而，大多数人认为，文化间性主义不同于美国的单一文化熔炉模式和加拿大的多元文化马赛克模式，后者只是将各种构成加拿大社会的要素看成并列的和分离的个体。而文化间性主义是在一个共同的公民文化和法语框架之下，实现不同文化及其贡献的相互渗透和相互认识②。1981 年，随着《魁北克人：每个人与所有人》（Québécois：Each and Everyone）计划的出台，魁北克模式开始形成③。尽管这是一个好的目标，但是这个文件明显区分了魁北克民族和其他文化群体。直到 1990 年，一个主要的移民政策文件《让我们一起建设魁北克：移民和整合政策》的颁布，重新定义了魁北克人，即所有生活在魁北克地区的人，无论

---

① 潘尼卡. 文化间哲学引论 [J]. 辛怡，译. 浙江大学学报（人文社会科学版），2004，34（6）：47—55.

② Oakes L, Warren J. Language, Citizenship and Identity in Quebec [M]. Palgrave Macmillan，2007：29.

③ Gagnon A J，Iacovino R. Interculturalism：Expanding the Boundaries of Citizenship [M] //Ramón Máiz Suárez, Ferrán Requejo Coll. Democracy, Nationalism and Multiculturalism. New York：Frank Cass & Co. Ltd，2005：30.

其种族背景，都是魁北克人。

　　与加拿大联邦奉行的多元文化主义不同，魁北克整合强调"聚合"（convergence）观念。这个观点主张将移民或者少数民族文化整合到更大的政治共同体中。移民和主流社会群体之间形成一种"道德契约"，目的是建立一个所有公民行使权力的场所，即一种共同的公共文化①。这个契约源于三个原则，即：魁北克是一个法语作为公共生活中的共同语言的社会，一个希望和鼓励所有人都参与和贡献力量的民主社会，一个由于尊重基本民主价值和族群间必要交流而产生多重贡献的多元社会②。在这三个原则基础上，法语作为公共生活语言是魁北克独特社会的真正独特之处。主流社会希望移民和他们的后代能够努力学习魁北克的官方语言，从而逐渐发展一致的认同。这个"道德契约"声明，权利和义务不仅适用于移民，而且适用于已经或者正在被社会整合的人们和机构。因此，作为一个魁北克人意味着必须受魁北克所选择的社会形态所约束。作为接纳魁北克土地的移民也要像其他公民一样受其约束，并尊重所选择的社会形态。由此，运用道德契约实现完全整合移民的目的。"道德契约"的基本信条是，在经济、政治和社会文化领域建立一种"存在模式"（modes of being）作为身份和公民地位的标志，将民主参与作为具有特定集体认同群体的聚合观念，从而使所有人都能够在民主生活中平等地分享③。

　　作为民主社会，魁北克鼓励所有成员都能够参与到社会的方方面面中来。因此，在解决个人与群体冲突时也必须选择符合民主标准的解决方法。魁北克模式强调，在冲突发生时首先采取调解、折中和直接妥协的方法，优先权和自治权问题次之，最后诉诸法律等手段。这个模式将审议、相互理解和广泛对话作为公民社会民主生活中的基本特征，同时是实现培养一种凝聚和参与的公民观念的工具④。这个模式的不同不是指建立在族群并列的马赛克社会基础上，也不是简单地通过基本的个人权力的法律编

---

① Alain G, Iacovino R. Federalism, Citizenship, and Quebec: Debating Multinationalism [M]. Toronto, Buffalo, London: University of Toronto Press, 2007: 98.

② Alain G, Iacovino R. Federalism, Citizenship, and Quebec: Debating Multinationalism [M]. Toronto, Buffalo, London: University of Toronto Press, 2007: 98.

③ Alain G, Iacovino R. Federalism, Citizenship, and Quebec: Debating Multinationalism [M]. Toronto, Buffalo, London: University of Toronto Press, 2007: 99.

④ Gagnon A G, Iacovino R. Interculturalism: Expanding the Boundaries of Citizenship [M] //Ramón Máiz Suárez, Ferrán Requejo Coll. Democracy, Nationalism and Multiculturalism. New York: Frank Cass & Co. Ltd, 2005: 32.

篡和将特定认同同化进普遍原则来降低公民身份地位以预防国家渗透。魁北克的文化间性主义模式是在议会民主的传统中展开的，它强调审议和代表。在和平解决冲突的基本原则框架下，《权利与自由宪章》试图在保护个人和群体权利、性别平等、国家安全和公民获得平等和普遍的社会服务方面提供法律援助。文化间性主义试图在个人权利和文化相对主义之间通过对话和达成共识来强调"视界融合"，从而制造一种平衡[①]。

三、魁北克公民教育的实施途径

在魁北克，学校也是个小型的多样化社会。由于学生的种族来源、文化传统、信仰、价值和意识形态等不同，学生在学校环境中也在不断地接受和认识差异，尊重多元性。学校不仅给学生提供了一个践行民主原则和价值的空间，还使他们获得知识与归属情感。因此，学校在教育年轻人扮演公民角色和培养他们融入民主社会中发挥着重要作用。

（一）法语教育

法语作为公共生活的共同语言在魁北克的社会凝聚中是一个关键因素，是魁北克人认同的主要工具。因此，魁北克政策清晰地声明需要将法语作为一种集体利益来加以保护和鼓励[②]。1974 年《官方语言法案》（Official Language Act，Bill 22）和 1977 年《法语宪章》（Charter of the French Language，Bill 101）的颁布使法语正式成为魁北克唯一的官方语言，同时强调了法语在公共领域，诸如政府、职场、贸易、学校中的主导地位。自此，幼儿园、小学、中学都普遍使用法语教学，除了少数具备特定条件的移民和少数民族群体可以选择英语学校。直至 20 世纪 90 年代，针对英语及其他语言的限制才有所缓解。法语作为公共生活中的共同语言与其他语言具有本质区别。它成为有效践行共同公民身份（common citizenship）的基本条件。主流社会力图使法语成为所有魁北克人的共同遗产，从而使少数民族群体能够整合进更大的共同体中，同时能够贡献和

---

① Gagnon A G，Iacovino R. Interculturalism：Expanding the Boundaries of Citizenship ［M］// Ramón Máiz Suárez，Ferrán Requejo Coll. Democracy，Nationalism and Multiculturalism. New York：Frank Cass & Co. Ltd，2005：33.

② Gagnon A G，Iacovino R. Interculturalism：Expanding the Boundaries of Citizenship ［M］// Ramón Máiz Suárez，Ferrán Requejo Coll. Democracy，Nationalism and Multiculturalism. New York：Frank Cass & Co. Ltd，2005：31.

参与到社会共同的公共文化中，以促进文化聚合。然而，法语作为共同语言并不意味着对其他语言的舍弃。政府对英语机构和对提供英语公共服务的支持并没有停止。而语言遗产计划（A Heritage Language program）又使公立学校中那些想要保持其母语和文化的学生可以接受超过十几种不同语言的教学。因此，魁北克的语言政策对于语言和少数文化群体融入魁北克主流社会也具有一定程度上的开放性。

（二）历史教育

魁北克的学校公民教育主要通过历史课程展开，而"建构学生的认同"在历史课程计划的公民教育部分得到了明显体现。其中目标之一是使每一个学生"通过历史的学习强化他们对公民身份的践行"，同时希望每一个学生"寻找他们自己的社会认同基础"。而且，"所有的学生必须发展一种与其他具有差异特征的个体的相互关系意识，以及定义他们自身在这种关系中的角色。考虑他者因素在认同发展中十分必要。这个过程能够使学生观察到在共同价值下认同的多样性。"[①] 因此，魁北克教育计划拒绝传统的、讲授的教学方法，而是强调："在学校中，历史教学的目的不是使学生记忆简单的、由历史学家构建的理论知识，也不是使他们获得百科全书式的事实，而是发展他们运用历史的视角理解现在的社会现象的能力。"[②] 社会现象是历史课程学习的核心单元，通常被认为是指那些构成历史转折或改变、被长时期记载并对今天具有深远影响的现象。社会现象包括从过去到现在各种社会中的人类活动，涵盖文化、经济、政治、区域以及社会本身。通过历史课程，学生能够具备从历史的角度审视社会现象、运用历史方法解释社会现象以及通过历史学习建立自身公民意识的能力[③]，从而在一个民主、多元的社会中践行公民角色。社会现象首先要在一定的历史背景下还原呈现，学生从历史的视角对关于它的起源和意义提出问题。然后，运用历史的方法审视这些起源和建立对这些现象起源和结果的解释。历史过程与同一时期的其他具有同样现象的社会进行审视和比较。

---

① Ministère de l'Éducation, du Loisir et du Sport. Ouebec Education Program. Secondary School Education. Cycle Two. Québec：Gouvernement du Québec. 2007：22.

② Ministère de l'Éducation, du Loisir et du Sport. Ouebec Education Program. Secondary School Education. Cycle Two. Québec：Gouvernement du Québec. 2004：295.

③ The Québec Education Program：Secondary Education. Education Services Department，2004.

最后，学生从这些现象中提升对当前问题的理解，从而在社会对这些问题的争论中采取自己的立场。

（三）文化间性教育

1998 年，魁北克教育部联合移民与公民关系部制订了一个新的关于文化间性教育和新文化整合计划的政策和实施方案，并将其运用于所有的魁北克学校，尤其是蒙特利尔地区。文化间性教育的目标是覆盖公民教育计划中那些关于多样性以及学习各个民族在一起共同生活的内容，这就意味着文化间性教育成为公民教育的一部分①。文化间性教育来源于多元文化教育和反种族主义教育方式的综合体。它关注多元文化社会、人权和反种族主义、民主框架内的多元化和多样性、移民和土著民族、难民问题、语言政策等等。但是，文化间性教育没有在课堂中发挥更大的作用，而是更多地在学生的生活环境中得到渗透。因此，学生学习的有关文化多样性的内容更多的是在文化间性主义的不同组织中，如学校环境中，而不是在他们的公民教育课堂上。有效的课程学习是通过课堂内外不同文化和语言的学生之间的相互作用产生的。基于这个观点，学校发展了课外活动，例如文化间性和移民学生俱乐部，目的是增加社会交往、尊重和相互理解，以创造一个包容的学校环境。

四、魁北克：多元文化社会中的公民教育与民族建构

多元文化似乎是符合世界民族发展潮流的。20 世纪 70 年代以来，多样化的民族文化群体不仅构成了加拿大的人口状况，还成为魁北克人口构成的特征。在复杂的民族关系中和谐发展，不仅成为加拿大政治的重要内容，还是魁北克政治、经济、社会等方面发展的重要力量。

（一）文化多样性与共同价值的平衡

地方主义与民族主义情绪的紧密结合构成了魁北克政治的一个显著特征。在过去的四十多年中，魁北克通过政治渗透努力在多样性上巩固其作为独特和自治民族的地位。在语言、文化、少数群体和土著民等方面考虑说法语的大多数和其他民族之间的相互关系。大多数公共政策尽力适应种

① Ministère de l'Éducation，Gouvernement du Québec. Plan of action for education integration and intercultural edcation，1998—2002：2.

族、文化和宗教的特殊要求。公立和政府资助的私立学校的课程也经常适应和修改以便反映魁北克社会的多元性，鼓励文化间和族群间的交流，从而培养和尊重各种差异。今天的政策制定者、法律工作者和公共政府机关都必须遵守魁北克的《人权与自由宪章》，保证基本的宗教自由、思想自由、言论自由，毫无歧视和排外地对待每一个生活在魁北克的人，尊重种族、民族、肤色、宗教、性别、语言、政治观念、社会条件、婚姻地位等差异，强调个人作为公民的地位，鼓励他们参与到共同的政治体中。因此，魁北克文化间性主义模式的价值在于，在统一要求和承认少数民族文化之间制造了一种平衡①。

　　然而，也有批评者指出，魁北克的多元制度仍然深深渗透着一种双重思维，即公民民族主义外表下暗藏着多元主义制度基础下的种族民族主义。尽管在追求主权独立和建立政治民族的道路上，魁北克的公民身份似乎更加强调了反对种族性质的魁北克认同，但是，由法裔大多数构成的主流文化仍然在无时无刻地教化着其他文化群体，使原本以魁北克为中心的公民民族主义带有强烈的种族主义色彩。文化间性主义在自我表达、尊重多样性的同时，更加保护了魁北克法裔大多数的文化。而魁北克公民身份的定义又将非法裔民族包括其中，显示了其想要确保魁北克民族、法语政治和文化认同的要求。

（二）魁北克认同与加拿大认同的并存

　　对于21世纪的加拿大人和魁北克人来说，他们倾向于接纳更加包容和民主的集体认同。尽管多元文化主义在解决少数民族权利要求上取得了一定的成功，但是也导致了社会内部自我凝聚力薄弱的文化现状。不同民族文化强化了地区主义，从而使人们更加保持着对地区的政治认同，弱化了对联邦的认同感和凝聚力，尤其是土著人和法裔魁北克人，他们把自己作为加拿大公民建立在其作为群体成员的价值基础上，同时具有对群体和国家的忠诚②。因此，在认识和评价魁北克人的国家认同时，必须将其置于作为加拿大少数群体地位的背景下。由于语言、文化、历史以及一些微妙的事实形成了这个坚实的北美法裔社会，许多出生在魁北克的法裔加拿

---

① Alain G, Iacovino R. Federalism, Citizenship, and Quebec: Debating Multinationalism [M]. Toronto, Buffalo, London: University of Toronto Press, 2007: 111.

② Sears A. Social Studies as Citizenship Education in English Canada: A Review of Research [J]. Theory and Research in Social Education, 1994, XXII (1): 6—43.

大人，包括一些移民，他们把魁北克看成他们真正的国家，潜在的国家政权。因此，魁北克认同与更大政治共同体的认同存在着竞争。而魁北克公民身份和民族认同在法律上的承认也使魁北克与加拿大联邦之间的关系更加复杂。尽管文化间性主义的公民整合模式有助于进一步强化魁北克的民族主义，使魁北克更加趋向政治共同体，但是作为加拿大联邦，一个统一的加拿大民族仍然是联邦主义者的本质要求。可以说，魁北克的民族主义在建构魁北克民族方面具有发展作用，但是在国家层面上则具有解构作用。

然而，魁北克的分离主张也难以实现。由于大多数魁北克人清晰地认识到，只有留在联邦内才能获得更多的权利，尤其是经济利益。因此，一些反对独立的法裔魁北克人和大多数少数民族群体都支持联邦。而且，加拿大联邦政府长期以来一直努力推行多元文化主义政策、双语政策，积极协调和发展魁北克地区的权利和利益，承认魁北克的独特文化和社会地位，也使分离主张失去了一定的立足基础。所以，从长远利益角度来看，无论是加拿大联邦政府还是魁北克，都需要一个统一稳定的加拿大。

第 4 节　西方的"世界公民"教育：
教师的准备度与教师培养①

20 世纪 90 年代后，随着全球化的不断深入，环境、气候、人口、宗教、种族冲突等全球性问题不断凸显，对民族国家开展的传统公民教育提出了挑战，要求各国公民在保证国家认同的同时需要形成一定的世界认同以及相应的知识、能力和价值观，承担"世界公民"的责任和义务，从而促进人类持续和平健康发展。在此背景下，西方发达国家作为"世界公民"教育的主要倡导者和实践者，开始注重将"世界公民"教育融入"国家公民"教育中去。"世界公民"教育最终还是要由每一名优秀教师具体实施的，教师的知识储备和实践决定了"世界公民"教育的成败。那么，西方教师准备好培养"世界公民"了吗？

一、教师的认同与意愿：有意培养"世界公民"

格兰迪和罗宾逊（Grundy S. & Robinson J.）指出，教师专业发展有两大推动力：一是来自系统的推动力，主要来自学校、社会等方面的影响；二是教师自身的推动力，受到教师生涯发展和生活经验的影响。② 正是西方发达国家推行"世界公民"教育生成的系统推动力，使得西方教师生成自身推动力，主动开展"世界公民"教育实践。

（一）教师普遍认同培养"世界公民"

教师开展"世界公民"教育的前提是教师认同培养"世界公民"。美国俄亥俄州立大学的哈什曼（Jason R. Harshman）调查了 30 多个国家 126 位具有国际文凭的教师对"世界公民"教育的看法。研究发现，各国

---

① 本节作者系宋强、饶从满，本节曾发表于《教师教育研究》2016 年第 7 期。

② Grundy S., Robinson J. Teacher Professional Development：Themes and Trends in the Recent Australian Experience ［C］//Day C, Sachs J. International Handbook on The Continuing Professional Development of Teachers ［M］. Maidenhead：Open University Press. 2004：146—166.

教师都倾力帮助学生在参与全球事务中发展好奇心和增长见闻。大多数教师认为应通过研究性学习来探索如何培养具有全球思想的公民。① 教师们还通过建立在线社区进行"世界公民"教育的教学经验和心得交流。一位西班牙教师对非同步在线讨论区非常支持，他说："我必须承认，对我来说，这是有用的和有意思的机会来看全球性生活，感谢我的网络同行分享不容易找到的资源和理念。"一名美国女教师说："就我们和学生来说，这是一个非常有趣的体验。所有人都赞同的是：国际化依靠每个人倾听他人的能力和意愿，加上我们理解地球村上他人的视角和生活经验。我发现这种交流在我们与全世界同人中弥足珍贵，极具价值。"②

（二）教师有培养"世界公民"的意愿

教师既认同"世界公民"教育，又自身也有培养"世界公民"的意愿。加拿大西安大略大学的拉尔森和法登对 13 名加拿大中学教师进行了半年的质化研究和问卷调查，所有受访教师"非常赞成"或"赞成"以下四个选项：（1）学生了解世界其他地方的人们和问题非常重要；（2）教会学生了解本土和全球文化的多样性非常重要；（3）我经常教学生重视和尊重不同于他们的文化；（4）学生应当了解存在于本土和全球的贫富差距。③美国阿肯色州中央大学的盖勒雯教授对在美国幼儿园、小学、初中、高中实习的 148 名职前教师进行了调查。研究结果表明（见表 5-2），大多数职前教师都想把学生培养成为世界公民，认为公民资格是本国话语中主要的表达元素，将世界范围的需要和责任作为儿童公民资格发展的要素很有必要。正如一位职前教师所说："成为世界公民意味着我成为社会的积极一员，对我们的未来负责；作为教育群体中的一员，我有责任通过个人和专业的话语和行动，循序渐进地培养学生的价值观和人性。"另一名美国职前教师总结道："我们必须认识到我们所有人都是世界公民。如果说'教育就是触碰未来'有价值，那么作为教师的我们必须掌握所有文化知识，成为主动参与者，关心地球这一我们共享的空间。当教师成为世界公

---

① Harshman J R, Augustine T R. Fostering Global Citizenship Education for Teachers Through Online Research [J]. The Educational Forum, 2013, 77 (4): 450—463.

② Harshman J R, Augustine T R. Fostering Global Citizenship Education for Teachers Through Online Research [J]. The Educational Forum, 2013, 77 (4): 450—463.

③ Larsen M, Faden L. Supporting the Growth of Global Citizenship Educators [J]. Brock Education, 2008 (17): 71—86.

民时，我们也可以引导学生成为世界公民。"① 许多教师采取积极的学习方式来确保形成全球视野，以此作为工作的支撑。②

表5-2　职前教师对培养学生成为世界公民的看法③

调查问题	是（百分比）	否（百分比）
在 21 世纪，你想教育你的学生成为世界公民吗？	97	3
你准备好教育学生成为世界公民了吗？	72	28

（三）教师积极行动，创造性地开展"世界公民"教育

西方国家大多开设了包含"世界公民"教育的相关课程，并为教师提供课程指南。在此背景下，一些西方教师积极行动，创造性地开展了"世界公民"教育。斯维菲斯调查了加拿大安大略省中学里希望在教学中引入"世界公民"问题的教师。教师们表示，在课堂内外的教学实践中，会努力以动态和创新的方法来关注全球问题。④ 一些教师尝试在课堂上创设情境，提高学生的学习动机和全球责任感。例如教师先讲述一个亚特兰蒂斯（Atlantis，传说中一片位于大西洋底下被淹没的神秘陆地）的背景故事：由于统治者盲目追求繁荣和现代化，亚特兰蒂斯面临着生态、社会和文化的衰败。接着请学生思考亚特兰蒂斯的不同问题（类似于当前的全球性问题），并接受拯救亚特兰蒂斯的任务，通过独立思考或合作研究，提出解决问题的办法。⑤ 英国的一些小学教师将与可持续发展有关的戏剧运用到了课堂教学，让学生扮演全球环境破坏与保护的角色。这种做法既增强了教育的趣味性，又使学生明确了需要明确全球责任，做负责任的世界公

① Gallavan N P. Examining Teacher Candidates' Views on Teaching World Citizenship [J]. The Social Studies，2008（11—12）：249—254.

② Robbins M，Francis L J，Elliott E. Attitudes Toward Education for Global Citizenship among Trainee Teachers [J]. Research in Education，2003（69）：93—98.

③ Nancy P Gallavan. Examining teacher candidates' views on teaching world citizenship [J]. The Social Studies，2008（11—12）：249—254.

④ Schweisfurth M. Education for Global Citizenship：Teacher Agency and Curricular Structure in Ontario Schools [J]. Educational Review，2006，58（1）：41—50.

⑤ Lim C P. Global Citizenship Education，School Curriculum and Games：Learning Mathematics，English and Science as a Global Citizen [J]. Computers & Education，2008（51）：1073—1093.

民。①此外，西方地理、历史、政治、环境等课程的任课教师由于教育内容与全球问题密切相关，也在尝试"世界公民"教育方面做了大量的尝试。

二、教师的自信与能力：信心不足能力欠缺，有畏难情绪

尽管"世界公民"教育引起了国家和教师的广泛关注，并作为一种思潮在西方迅速传播，但还存在着教师能力、动机不足等问题。正如黎彻平（Cher Ping Lim）所说：西方越来越多的教育部门、非政府组织、私人企业开始主动在学校中开展"世界公民"教育。但当前推行"世界公民"教育一个主要障碍就是学校和教师缺少开展"世界公民"教育项目的能力和动机，尤其是教师缺少时间和自信。②

表 5 - 3　职前教师对"世界公民"教育的认知③

序　号	选　项	支持的百分比
1	小学课程中应优先考虑"世界公民"教育	59
2	中学课程中应优先考虑"世界公民"教育	76
3	教师职前教育中应优先考虑"世界公民"教育	64
4	"世界公民"是社会教育体系的重要部分	78
5	全球视野与所有学科领域相关	72
6	我在学校的经历中处理过全球问题	40
7	我有信心对于"举校培养世界公民"做出贡献	35
8	我自信通过可持续发展的方法对整个学校有贡献	31

一方面，教师缺乏"世界公民"教育的自信与能力。英国威尔士班戈大学的罗宾斯（Mandy Robbins）等人对班戈大学 92 名小学预备教师、95 名中学预备教师进行了问卷调查，结果显示：虽然 60% 以上的职前教师

---

① McNaughton M J. Educational Drama in Education for Sustainable Development：Ecopedagogy in Action [J]. Pedagogy, Culture & Society, 2010, 18 (3)：289—308.

② Lim C P. Global Citizenship Education, School Curriculum and Games：Learning Mathematics, English and Science as a Global Citizen [J]. Computers & Education, 2008 (51)：1073—1093.

③ 资料来源：Robbins M, Francis L J, Elliott E. Attitudes toward education for global citizenship among trainee teachers [J]. Research in Education, 2003 (69)：93—98.

认为世界公民在中小学和大学教师教育阶段都应有优先权，所有学科领域都应具有全球视野。但 65％ 的教师对在学校中开展"世界公民"教育没有信心，60％ 的教师没有过处理全球问题的经历。实习教师缺乏自信或必备的专业知识来将他们对"世界公民"教育的积极态度转化为课堂实践。72％ 的实习教师认为全球视野与各个教学科目密切相关，而能在教学实践中贯串全球视野的教师所占比例却下降到 40％。只有 35％ 的实习教师报告说他们感觉在培养全球公民时足够自信。（见表 5-3）。英国伯明翰大学的山下翔央（Hiromi Yamashita）对英格兰的 700 名教师的调查也表明，多数教师认为"世界公民"教育是重要的，但教师整体上对培养世界公民过程中的能力缺乏自信。[①] 尽管声称"准备好教育学生成为世界公民"的职前教师达到了 72％，但很多教师在接受访谈时表示，凭借自己接受的教师教育和掌握的"世界公民"教育经验尚不足以较好地培养世界公民。[②]

更为重要的是，教师对于基于国家认同培养世界认同有畏难心理。这种畏难心理导致缺乏动机、能力欠缺以致信心不足。奥特利和詹金斯指出："当教师感到他们的目标受到威胁或者与他人目标发生冲突，并且缺乏促进交流和减少差异的机制时，就会产生消极的情绪；反之则能产生积极的情绪。"[③] 这也就是哈格里夫斯"情绪地理"理论中所指的道德距离。为应对全球化的挑战，西方国家对教师开展"世界公民"教育给予了一些支持，但更乐意看到教师首先培养好国家公民来保证国家利益，正如德里克·希特所说："国家公民的教育与世界公民的教育之间存在对立。教育试图使年轻人意识到全球问题并为之不安，这可能被理解为危险地分散并不稳固的国家认同感。教师们收到了相互矛盾的信息：巩固和捍卫已建立起来的民族国家，或是加以改变以保护一个面临危险的星球。这一困境变得前所未有的尖锐。"[④] 教师还很难把握"世界公民"教育中世界认同与国家认同之间的尺度。尽管加拿大教师群体中有着"世界公民"教育的广大拥趸，但学校中仍存在大量的限制和障碍使教师无法在课堂上进行计划中

① Yamashita H. Global Citizenship Education and War: the Needs of Teachers and Learners [J]. Educational Review, 2006, 58 (1): 27—39.
② Gallavan N P. Examining Teacher Candidates' Views on Teaching World Citizenship [J]. The Social Studies, 2008 (11—12): 249—254.
③ Jenkins J F, Oatley K. Emotions Take Center Stage [J]. Psyccritiques, 1997, 42 (11): 992—993.
④ Heater D. Citizenship: The Civic Ideal in World History, Politics and Education [M]. New York: Longman Inc, 1990: 292.

的"世界公民"教育。71%的受访教师认为"世界公民"教育这一主题太政治化，59%的受访教师害怕教授有争议的问题。一名教师详细说明了这一问题："我觉得一些领域是敏感的，我不想把我的个人看法传递给学生，因为我知道他们把我说的话当作真相。从情感上讲，我也不想太恐吓或扰乱学生。我想他们明了，但不是恐惧。"①

三、教师的支持与培训：缺乏支撑平台与专门培训

（一）在职教师缺乏开展"世界公民"教育相应的支持

拉尔森和法登指出："支持在职教师可持续发展尤为重要，应当提供教师课程连贯的教学资料、专业发展机会，以促进教师成为'世界公民'教育者。"② 但斯坦纳调查统计了西方200名教师对"世界学习"的看法，发现教师不能在教学中直指全球要害问题。教师们对在课堂上开展世界学习课程选择性很强，他们愿意将环境和其他文化纳入教学过程中去，由于缺乏开展"世界公民"教育相应的支持，只能选择忽略更复杂的全球问题。③ 拉波波特指出：美国课程标准制订者和学校董事会一直忽视"全球化"或"世界公民"这样强有力的概念，并将这一态度传递给教师，最终将导致在课堂上忽视世界公民教育。④ 他嘲讽道，美国高度分散的教育系统为"快速回应教育者对课程设置需要"的能力感到自豪，但在充分应对学校的实际需要、调整对教师的关切上其实是失败的。⑤

（二）缺乏"世界公民"教育课程的教学平台

教师有意愿开展"世界公民"教育，但根据课程安排，无从施展。西方国家大多开展了公民教育的必修课或选修课，在课程目标中包含了一部分世界公民教育内容。但要独立于公民教育之外，单独开设一门"世界公

---

① Larsen M, Faden L. Supporting the Growth of Global Citizenship Educators [J]. Brock Education, 2008 (17): 71—86.

② Larsen M, Faden L. Supporting the Growth of Global Citizenship Educators [J]. Brock Education, 2008 (17): 71—86.

③ Steiner M. Developing the Global Teacher: Theory and Practice in Initial Teacher Education [M]. Stoke on Trent: Trentham, 1992: 9.

④ Rapoport A. Global Citizenship Themes in the Social Studies Classroom: Teaching Devices and Teachers' Attitudes [J]. The Educational Forum, 2013, 77 (4): 407—420.

⑤ Rapoport A. A Forgotten Concept: Global Citizenship Education and State Social Studies Standards [J]. The Journal of Social Studies Research, 2009, 33 (1): 91—112.

民"教育课程基本是不可能的。由于"在课程安排上，语文、数学和科学等主科挤压了世界公民教育课程的空间，世界公民教育这种特殊课程的教学目标和效果受到挤占和影响，国家课程大纲不能提供一个有益的平台来应对具有'自由放养、变化莫测、引起争议'等性质的世界公民教育"。①
"要将世界公民教育元素融入课堂中，教师缺乏教学的依据和支持。学校通常的模式是没有测验就没有教学，在这种无所不在的责任压力下，与世界公民相关的主题埋藏在更多'需要'的内容之下。结果，很多教师缺乏必要的自信来将对世界公民教育广泛积极的态度转变课堂教学，教师倾向于通过更熟悉的概念和论述将'世界公民'这一不熟悉的概念理顺"。②

（三）对职前教师的"世界公民"教育培训不成体系

既然在职教师的世界公民教育实践存在种种问题，那么能否通过加强对职前教师的相关教育来解决问题呢。现实中，西方国家实施教师教育的高校没有足够的师资来讲授和"世界公民"相关的国际性课程，在已实施的课程计划、教育内容等方面更是千差万别。总体上来说，西方教师教育中关于世界公民的内容还不成体系。正如斯维尼亚斯基指出的那样，全球的发展并没有在课程中充分体现，两者一直缺乏内在一致性和组织性。在教育中体现全球视野与针对专门院校、专门科目、专门年龄层次的专门项目都有关联。可以说整个西方高教体系"疏忽了"教师教育的全球视野。③
一名美国职前教师就提出了意见：我们需要更广泛的"工作坊"，支持教师在所处区域之外体验世界公民的动力。这样当我们自己体验世界公民资格时我们就能更好地培养我们学生的世界公民概念。④

四、教师培养上的反思改进

一方面，世界认同与国家认同存在矛盾，这使得教师开展"世界公

---

① Lim C P. Global Citizenship Education，School Curriculum and Games：Learning Mathematics，English and Science as a Global Citizen [J]. Computers & Education，2008（51）：1073—1093.

② Rapoport A. Global Citizenship Themes in the Social Studies Classroom：Teaching Devices and Teachers' Attitudes [J]. The Educational Forum，2013，77（4）：407—420.

③ Swiniarski L，Breithorde M L，Murphy M. Educating the Global Village：An Inclusive View of the Child in the World [M]. Columbus：Prentice Hall-Merrill，1999：5.

④ Gallavan N P. Examining Teacher Candidates' Views on Teaching World Citizenship [J]. The Social Studies，2008（11—12）：249—254.

民"教育时所得到的支持受到很大限制。另一方面，回避全球问题和世界学习对西方发达国家来说又是不现实的，且不利于本国走向世界。因此，西方尝试加强教师教育，应对全球重要问题，避免敏感问题，协调各方力量，有限度地支持教师培养"世界公民"。

（一）学者反思和改进教师教育项目和课程，着眼职前教师培养

布瑞斯索德指出，拓展职前教师视野最好的方式是从培养他们的个人体验、社会情境和社会人脉开始，从共享的具体经验到抽象概念，这些体验在本质上是社会的，最终是全球的。教师教育项目需要全球化的课程和团结个体意识与社会凝聚力，通过建构主义教学过程重建教育目标。[①] 斯维尼亚斯基对有关"世界公民"的教师教育进行了更深入的反思：对任何教师教育项目来说，找到连续统（continuum）的平衡是艰难但重要的工作。连续统存在于个人权利、责任以及个人意义的建构和世界对社会重构的需要，这一进程需要一门涉及全球一体、多样发展、社会公正和个人价值等主题的课程。在实践中，教师教育需要认同能展示受过全球教育教师的能力。大学需要提供给教师在教学设计、教育视野和教学实践中来贯彻全球教育的机会。[②]

（二）国家教育机构搭建平台提供教师"世界公民"教育资源

当前，英美大中小学已经精心设计了相关项目和任务来开展"世界公民"教育，这些学校开展的项目内容非常广泛，包括语言学习、环境意识、跨文化交往、世界历史和文学、科研能力等。[③] 受英国国际发展署资助，莱斯特大学公民教育研究中心（the Centre for Citizenship Studies in Education）开展了全球维度资源项目，提供了 500 项"世界公民"教育资源。通过全球维度的数据库，使用者可通过"教学阶段、科目、主题"等方式搜索课堂教学资源。[④] 英国威尔士班戈大学世界教育中心认为，实

---

① Breithorde M L, Swiniarski L. Constructivism and Reconstructionism: Educating Teachers for World Citizenship [J]. Research Online, 1999, 24 (1): 1—17.

② Swiniarski L, Breithorde M L, Murphy M. Educating the Global Village: An Inclusive View of the Child in the World [M]. Columbus: Prentice Hall-Merrill, 1999: 5.

③ Schattle H. Education for Global Citizenship: Illustrations of Ideological Pluralism and Adaptation [J]. Journal of Political Ideologies, 2008, 13 (1): 73—94.

④ Raul P S. An Overseas View of Teacher Development for Global Citizenship in the UK [J]. Race Equality Teaching, 2004, 22 (2): 40—46.

习教师教育和训练课程在帮助教师形成必备能力上有关键作用，必备能力包括有效促进交叉课程和整体学校的途径，从本土到全球范围促进平等机会、社会公正、可持续发展等关注和行动的发展。该中心也从英国国际发展署筹集了资金，持续开展教师教育项目。[①] 加拿大国际开发署（Canadian International Development Assistance）建立了多个全球教育中心（Global Education Centers），以促进教师提高全球认知，探索与开发全球事务课程与课程的教学方法。加拿大阿尔伯塔大学世界公民教育研究中心在 2010 年秋季开设了"跨文化信息伦理"课，旨在通过课程促进职前教师认同与分析多样性的多重含义，并在此相关基础上，讨论多元文化主义、人种、种族、阶层、性别、文化多样性，以及文化权利、全球化、全球移民、世界公民、信息普及渠道等横向特征，强调了信息技术在"世界公民"教育中增进不同文化群体相互理解的重要作用。[②]

（三）依托国际组织，指导在职教师培养"世界公民"

国际组织开展"世界公民"教育的前提是在全球治理的大背景下，民族国家让渡了部分主权，让宗旨、权益相关的各方参与共同教育治理。国际组织以维护人类共同利益为宗旨，成为民族国家推行"世界公民"教育的有益补充。国际组织把主要精力放在在职教师培养上，推行的各类"世界公民"教育项目在西方发达国家得到了广泛实施。

联合国教科文组织（UNESCO）以多种形式来发展教师能力并使之能够传递世界公民教育，同时通过国际教师交流项目和推动建立跨国学校的伙伴关系，使教师了解其他国家的文化和社会。联合国教科文组织开展的世界公民教育项目中还组织教师作为教练参加学生组成的学习共同体。乐施会（OXFAM）通过设立互动教育中心、开展青年及教师培训、出版系列教材、施行发展教育资助计划等活动方式支援教师在校内实践"世界公民"教育。乐施会提出了"世界公民资质课程"，编写了多本教师和学生指导手册，认为教师发展核心能力的最好方式是与他们的学生一起进行学习、思考和行动。针对新手教师，乐施会编制了《从做世界公民开始：新教师指导手册》（Getting Started with Global Citizenship：A Guide for

---

① Robbins M，Francis L J，Elliott E. Attitudes Toward Education for Global Citizenship among Trainee Teachers [J]. Research in Education，2003（69）：93—98.

② Samek T. Teaching Information Ethics in Higher Education：A Crash Course in Academic Labour [J]. International Review of Information Ethics，2010（14）：4—9.

New Teachers），帮助新教师在多变共生的世界中分析学生的教育需求，用参与式、以学生为中心的教学方法提升教学技能和信心，准备好课堂活动需要的"工具箱"，帮助教师实施独特的教育；① 针对各科目和各年龄段的教师，乐施会编制了世界公民指导手册（Global Citizenship Guides），介绍了世界公民课程的核心要素，提供了案例研究的课堂实践大纲、适合在多个课程领域使用的活动和深度阅读的资源。②

　　综上可知，在开展世界公民教育上，西方教师认同并有意愿培养"世界公民"，但信心不足，能力欠缺，有畏难情绪，西方发达国家与教师教育也没有提供有力的支持和系统的培训，总体上说，西方教师还没有准备好培养"世界公民"。尽管通过"做中学"，西方教师积累了一些教育经验，在多方支持下不断改进世界公民教育，但时至今日，西方还走在解决"有效培养世界公民和相关教师"这一问题的路上。正如布瑞斯索德所反思的那样："教师教育全球化的最大障碍是思想观念。西方太多的个人权利观念超过了社会现实和社会正义所占的比例。为将'全球问题'拒之门外而向后看会导致政治孤立主义，这是不切实际和危险的；而邀请'全球问题'进来反而可以开阔眼界、听闻和心胸，明白生活在地球上就是生活在一起。"③ 不过毫无疑问，随着全球化的深入和"世界公民"教育思潮的兴起，未来将有更多的教师关注、思考与践行培养"世界公民"。

---

① Irby C. Getting Started with Global Citizenship：A Guide for New Teachers［EB/OL］.［2014—07—05］. http://www. oxfam. org. uk/education/global-citizenship/global-citizenship-guides.

② Oxfam Education. Global Citizenship Guides［EB/OL］.［2014—06—05］. http://www. oxfam.org.uk/education/global-citizenship.

③ Breithorde M L，Swiniarski L. Constructivism and Reconstructionism：Educating Teachers for World Citizenship［J］. Research Online，1999，24（1）：1—17.

第 6 章

美国高校的服务学习：理论与实践

第 1 节 美国高校服务学习的发展：
阶段特征与影响因素①

服务学习在美国发展日久，并已成为美国高校一种重要的教育形式。在美国高校服务学习发展的过程中，服务与学习的关系处理始终是一个核心问题。在不同的历史时期，由于社会与思想背景存在差异，服务与学习在服务学习活动中各自的比重以及推进服务学习的方式也不断发生变化。在此，笔者将以服务与学习关系的变化作为划分标准，将美国高校服务学习发展阶段分为项目推动下的志愿服务阶段、组织建设推动下的社区服务阶段与法律规范下的服务学习阶段，并依此线索，对各个时期服务学习的特征及其影响因素进行考察。

一、项目推动下的志愿服务："服务"至上

"服务学习"的概念出现在 20 世纪下半叶，但"服务"概念早在工业革命和西进运动在美国开展之前就已出现。从 19 世纪后半期到 20 世纪四五十年代，都属于美国高校服务学习发展的项目化志愿服务阶段。这一时期，推动服务学习发展的重要形式是一个又一个项目的实施。针对每一个具体问题，以设置项目的方式，引导青年参与志愿服务。所谓"项目"，是指在一定的约束条件下，主要是限定时间、限定资源，拥有明确目标的一次性任务。

1910 年，美国心理学家、哲学家威廉姆·詹姆斯（William James）在其著作《战争的平等道德地位》（The Moral Equivalent of War）中提到了国家服务。② 1914 年，"史密斯-利弗法案"（Smith-Lever Act）建立合作推广服务，在高校及社区集中发展实际应用研究知识并加以推广，其目

---

① 本节作者系郝运、饶从满，本节曾发表于《外国教育研究》2009 年第 6 期，原文名称为"美国高校服务学习发展的阶段特征及其影响因素探析"。
② Wade R C. Community Service-Learning：A Guide to Including Service in the Public School Curriculum [M]. New York：State University of New York Press，1997：24.

的在于服务社会，满足社会需求。[①] 1933—1942 年的 10 年间，经济危机席卷全球，美国总统罗斯福创建的"公民保护团"（Civilian Conservation Corps）号召青年开展大规模的服务活动，以重建基础设施、恢复经济，使 300 万失业的年轻人为国家服务，由此拉开了美国现代青年志愿服务的序幕。公民保护团成立的目的在于使大批"流浪的野孩子"和城市失业青年从事相应的劳动，获取报酬，以养家糊口。正是在公民保护团这一项目的推动下，青年们开始参与志愿服务，逐步增强社会责任感，为维护社会稳定、推动社会进步贡献力量。公民保护团的成立和发展，使志愿服务事业飞速进步，这就同时为高校服务学习理念的萌生与发展创造了良好的社会环境。项目推动下的志愿服务作为美国高校服务学习在萌生阶段的主要活动形式，直到 20 世纪四五十年代才开始发生转变。

项目化志愿服务是美国高校服务学习尚在萌生阶段的状态。其特征在于为应对社会结构变革和科技、经济发展所带来的一系列问题，自上而下地引导青少年进行志愿服务。志愿服务本身不是服务学习，但它是服务学习发展中一个重要阶段，它使服务逐渐得到了应有的重视。形成这种阶段特征的因素主要体现在以下两个方面。

（一）工业革命和西进运动的推进

美国自独立战争以来，高等教育在培养模式方面，始终沿用欧洲大学法律、医学、神学等原始的分科教学模式，所培养的学生毕业后主要从事律师、公务员、牧师等学术性工作，技术人员相对匮乏；在教学方法方面，大多数的大学都信赖小实验、反复背诵和死记硬背神学课本等方法，而这种强调一成不变的课程体系已脱离社会的发展。因此，这个时期高等教育事业一直处于衰落状态，各个方面都不见起色。与此同时，在美国有着悠久历史的服务此时也仍然停留于一种朴素的理念，体现在日常生活之中，"比如那些早期的人们帮助邻里收割庄稼或饲养牲畜"，[②] 其教育功能并没有被发现。

18—19 世纪，工业革命发端于英国，并逐渐在法国、美国等资本主义国家蔓延开来。工业革命一方面引起了生产组织形式的变化，推动了工

---

① Written History of Service Learning. ［EB/OL］. ［2004—05—30］. http:// www. servicelearning.org/article/archive/36/.

② Wade R C. Community Service-Learning：A Guide to Including Service in the Public School Curriculum ［M］. New York：State University of New York Press，1997：23.

业化和城市化的进程；另一方面，给人们的日常生活和思想观念带来了巨大的冲击，人们开始重视实践技能的学习，更加注重开创性的工作。社会结构的逐步改变，使更多的人注意到教育应培养更多的实践技能操作者，教育的发展日益受到普遍的重视。

与工业革命一同起到重要影响的是西进运动。西进运动是美国国内的一次大规模移民拓殖运动，是美国人对西部的开发过程，也是美国城市化、工业化和美利坚民族大融合的过程。它激发了美国人的创造力和经济活力，既提高了美国的综合国力和国际地位，对美国整个国民经济的起飞具有重要的意义，又间接地推动了美国高等教育的逐步变革。在这样一种社会背景下，经济发展与社会需求促使高等教育人才培养逐渐由重视理论人才向重视技能人才方面转变，而单纯的理论性、知识性学习已经跟不上时代的需求。与这种需求相呼应的是，美国近代高等教育改革最为突出的表现在于，在教学内容上加大了技术类课程和工程课的比重；在教学方法的选择上摒弃了死记硬背的传统学习方式，青年学生必须积极投身于社会实践，通过参加各种服务活动才能丰富并完善自己，才会被社会所认可。因此，在19世纪后半期之后，服务在教育发展中的重要地位日益凸显。

（二）实用主义与进步主义思潮的影响

19世纪70年代，美国哲学家查尔斯·皮尔斯（Charles Pierce）最早提出了实用主义思想。19世纪末，詹姆斯与杜威把实用主义加以发挥和系统化，建立了一个完整的哲学体系——实用主义，实用主义的核心是它的真理观。皮尔斯认为，一个陈述的真理如能被实验所证实，它就是有意义的。詹姆斯把这一思想加以发挥，把观念的真理性同观念的客观效用等同起来。在詹姆斯看来，真理的意义不过是使试验与经验圆满地联系起来。实用主义是一种带有鲜明时代特征的哲学。他强调人的创造性，要求一切从实际出发，而不是从理论或逻辑出发，主张通过考察其实际效果来校验一切理论和学说。[①] 这些主张不但符合美国人求实的价值观念和进取精神，也适应了复杂多变、不断开拓、剧烈竞争的美国社会生活的要求。因此，实用哲学成为当时美国社会教育改革的重要理论基础之一，影响极其深远。事实上，在罗斯福的"新政"派中就有大批实用主义者和近乎实用主义者的人，正是在其推动下，才会有经济大萧条时期以"服务"为主

---

① 刘绪贻，杨生茂. 美国通史·第三卷 [M]. 北京：人民出版社，2002：375—376.

体的"公民保护团"的成立，才有一批又一批志愿服务项目的提出及实行。

　　以杜威教育思想为背景的进步主义教育理论的影响也是不容忽视的。进步主义认为，学生只有在生活中才能体悟知识的意义，因而强调学习要真正融入生活，看重学生这一学习主体的积极参与。在进步教育者看来，传统教育之所以要考虑如何使教材更加有趣，是因为教材与学生的真实生活环境脱节。相反，如果让学生融入真实的生活环境，那么就没有必要再费心考虑如何使教材更加有趣。杜威认为，脱离生活的教育是不可取的，个人在社会上理智行动能力的高低将是对学习最可信的测量标准。因此，他强调"从做中学"，认为学生要取得好的成绩，不仅要从书本上学，还要会使用工具和有关材料，走向社会，在劳动和社交场所尽可能多地与人们接触，更多地了解社会和学习社会。[①] 在这一教育理念的指导下，20 世纪 30 年代以来，尤其是二战前后，美国高等教育从注重教师传授转向注重学生学习，从重视学科教学转向重视实际训练，不再要求学生死记硬背知识点，而是鼓励学生获得亲身体验。

二、组织建设推动下的社区服务：大"服务"小"学习"

　　20 世纪 50 年代至 80 年代末，属于美国高校服务学习发展中的组织建设推动下的社区服务阶段。从志愿服务到社区服务，这一转变的实现是以高校学习理念的更新为先导的。20 世纪 50 年代以来，人们在研究组织行为学的过程中，提炼出了组织学习的观点，并把它界定为组织对外部环境的适应。社区这一单位正是外部环境相对具体化的结果。组织在适应社区的过程中，逐渐以服务社区作为适应社区的一种手段。而本身又兼具一定的学习属性。因此，以服务为主体带动学习的社区服务蓬勃开展起来，大"服务"小"学习"的特征逐步形成。这一时期，美国政府的政策对美国高校服务学习的确立起到了稳健的保障作用。"服务学习"一词首次出现于 1966 年，于次年被确定并正式使用。此后，美国政府开始陆续建立各项服务学习的相关组织，进一步对服务学习实施政策保障。1968 年，美国全国服务秘书处会议（National Service Secretariat Conference on National Service）在华盛顿举行。1978 年，年轻的成年养护队伍青年成人保护团计划（The Young Adult Conservation Corps）得到了联邦政府

---

① 刘绪贻，杨生茂. 美国通史：第四卷 [M]. 北京：人民出版社，2002：641.

批准。1979 年，"服务学习的三原则"（Three Principles of Service-Learning）发表。美国多个高校则陆续成立了众多服务学习组织机构对服务学习进行规划和指导，如北卡罗来纳州立大学格林波若分校的领导与服务学习办公室（OL-SL）、斯坦福大学 1987 年成立的"哈斯公共服务中心"（Hass Center for Public Service）等。1989 年，国家服务委员会的成立，标志着服务学习在组织建设上真正走向成熟。

组织建设推动下的社区服务是服务学习处于确立阶段的一个重要特征。它在美国政府自上而下的引导下，在美国青年自下而上的参与中，日益完善，推动着服务学习向前发展。这一阶段的主要特征在于：服务更多地体现为一种社区服务，在大服务的前提下，作为教育本身的一种补充和延伸，开始带动学习的发展，并在全国尤其是在高校中逐渐走向组织化。美国青年深入社区开展服务活动，而美国各界建立各类服务组织，在引导青年进行社区服务的同时展开对青年的教育，并相应地发挥建设社区、发展社区的作用。本阶段这一特征的形成，源于以下两方面的因素。

（一）"冷战"的兴起与持续

美国高校服务学习能够进入组织建设下的社区服务阶段，与科技和国防现实发展的需要密切相关。二战结束后，随着美苏两极世界"冷战"的兴起，国家间的竞争日趋激烈。人们越来越意识到，国家实力的增强与培养科技人才的质量和数量密切相关。从 20 世纪 50 年代到 80 年代，美国政府不断地将"国家危机"意识传递给教育。"危机"下的美国，深刻认识到精英人才在社会生活中的重要意义，促使知识性学习的地位得到了提升。教育界致力于培养那些在学习方面才华杰出的学生，这种英才教育的色彩在相当长的一段时间内极为突出。如何使学有所成的青年将其所学服务于国家、奉献于社会，是当时美国教育界的崭新课题。一方面，人才的培养需要紧密结合国家的现实需要；另一方面，国家的快速发展迫切要求青年具有高水平的专业知识。这两方面合力呼唤相关组织的建立，以便切实地将服务与学习进行融合。由此，将服务纳入教育体系之中是应时之需。相应地，要建立专门的组织，增强其计划性、系统性、长效性，以推动服务学习的进一步发展。青年服务团运动是这一时期社区服务的典型代表，它力图加强青年学生与社会之间的联系。1961 年，美国总统肯尼迪建立了和平队（Peace Corps），成为服务学习组织建设的起步。1964 年，对贫困宣战计划使很多志愿者投入为国家服务的行列之中，所有这些计划直到越战爆发才逐渐停息。1965 年的"志愿者服务美国运动"（Volunteers in Service to America），给教育带来新的活力，使青年人获得了真正展现和实现自我的机会。当这些运动发起时，美国政府及一些私有公司积极地为服务活动提供资金和支持。1969 年，关注服务学习、关注高等教育和社区服务的人们在亚特兰大举行会议，与会者在会议中提出了以下建议：高校应鼓励学生参与社区服务，以确保学术学习是这项服务的一部分；高校、民间组织，以及联邦、地区、各州政府应为想参加服务学习的学生提供机会和资金；学生、公共部门和私营机构的官员，大学和大学教师都应当参与服务学习计划的制订和执行。[①] 在这一指导思想下，社区服务以史无前例的速度迅速蔓延开来。1970 年，年轻人保护组织为38 000 名14—18 岁的年轻人提供机会，参加夏季环保计划。1984 年，各种服务组织开始在初中和大学努力推行服务学习计划。截至 20 世纪 80 年代，美国有近 20 个州的官员开始推行整个州范围的服务计划。"其中包括成立校园外展机会联盟，以调动高等教育中的服务项目；以青年队伍为主体，组建全国性的服务协会；建立全国青年领袖理事，以培养国家未来的领导人等。"[②] 通过这些组织和活动，许多青年人得到了服务的机会，发展了自我；大量社区获得了高质量的服务，社区发展与建设显著提高。至20 世纪 80 年代末，服务已经成为教育的有机组成部分。

（二）精英主义的兴起和对社会疏离加剧的反思

进步主义教育思想统治了美国教育界达 40 年之久，到后期已明显弊大于利。它对社会活动片面的强调，使学术和专业领域内的基本训练一再被推至次要的位置。"结果，这种进步主义的教育，一方面由于强调实用主义目标而忽视了人道主义的价值标准，另一方面又由于忽视基本学术训练而不能适应当前科技发展和国防建设的需要。"[③] 因此，随着时间的推移，实用主义和进步主义对服务学习的进一步发展构成了障碍。20 世纪50 年代，伴随着对进步主义教育思想的批判，当代精英主义应运而生。精英主义者认为："精英们能履行国家重要的政治职能，控制意识形态，

---

① History of Service-Learning in Higher Education. [EB/OL].[2008—01—10].http://www.servicelearning.org/what_is_service-learning/history_hesl/index.php.

② History of Service-Learning in Higher Education. [EB/OL].[2008—01—10].http://www.servicelearning.org/what_is_service-learning/history_hesl/index.php.

③ 刘绪贻，杨生茂.美国通史：第六卷 [M].北京：人民出版社，2002：630.

协调各种利益矛盾；同时还认为，国家中的多数人是被少数人'大棒加胡萝卜'牵着鼻子走的。在这种情况下，提高教育质量、培养大批精英，便成为美国教育界高度关注的重要问题。"① 精英主义对美国教育提出的一系列要求，促使美国政府进行了大刀阔斧的教育改革。20世纪50年代以来，美国着眼于整个国家的需要，教育经费实现了巨额增长，教育规模在扩大的同时，质量也得到了提高。1958年，《国防教育法》的出台，把教育与国防紧密地联系在一起。为适应科技发展和国防建设的需要，一度被忽视的学术基本训练又重新被重视起来。英才教育色彩的强化，在一定程度上扭转了服务与实践独占鳌头的局面，同时提高了服务的质量，使服务与学习开始趋向有机的融合。由于学习的目的在于更好地促进服务，因此，即便是学术色彩颇浓的英才教育也属于大"服务"小"学习"的一种表现形式。但英才教育所培养的对象毕竟是少数，英才教育强化的结果只能是加剧学生群体的两极分化。作为个体的每一个学生，迫于竞争的现实压力，尽力在增强服务资本的同时，追求自身利益的最大化。进入20世纪80年代，学生群体对社会的疏离感日渐加剧。"80年代的人呈现出一种以自我为中心、以个人职业为中心的价值倾向，相应地远离了政治和社会生活的现状。虽然国家在经济上发展迅速，但其关心他人和个人责任的优良传统却在削弱。如果没有社会团结和对大众的责任感以及个人进步作为基础，这个社会就无法组合在一起。"② 正是在对社会疏离的反思和批判下，正是在有识之士对高校学生融入社会的积极倡导下，美国社区服务的发展才不断取得新的进步，同时，高校服务学习走向了真正的确立。

美国高校服务学习在组织建设推动下的社区服务阶段，充分挖掘了服务本身所蕴含的教育价值，既服务于社区，又对青年起到了教育的作用，切实地将服务与学习加以融合。在各种组织、各个部门的重视下，高校教育中已开始渗透着服务学习的理念。但这一时期，服务与学习的关系还存在着"大小"之分，二者并没有得到并重。服务与学习的"大小"地位也并不是一成不变的。美国高校注重科研以服务于国家发展的需要这一大"服务"小"学习"的特点只是这一阶段服务学习的主流。事实上，美国高校内还一直保留着专业实习的传统，并且，高校联盟这一组织更多地还是侧重于学习，在这里，服务成为对学习的一种检验和完善的手段，这就

---

① 张斌贤. 外国教育史［M］. 北京：教育科学出版社，2008：459.

② Speck B W，Hoppe S L. Service-learning：History，Theory and Issues［M］. Connecticut：Greenwood Publishing Group，Inc.，2004：14.

呈现出一定的大"学习"小"服务"的倾向。例如，1984 年校园外展机遇联盟（Campus Outreach Opportunity League）设立了第一个全国性的学生领导的社区服务宣传组，其意义不在于增长个别学生的领导才能，而在于通过完善校园及社区基础设施的建设培养学生群体的公民参与意识。[①]人们已经逐渐意识到服务与学习之间能够相互促进，因此有意识地将二者进行融合。然而，组织建设对服务与学习相融合的促进作用还带有一定的引导色彩，并没有形成自觉参与。因而，将这一理念变成青年的一种自觉意识，就成为高校服务学习继续发展的方向所在。

三、法律规范下的服务学习："服务"与"学习"并重

1990 年，国家和社区服务法案（National and Community Service Act）的制定，标志着法律规范下服务学习的开启。1993 年，美国总统克林顿批准定位服务美国的立法，以利于其他志愿服务组织、团体更好地进行学习与服务。

法律规范推动下的服务学习是高校服务学习真正蓬勃发展的重要标志。服务越来越成为青年学生获得知识、积累社会经验的一种需要，而国家则通过立法来满足青年对于服务的需要。这一阶段中的项目、组织已经不是促进服务学习发展的原动力，而只是对法律的贯彻和执行。高校服务学习的发展由于拥有了权威而又严密的法律保障，日益走向规范化，在人员参与得到充分保障的前提下，服务与学习获得了并重的地位，并逐步走向融合。这一特征的形成因素主要包括以下两个方面。

（一）经济全球化的突飞猛进

20 世纪 90 年代，经济全球化的进程加快。在此背景下，国家之间的竞争日趋激烈，且主要体现为综合国力的竞争。而综合国力的竞争归根到底是人才的竞争。因此，如何在人才培养上渗透国家意志，以使人才更好地弘扬国家意识就成为美国教育界要着力解决的问题。显然，这需要将国家竞争的需要与青年自身发展的需要更为紧密地结合起来。急剧变化的社会背景对美国高等教育在改革中的法律的现实性、完备性、规范性提出了更为迫切的要求。一方面要渗透国家的意志，另一方面要尊重青年的意

---

① Annotated History of Service Learning 1862—2002 ［EB/OL］. ［2004—05—29］. http://www.servicelearning.org/filemanager/download/ 142/SL Comp Timeline 3—15—04_rev.pdf.

愿，因此，将服务与学习通过法律的规范加以融合，正是促使两方面目标得到贯彻的一种途径。1990年，《国家和社区服务法案》出台，为服务学习的迅猛发展提供了保障。该法案授权拨款，用以支持学校的服务学习并补助已纳入国民服务计划的青年队伍、非营利机构、高等院校。1992年，国会批准7 300万美元支持服务计划。1993年投入了同样多的资金，且超过1/4的部分都投入到了中小学和高等教育的服务计划当中。[1] 各类法律的制定为各级组织开展服务活动提供了明确的方向。如应运而生的"服务美国"这一组织，其目标是"分配支持服务学习赠款，丰富年轻人的教育体现他们对于社会的价值，使服务学习这一满足社会需求的策略得到促进，并真正将处于同等地位的服务和学习有机结合起来"。[2] 这体现了对服务学习相关法律的一种贯彻和执行。1993年，克林顿通过《社区服务信托法案》(National Community Service Trust Act)，根据这一法案，大学阶段的年轻人可以获得为社区服务的机会并从中受益，同时为中小学服务学习计划增加资金支持。

（二）社群主义的兴起

进入20世纪90年代，勃兴于80年代的社群主义作为一种社会思潮开始深刻辐射到美国社会的各个层面。社群主义旨在对文明高度发达而道德却腐败的自由主义社会进行反省，批判以个人权利和功利为基础的道德理论。它强调"普遍的善和公共的利益，认为个人的自由选择能力以及建立在此基础上的各种个人权利都离不开个人所在的社群"。[3] 在它看来，个人权利与公共利益既是不矛盾的，又是同等重要的。社会的发展需要个人不断提升自己的综合素质以更好地服务于社会；个人在对社会进行服务的同时，个人的素质也会得到提高。受社群主义影响，在公民主动地参与和实践中重建一种立足于社群公共善的公民德行，就成为对高等教育改革的一种现实要求。根据社群主义的观点，公共善是个体善的一种系统的集合。因此，这既需要美国高等教育引导学生不断地参与到社会服务和实践中去，又需要学生在服务和实践的过程中不断地进行反思，提高其个体本

---

[1] Wade R C. Community Service-Learning A Guide to Including Service in the Public School Curriculum [M]. New York：State University of New York Press，1997：25.

[2] History of Service-Learning in Higher Education. [EB/OL].[2008—01—10].http：//www.servicelearning.org/what_is_service-learning/history_hesl/index.php.

[3] 俞可平. 社群主义 [M]. 北京：中国社会科学出版社，2005：4.

身的学术修养和道德修养。为适应这种要求，20 世纪 90 年代以来，美国高等教育在改革过程中转变观念、更新思路，其实用模式和学术模式不断吸取对方的优点，两者的融合形成了近年来美国高等教育发展模式的鲜明特点，服务与学习真正得到了并重，真正实现了有机融合。由此，大批的人才脱颖而出，为美国社会经济发展做出了重要的贡献。以此为参照，服务学习在发展的过程中重视学术与实用相结合，推行真正的服务学习并存模式，从思路上发生彻底转变。而将服务真正纳入教育体系之中，需要一定的法律保障，这就为服务学习推动方式的转变埋下了伏笔。与此同时，"服务—学习法被看作增强学生动机的一种方法，为学生对关心社会问题、他人疾苦和政治方面变得更有兴趣提供了可能"。"一方面，它摆脱了传统课堂教育中事实上存在的利己主义倾向，一定程度上转变了学生对个人成就的狭隘理解。另一方面，它引入了项目研究，促进了学生之间的沟通、协调和互助，加强了学生的团结协作意识。因此，服务—学习法得到了那些关注道德观念、重视集体团结和倡导责任意识的人们的支持。"[①] 这些支持对服务学习立法产生了巨大的推动力。服务学习越来越成为美国青年的一种自觉的要求。

[①] Speck B W，Hoppe S L. Service-learning：History，Theory and Issues [M]. Connecticut：Greenwood Publishing Group，Inc.，2004：14.

第 2 节　美国高校服务学习的理论模式：理论基础与基本特点[①]

志愿服务在美国等西方国家由来已久。政府、学校、各种社会组织采取各种措施引导和促进青少年参与社区服务。进入 20 世纪 90 年代之后，美国传统的社区服务开始走向服务学习（service learning）。服务学习不同于社区服务，其特点在于通过有计划的社区服务活动与结构化设计的反思过程，在满足被服务者的需求之同时，促进服务者的学习与发展。这种融服务与学习为一体的经验教育模式迅速成为美国各级教育尤其是高等教育领域中一种方兴未艾的教育方式。美国各高等学校进行各种各样的服务学习探索和实践，取得了丰硕的成果。由于对服务学习内涵和目的的理解存在差异，所立足的理论基础不同，形成了各种不同的理论模式，其中慈善模式（philanthropic model）、公民参与模式（civic engagement model）和社群模式（communitarian model）堪称其中的主导理论模式。本节将从理论基础、基本特点和优缺点等几方面对这三种主导理论模式进行考察和分析。

一、慈善模式

美国作为一个移民国家，其慈善思想根源于欧洲的宗教文化。早期迁至北美殖民地的新移民深受欧洲基督教"博爱""原罪"和"十一捐"等教义的影响，传统意义上的慈善思想深深地打上了宗教的烙印，带有浓厚的"普世"色彩。随着北美殖民地的建立，英国的慈善组织捐助了大量的资金，为帮助移民顺利地在美洲安顿下来做出了巨大的贡献。移民们为各类慈善组织的善举所感染，开始逐渐将他们从其母国继承来的重要"遗产"——慈善思想融入自己的行动之中，慈善思想逐渐发展成为美国文化的重要组成部分。随着慈善文化的进一步发展，慈善思想也由带有浓厚宗

[①]　本节作者系郝运、饶从满，本节曾发表于《比较教育研究》2009 年第 11 期，原文名称为"美国高校服务学习理论模式初探"。

教色彩的传统慈善思想发展演化成为现代意义上的慈善思想——自由慈善主义。自由慈善主义期望通过有限的资助使受助者从根本上走出困境，进而促使受助者再去帮助他人，以期实现一种慈善的传递和良性循环。自由慈善主义指导下的慈善行为已不仅仅单纯是为了救助而救助，更多的是在救助的基础上改善受助者的品性。

美国高校服务学习中的慈善模式正是受美国慈善思想的持续影响而逐步形成的。慈善模式是一种建立在慈善需求基础上的服务学习观。正如塞门特利（Sementelli）所指出的那样，慈善模式要求在参与服务学习的学生和接受服务的受益者之间建立一种特定关系——授受关系。而要建立这种授受关系，必须以学生们的如下认识为前提：他们拥有一些其服务对象所不具有的优越的社会和经济条件；他们有责任和义务去为那些处于不利地位的人们提供服务。[①] 这种认识即所谓的慈善观念。帮助学生形成这样的慈善观念即是慈善模式的宗旨所在。如果把服务学习的目标就是定位在为需要帮助的人提供服务或帮助，并培养学生的责任感，那么慈善模式的服务学习有其独特的优势，因为慈善模式的目的主要在于通过向社会、经济地位不利的人提供帮助和服务来帮助他们摆脱困境，从而减少社会矛盾，促进社会公平，同时让学生在提供服务的过程中养成慈善观念和习惯。因此，正如塞门特利所指出的那样，支持慈善模式的学者们都将其建立在利他主义和补偿性正义（compensatory justice）两个概念基础之上。[②]

慈善模式的服务学习通常动机简单、成本小，项目的推进主要采取"自愿"的形式，其实施时间通常在课外，主要以非课程化的形式存在。是否采用这种模式的服务学习完全取决于教师和学生个人。对于教师而言，组织这类服务学习活动并不属于他们的主要职责；对于学生而言，参与这类服务学习活动也非必须。在项目评价上，只要服务项目顺利完成，预期的慈善目标即算达到，服务对象可以直接从学生提供的服务中受益，学生也可以收获情感上的回报。换句话说，慈善模式的重点是服务对象的困难是否真正得到了解决，而对于学生与服务对象之间的互动、反思以及学生对文化知识的应用通常没有特别高的要求。因此，慈善模式的最大优

---

① Speck B W, Hoppe S L. Service-learning：History，Theory，and Issues［M］. Westport，Conn：Praeger，2004：60—61.

② Speck B W, Hoppe S L. Service-learning：History，Theory，and Issues［M］. Westport，Conn：Praeger，2004：60.

点在于它一般不会干扰或改变学校的正常教学，几乎不要求教师和学生对其正常的学术活动或课程内容做任何改变。①

慈善模式的服务学习也存在一定的局限。首先，在慈善模式中，服务对象通常需求的是简单的劳务支持和直接的财力资助，学生的服务动机就是满足服务对象的简单需求。因而，学生所学专业的课程与服务活动很难融合，学生在此过程中很少能获得将所学的知识应用到真实服务情境的机会，学生的知识技能收获通常也仅限于基本的服务常识和能力。其次，由于慈善模式关注慈善行为和结果，学生也就难免会过度关注自己的行为在帮助与改变他人生活中是否发挥了作用，而不注重反思服务对象目前所面临问题的根本原因和将问题彻底解决的方法。再次，慈善模式中，由于学生在"给予——接受"关系上处于强势主导地位，参与双方在服务学习项目全过程中很难建立平等、互动和共享的伙伴关系。

二、公民参与模式

虽然公民参与模式与慈善模式都寻求通过服务改变学生的态度，但是慈善模式主要针对美国社会中日益凸显的青少年自私自利现象，而公民参与模式则意在回应美国社会中日益严重的政治冷漠和愤世嫉俗的趋势。②

普通公民的公民参与（包括政治参与和社会参与）是健全民主制度的核心。通过公民参与，公民得以捍卫公共善（the common good）；通过公民参与，公民习得对于维系民主制度所必需的态度、习惯、能力和知识。因此，美国历来十分重视公民参与的水平与程度。从 19 世纪 50 年代到 20 世纪初的 50 多年里，总统选举的投票率平均高达 70％左右。③ 但 20 世纪初之后，美国公民对于政治的态度却越来越冷漠，他们对社会和政治事务越来越漠不关心。据统计，1932 年到 1964 年间的美国总统大选投票率平均不到 50％，④ 到了 20 世纪 90 年代末，这一趋势有增无减。对此，

① Speck B W, Hoppe S L. Service-learning: History, Theory, and Issues [M]. Westport, Conn: Praeger, 2004: 100.

② Speck B W, Hoppe S L. Service-learning: History, Theory, and Issues [M]. Westport, Conn: Praeger, 2004: 101.

③ Voter Participation in Presidential Elections, 1824～1928 [EB/OL]. [2009—03—05]. http://www.infoplease.com/ipa/A0877659.html.

④ Participation in Elections for President and U. S. Representatives, 1930～2008 [EB/OL]. [2009—03—05]. http://www.infoplease.com/ipa/A0763629.html.

美国全国公民革新委员会（the National Commission on Civic Renewal，1998）等组织和帕特南（Putnam，1995）等很多有影响的学者都大声疾呼：公民参与的质和量的不断下降将危及美国民主的稳定和健康发展。对公民参与性质和程度问题的高度关注促使人们思考和讨论高等教育在民主社会中应该扮演的角色和功能问题。在有识之士看来，国家为全体公民提供了民主、自由的社会生活环境，公民也有责任和义务积极参与到政治生活中，这样，才能充分体现美国的政治民主程度。因此，激发公民对政治和公共事务的参与热情，提高公民有效参与的意识和能力就成为美国民主政治建设的重要任务，也是美国高等教育应该发挥的积极作用。正是在此背景下，公民参与模式的服务学习应运而生。

公民参与模式的服务学习建立在"民主需要所有公民的平等参与和表达"这一假定基础上。[①] 因此，公民参与模式的服务学习重在"公民参与"，旨在提高学生公民参与的意识和能力。换言之，它视参与社区服务为学生公民参与的主要途径，并通过这一途径使学生深刻理解公民的权利与义务，积极参与到民主政治生活中去，以期提高学生的公民参与热情和能力，同时通过为学生提供公民参与的机会，让学生在了解、熟悉社会公平、社会发展的问题后，再尝试着以政治的手段加以解决。巴提斯陶尼（Battistoni）曾简明扼要地概括出了公民参与模式与慈善模式的区别。他指出，前者"强调的是相互责任和权利与义务的相互依赖性"，所关注的"不是利他主义，而是文明的利己（enlightened self-interest）"。公民参与模式所透视的思想"不再是富有者'应给予'不富有者什么东西，而是自由民主的社会取决于相互责任以及不带有义务的权利最终不具有可持续性"。[②] 换句话说，公民参与模式的服务学习所要培养的是一种主动公民或参与型公民，希望学生所形成的不仅仅是对处于不利地位者的义务感，还有形成消除导致这些处于不利地位背后的因素的责任感。

与慈善模式的服务学习更多地体现道德教育特色不同，公民参与模式的服务学习主要体现的是公民教育的特色。作为一种公民教育方式的公民

---

① Speck B W，Hoppe S L. Service-learning：History，Theory，and Issues [M]. Westport，Conn：Praeger，2004：75.

② Speck B W，Hoppe S L. Service-learning：History，Theory，and Issues [M]. Westport，Conn：Praeger，2004：140—141.

参与模式，在实施上也因此有别于慈善模式。由于社区公共事务的特点，公民参与模式的服务学习通常需要根据某一个或某一段时间内的公民政治事务相对集中地开展。又因其以公民教育为目的，项目往往是由国家和政府主导，由学校组织和发起，并需要社区的全力配合，因此项目的参与既有"自愿"形式，又有作为学校公民教育课程的"必修"形式，项目的开展多采取课上与课下相结合的方式，社区真正意义上被带入了课堂。学生与社区及其工作人员之间的关系是一种建立在培养学生公民参与意识和能力基础上的"互动互惠"的平等关系。学生为社区提供服务，以便收获有关社区运行状况、社会公平、社区政治参与等方面的知识，进而从作为参与型公民的角度反思服务学习过程中的经验与教训，积累公民参与经验，逐步提高参与能力。社区及其工作人员针对社区中的一些公共事务与学生进行交流研讨，也从学生那里获得了丰富的知识资源。在评价上，公民参与模式的服务学习一般既关注学生将知识应用于社区对其产生的帮助和影响，又关注学生从服务中学习的知识以及学生通过与社区人员讨论总结的经验、方法和服务学习对学生公民参与意识和参与能力提高是否有帮助。公民参与模式还十分强调学生对服务学习过程的反思，将社区与学生是否实现双方受益作为评价的重要指标。

在公民参与模式的支持者看来，公民参与模式的服务学习对学生、教师乃至高等教育机构都将是一种变革性经验（transformative experience）。[①] 客观而言，公民参与模式的服务学习对学生、教师和高等教育机构的确可能产生积极的影响。首先，对高等教育机构而言，公民参与模式的服务学习有助于强化高等教育机构与社区的关系，凸显服务在高等教育机构功能中的重要性，并将对研究、教学和服务截然区分的传统高等教育构成挑战。[②] 其次，对教师而言，正如博伊尔所指出的那样，参与型教师可以与社区、企业、非营利组织和社区组织并肩战斗，共同解决社会问题。而与社区的合作也能够通过参与的学术（scholarship of

---

① Speck B W, Hoppe S L. Service-learning: History, Theory, and Issues [M]. Westport, Conn: Praeger, 2004: 79.

② Speck B W, Hoppe S L. Service-learning: History, Theory, and Issues [M]. Westport, Conn: Praeger, 2004: 80.

engagement）对教师的研究和教学产生直接影响。① 最后也是最重要的是，对学生而言，公民参与模式的服务学习有助于提升学生的公民意识和能力，主要体现在以下三个方面：（1）公民参与模式的服务学习有助于形成公民参与所需的民主能力和意向；（2）公民参与模式的服务学习通常将学生安排在公民组织、非营利组织、健康或人力服务机构以及政府部门，这些地方有助于学生自己切身感受到其在美国民主社会中的作用及反思社会支持体系和社团生活弱化的潜在影响；（3）公民参与模式的服务学习通过为学生创造跨越族裔、种族或社会经济地位界限的体验，能够促进学生形成多元文化的视野和对多样性的更宽广理解。②

公民参与模式也不无问题。首先，参加服务学习的学生虽然能对社区的发展建设做出应有的贡献，带来一定正面影响，但是学生的参与能力和影响力毕竟还是有限的，一旦其正确的参与意见未被采纳或未能为社区带来福利，则有可能导致其参与受挫，使其成为消极公民。其次，公民参与模式对教师有着很高的要求，它需要教师不但具有丰富的公民政治知识，而且要善于及时发掘、应用公民知识参与到社区管理和运行中的机会与平台，设计适合学生参与的服务学习项目，并指导学生参与到项目中来，但目前美国高校教师并不能完全达到以上要求。而公民参与模式的最根本问题还在于其鲜明的意识形态倾向性。③ 由于纠正社会不公正的愿望是自由主义或激进主义意识形态的产物，以积极纠正社会不公正问题为取向的公民参与模式会遭到保守派的公开反对，而只对认同自由主义或激进主义思想的人具有吸引力。

三、社群模式

顾名思义，社群模式以社群主义为其思想基础。社群主义是在批判以罗尔斯为代表的新自由主义基础上发展起来的当代最有影响的西方政治思潮之一。以麦金太尔、桑德尔、沃泽尔、查尔斯·泰勒等为代表的当代社

① Boyer E L. The Scholarship of Engagement [J]. Bulletin of the American Academy of Arts and Sciences，1996，49（7）：18—33.

② Speck B W，Hoppe S L. Service-learning：History，Theory，and Issues [M]. Westport，Conn：Praeger，2004：79.

③ Speck B W，Hoppe S L. Service-learning：History，Theory，and Issues [M]. Westport，Conn：Praeger，2004：101.

群主义者在基本秉承亚里士多德、滕尼斯等人关于社群的基本思想基础上，从不同的角度对社群主义做了种种论述。但是，社群主义的核心思想是反对新自由主义，把自我和个人当作理解和分析社会政治现象和政治制度的基本变量，主张个人及其自我最终是他或他所在的社群决定的，社群对于自我和个人具有优先性。社群主义者认为，自由的个人主义关于理性的个人可以自由地选择的前提是错误的或虚假的，它在根本上误解了个人与其社会存在之间的关系，理解人类行为的唯一正确方式是把个人放到其社会的、文化的和历史的背景中去考察，社群才是政治分析的基本变量，个人及其自我最终由他或他所在的社群决定。社群既是一种善，也是一种必需，人们应当努力追求而不应当放弃。用公益政治学代替权利政治学是社群主义的根本主张。

以社群主义思想为基础的社群模式服务学习，以追求社群（社区）的进步和个人的发展统一为目的，旨在教育学生认识到"个人是社群（社区）的组成部分"以及个人利益能够通过追求集体利益而实现，进而引导学生帮助社区解决公共问题，从而推动社区的发展，同时强化学生的社群归属感和社会责任感。

社群模式服务学习项目的发起和组织工作主要由学校和社区合作完成。社群模式以追求公共利益、实现共同受益为目的，并且在开展过程中以"自愿"形式为主，既有课程化项目，又有非课程化项目。学生与社区及其工作人员是一种建立在培养学生责任感和发展社区基础上的"互动互惠"的平等关系，学生通过自身知识能力或是与社区的合作去完成公益项目，最终实现多方受益。从结果上看，项目的完成意味着创造了社区公共利益，学生们通过项目发挥了自身的知识和技能优势，做到了学以致用，丰富了社区服务经验，并且在为公共谋利的同时实现了自己的社会价值，也创造了自己的公共生活利益。社区则通过项目使公共问题得到解决，有利于整个社区的进一步发展。对于此类服务学习项目的评价，一般既关注学生参与产生的服务效果，又关注学生与社区共同的互动反思，只有实现了多方受益，才能够成为高质量的项目。

社群模式的服务学习具有鲜明的优点：第一，有助于学生形成社群观念，提高社会责任感。第二，有助于社区的建设，实现社区（公共）利益的最大化。第三，有助于拉近人与人之间的社会距离，提升社会资本的存量。调查表明，学生认为社群服务学习"教会了我怎样与同伴和教师相处得更好以及怎样在一个集体中工作得更好，帮助我了解了社会及怎样努力使它变得更好"。[1] 参加服务学习的学生认为他们对社会做出了贡献，点燃了他们日后参与到社区发展和建设中的热情。

但是，社群模式也面临着一些困难和问题。最根本的也是经常遭受诟病的问题在于，社群模式以强调人际关系重要性的方式把伦理问题置于教育中的最重要地位，试图改变美国高等教育中历来已久的价值中立传统。[2] 这一意图势必会对美国根深蒂固的自由主义传统构成挑战，因而也会遭到强烈的抵制。因此，社群模式的服务学习推进起来困难很大，这就要求全社会，尤其是高校本身要给予社群模式足够的支持。此外，如何平衡好个人与公共利益的关系也是社群模式中的一个难题，如果把握不好就有可能过分强调公共利益而忽视个性和个人利益，导致公民的思想意识走向另一个极端。

四、结语

作为一种实践型教育教学方式，服务学习所承载的教育任务是多方面的，有学术教育的目标、公民教育的目标，还有价值观教育、人文教育等方面的目标。涉及具体的服务学习项目，由于目标和侧重点设定的不同，自然需要有不同的模式。同时，在服务学习的发展过程中，人们逐渐发现，一种理论模式很少也很难完成多个方面的教育目标。

正因如此，美国高校的服务学习领域形成了各种不同的理论模式。服务学习的基本精神是在服务中学习，在学习中成长。由上文的考察可以看出，在强调通过实践（服务）实现学生的成长和发展（学习）这一点上，三种模式是共同的，这也是它们被称之为服务学习理论模式的原因。而且三种理论模式都在不同程度上谋求促进学生伦理意识和能力的发展，促进学生态度上的某种改变。换句话说，均具有把伦理问题引入教育领域的意图。然而它们对待伦理问题的侧重点和强调程度却各有不同。慈善模式旨

---

① Martin T，Richardson S. Making Citizen out of Students [EB/OL]. [2009—03—12]. http://www.edweek.org/login.html? source = http://www.edweek.org/ew/articles/2003/05/07/34martin.h22.html&destination = http://www.edweek.org/ew/articles/2003/05/07/34martin.h22.html&levelId＝2100.

② Speck B W，Hoppe S L. Service-learning：History，Theory，and Issues [M]. Westport，Conn：Praeger，2004：114.

在教育学生形成终身慈善的习惯，主要停留于个人道德的层面；公民参与模式旨在培养学生主动参与的责任感，主要属于公民道德的层面；而社群模式则试图使学生形成社群观念和社会责任感，包括个人道德与公民道德两个层面。之所以存在这些差异，原因在于它们所援引或立足的理论基础不同。与社群模式主要立足于社群主义思想不同，慈善模式和公民参与模式则有着自由主义的思想背景，而相比于慈善模式的自由主义具有古典自由主义的消极色彩（不关注社会不公正问题背后的原因及其解决），公民参与模式则体现了现代自由主义的积极色彩（强调对社会不公正问题的原因探寻及其解决）。在实施上，慈善模式的服务学习相对简单，社群模式的服务学习则比较难，公民参与模式的服务学习介于两者之间。之所以如此，是因为慈善模式的服务学习动机比较单纯，而社群模式的目标最为宏大。

第 3 节　美国高校服务学习的实践运行：
主要特点与实施程序①

　　"服务学习"一词首次出现于 1966 年，1967 年正式开始使用。但"服务"的概念早在工业革命和西进运动在美国开展之前就已出现。从 19 世纪后半期到 20 世纪四五十年代，美国高校服务学习经历了发展的雏形期——项目化志愿服务阶段。这一时期以罗斯福总统创建的"公民保护团"（Civilian Conservation Corps）为标志的大量项目，号召青年针对社会问题开展诸如重建基础设施、恢复经济等类别的大规模服务活动，引导青年参与志愿服务。20 世纪 60 年代开始，美国高校服务学习发展进入组织建设推动下的社区服务阶段。1961 年，肯尼迪建立的和平队（Peace Corps）就成为美国高校服务学习组织建设的起步。自此以后，整个六七十年代，城市军团（Urban Corps）、国家公共服务实习中心（the National Center for Public Service Internships）、高等城市事务教育联合会（HECUA）等一批与服务学习相关的组织陆续建立起来，并参与到建设社区、服务社区的过程中来。1989 年国家服务委员会的成立，标志着美国高校服务学习在组织建设上真正走向成熟。进入 20 世纪 90 年代，布什、克林顿政府以立法为先导，推动美国高校服务学习蓬勃发展。1990 年国家和社区服务法案（National and Community Service Act）的制定，标志着法律规范下的服务学习阶段的开启，此后的美国政府不断修订和完善相关法案，使得服务学习逐步向着规范化方向发展。如今，美国高校服务学习形式和内容日趋丰富，实施步骤不断完善，组织机制日益健全，已成为美国社会声势浩大、影响范围极广的教育活动。

---

　　① 本节作者系郝运、饶从满，本节曾发表于《东北师大学报（哲学社会科学版）》2010 年第 1 期，原文名称为"美国高校服务学习的特点、实施程序及对我国的启示"。

一、美国高校服务学习的定义与特点

（一）美国高校服务学习的定义

长期以来，人们对服务学习定义的表述不尽相同。美国学者肯多尔（Kendall）在 1990 年的报告中就曾指出，有关服务学习的定义从文献上可以找到 147 个[①]，1990 年，乔治·赫伯特·沃克·布什（George Herbert Walker Bush）总统签署的《国家与社区服务法案》（National and Community Service Act of 1990）对服务学习进行了这样的定义："社区、学校和社区服务计划中心相互配合，安排学生完成社区真正需要的服务，以帮助学生或参与者的学习或成长，培养学生的公民责任感，将学生的学术性课程与社区服务整合为教学单元，给学生或参与者一定的时间去分享服务所得的经验与心得。"[②]

（二）美国高校服务学习的特点

1. 目标效果：注重学生、学校、社区和政府间的互惠

服务学习自兴起后，便越来越受到美国学生、学校、社区，乃至政府的高度重视与认同，其中很重要的原因就是服务学习能够满足各方的需求，实现各方的目标。而正是这种多方受益的互惠特点，有力地保证了服务学习的长盛不衰。这种互惠主要体现在：第一，参与各方都从中受益。学生在社区进行服务学习的过程中，知识、能力等都得到了提高，对一些社会问题、政府决策有了更深入的理解。社区在为学生提供学习机会的同时，从中获得人力、智力等资源，满足了自身的发展需要。学校在这个过程中提高了教学效果，政府提升了公民的素质。第二，各方的收益都是互相提供的。在服务学习中，服务者与接受者之间互是教授者，又互是学习者，它强调学生和别人一起做事，而不是一方给另一方做事。

2. 内容形式：体现多元

由于社区和学生成长的需求多种多样，服务学习的内容、形式等也就随之显现出多元化的状况，具体表现为：第一，内容的多元。服务学习的

---

① Jacoby H，et al. Service-learning in Higher Education：Concept and Practices ［M］. San Francisco：Jossey-Bass. 1996：3

② Bringle R G，Hatcher J A. Institutionalization of Service Learning in Higher Education ［J］. Journal of Higher Education，2000：5—6.

内容根据需求而定，没有固定范围，只要是社区需求，学生能够满足并能够从中得到成长就可以。第二，形式的多元。服务学习没有固定形式，面对不同的情况和社区实际条件，服务者和被服务者商定一致即可。第三，人群的多元。一方面表现在服务学习适用于不同年龄、年级、专业背景的人；另一方面表现在学生接触的被服务者多元，社区中各式各样的人都可能遇到。另外，也指选择的多元，如在服务机构的选择、服务时间等方面，以适应不同学生的兴趣、能力与需求。

3．实施方法：彰显学生与社区的参与

随着教育的不断发展进步，运用参与式学习方式和培养参与型公民已成为教育发展的一个重要方向，服务学习在这方面发挥了积极的推动作用。第一，它可以使学生参与构建自身的知识与技能体系。它让学生可以根据自身的需求和特征通过选择课程来构建自身知识技能体系，突出其主体地位，使其从被动接受转为主动获取。第二，它可以使社区被服务者参与解决自身问题。它使被服务者改变过去被动接受服务的状态，参与到解决问题的过程中，和学生共同思考、制定和实施解决方案，一起成为活动的组织者、参与者。第三，它可以使所有人员参与提升公民素质。它引导参与者主动对身边的问题进行研究，在有效提升参与者的参与意识、丰富其对社会认知的基础上，可以极大地提升其分析和解决问题的能力。

4．实施过程：凸显反思环节的再认识

反思是服务学习过程中的最重要环节之一，是对实践活动的再认识。这种再认识不仅有助于深化服务学习的经验，而且为下一次服务学习提供了借鉴和指导。一方面，反思是对服务学习过程的重新审视和深入思考。参与者通过反思对于服务学习的目的、内容等理解得更加深入，搭建起了服务与学习之间的桥梁。这个过程是服务与学习深加工的过程，提升了服务学习的效果。另一方面，反思是对经验与教训的总结，有助于服务学习项目更趋完善。通过反思，参与者和组织者认真分析判断，查找优点与缺失，可以对下次服务学习活动的计划制订及组织实施提供建设性的意见。

5．终极指向：培养负责任的社会公民

美国高校服务学习作为一种教育方式，其终极指向是培养负责任的社会公民。"一方面，它摆脱传统课堂教育中事实上存在的利己主义倾向，一定程度上转变了学生对个人成就的狭隘理解。另一方面，它引入项目研究，促进了学生之间的沟通、协调和互助，加强了学生的团结协作意识。"通过参与服务学习，学生们更加关注道德观念，重视集体团结，并学会倡导责任意识，真正意义上提升了自身公民道德和社会责任感，并为成为一名合格的社会公民打下了坚实的基础。①

二、美国高校服务学习的实施程序

服务学习实施程序存在多种不同的分法，有五段论、七段论等。本节综合各家所长，认为服务学习程序主要分为三个阶段，即实施前期：准备、计划与培训。实施中期：实施与反思。实施后期：评价与庆贺。

（一）实施前期：准备、计划与培训

在活动开始前，有目的地进行系统的规划和设计，是一切有效服务学习最重要的环节。准备、计划与培训决定着服务学习的基调、发展的方向和整个项目的成败。准备环节为设计服务提供有效信息，计划的过程中不断检验和完善各方面的准备工作，培训为计划得以顺利实施提供必要保障。

准备是所有服务学习的基础，在这个环节，首先需要我们对学校、教师、学生和社区的各项资源进行前期有效调研和评估。如调研学校的政策、经费保障、评估学生可以完成的项目数量和社区的基本情况等等。其次，要通过调研和有效沟通掌握学生的学术需求和社区的服务需求，为设计服务学习奠定基础。再次，要选定服务学习的主题，这也是整个活动开展的灵魂。在对学校和社区资源评估的基础上，结合学生的学术需求和社区的服务需求，经过教师和学生或学生集体的沟通协商，确定服务的主题。

计划是整个服务学习活动开展的实施纲领，具有指导意义。完整的计划应该包括：服务学习项目的目的，与课程之间关系，具体环节设计，组建团队，组织、制度、经费等多方面保障以及对活动的反思和评价等。具体的目标可以根据服务学习的目标来设定，如在情感态度与价值观、过程和方法等维度进行设计和要求。一般的计划是由教师与学生根据课程目标共同设计的。

培训是服务学习项目能否顺利开展的重要保障，其主要任务是对学生进行科学系统的培养，引导学生正确认识服务学习的功能和意义，教授学

---

① Speck B W, Hoppe S L. Service-learning: History, Theory, and Issues [M]. Westport, CN: Praeger, 2004: 14.

生基本的理论知识，训练服务过程中所需要的各项技能。培训的内容主要包括服务学习相关概念、理论知识、服务所需技能等多个方面。

（二）实施中期：实施与反思

实施与反思是具体开展服务学习的核心环节。实施是指将所学知识和技能应用到具体的服务之中，反思则贯串准备、实施和评价等各个环节，实现了从理论到实践，再到理论，这样循环往复的过程。

在做好充分准备之后，按照服务学习计划的设计实施服务学习活动。具体的服务学习活动可以分为直接服务和间接服务两种[①]。直接服务是指学生直接和服务对象接触并提供服务，它的内容广泛，是学生参与到周围社区的重要途径之一。间接服务是指学生协助社区或其他机构从事短期的、团体的服务活动，而不直接与被服务对象接触，经常指那些跨地区、跨国开展的服务学习活动。

反思作为服务学习的核心环节之一，是指学生对服务学习活动的全过程进行记录、思考、讨论和反馈的过程。服务学习中的反思环节贯串整个服务学习过程，包含分析、自省、批判、建构和验证五个部分，逐渐深入、逐层递进。学生通过反思将所学的知识和先前的经验运用到服务学习之中，使得从服务学习中获得的知识和经验与自身的知识体系保持较好的连续性和系统性。学生通过分析服务中遇到的问题、困惑，与同伴分享，将自身的思考放在更为广泛的背景和范围之内，来整合新旧经验的冲突，发展自己的批判性思维能力和解决实际问题的能力。通过不断反省自身的态度、信念、期望、行动、影响等，加深对服务学习的全面了解，发展对自我设计和未来发展的思考。反思环节是服务学习成败的关键。从实施过程上看，反思包括服务前的反思、服务中的反思和服务结束后的反思三个部分。反思有许多方法，它们大致可分为四类，即写、说、活动和多媒体。写：包括论文、调查报告、读后感、信件等。说：包括课堂讨论、小组讨论等。活动：包括成果展示、角色扮演等。多媒体：包括视频、图片展示等。

（三）评价和庆贺

评价是对服务学习活动的系统总结，是参与者之间互动提高的过程。

---

① 林胜义. 如何建立服务学习的支持体系 [J]. 社教双月刊，2001 (103)：4—5.

服务学习评价的本质是一种认识活动，因为评价的过程就是一种对服务学习进行反思的过程，而其目的在于吸取服务学习活动在开展过程中的经验和教训，确定有益处的新的领域和方向，对服务学习活动加以调整和改进，以使启示明显化。通常来说，服务学习评价可分为四种类型，即背景评价——基础性评价，方案评价——可行性评价，过程评价——形成性评价和结果评价——总结性评价。通过评价，可以实现服务学习参与要素，如学生、学校、社区的工作关系的平衡，进而共同推进服务学习向纵深发展。

庆贺是服务学习评价的最终环节，属于一种激励的方式。每个服务学习项目结束后都要进行及时的总结，许多高校以庆贺的方式开展，目的在于肯定学生的成绩、表彰表现突出的团队或个人，培养学生的自豪感和荣誉感，为学生继续参加服务学习活动奠定基础。服务学习的参与者们在各种各样的庆祝活动中充分地意识到服务学习的重要性，享受合作伙伴间的相互信任、相互支持和帮助的喜悦，互相表示感激致敬。庆贺一般通过联欢、化装舞会、茶话会、短剧表演、办报纸等形式进行。所有参与者共享服务学习的成果，接受来自学校和社区的表彰和奖励。

三、美国高校服务学习对中国的启示

美国高校服务学习的发展经验，对于我国高等教育发展有着一定的参考价值，具体体现在高校课堂教育和社会实践活动等方面。

（一）美国高校服务学习对于我国高校课堂教育的启示

首先，在教学目标方面，高校课堂教育要着重培养学生的"责任意识"，增强学生的社会责任感。"比志愿服务更进一步，服务学习在行动上强调反思。授权学生当给予他们有效地支持、鼓励、信息和技术时，他们应真正负起责任。"服务学习的特点之一即是通过引导学生参加服务和实践，使学生们观察了解社会，感知感受生活，进而强化其作为社会人的权利意识和主体意识，提升其公民道德和社会责任感，真正体现了教育"关心和保护受教育者的生活与成长"[①] 这一本质。因此，借鉴服务学习的成功经验，应变更原有单一课堂思想教育方式，在依托思想政治教育主阵地

---

① Speck B W. Why Service-Learning？［J/OL］. New Directions for Higher Education 2001 (114)：4. http://www3.interscience. wiley. com/ journal/ 89016426/ issue.

的基础上，鼓励学生通过参与实践来提升思想道德认识，通过自身对社会状况的感知、认识与分析来了解社会和国情，进而通过对社会的直观理解增强自身的"责任意识"，提高社会责任感，促进个人的社会化进程。并由责任意识逐渐转化为权力意识，为其毕业后走入社会成为真正的社会人树立社会主体观念、承担必要的社会责任奠定坚实的基础。[①]

其次，在教学内容和形式方面，高校课堂教育要侧重培养学生的"服务意识"，提高学生服务社会的能力。"服务学习是促进需要参与公共发展的技能和知识进步的教育学，它将研究、教学和服务联结在一起，结合社区工作与课堂教学，学生准备参加公共生活，从而将理论与实践相结合。"[②] 服务学习自始至终注重学生"学有所用""学以致用""用以促学"，在开展的过程中，既强调学习的实用性，重视学习对实践的指导性，又提倡用服务和实践来督促学生进一步完成课堂内的理论学习。因此，借鉴服务学习的经验做法，我国高校课堂教育应将人才培养这一重要功能贯串于教育的全过程，使第一课堂与第二课堂相结合，变更课堂教学的内容，活化课堂教学的形式，鼓励学生们参与实践性强的课程，走出课堂，服务社会，既使学生们通过实践将自己课堂所学加以检验，加深对知识的认识与理解，又使学生们将自身所学真正用在实处，服务社会、奉献社会，为和谐社会的建设贡献自己的力量。

再次，在教学手段方面，高校课堂教育要注重培养学生的"参与意识"，激发学生学习的主动性。Eyler，Giles，and Braxton（1997）在他们的服务学习研究中表明："即使在相对短暂的一学期内，服务学习程序的做法也似乎已经影响了学生的态度、价值观、技能和他们认识社会问题的方法。"[③]的确，服务学习的开展使学生们在课堂学习中的主体地位得到很好的体现，进而改变了他们对待学习的态度，由过去的被动接受转化为现在的主动参与，学生们真正成为学习的主人，并在教师的引导下发挥自己的智慧和能力去完成学习任务，而这样的学习过程一方面使学生们对知识的记忆更加牢固，另一方面也使师生间的关系更加和谐，增进了师生感

---

① Speck B W. Why Service-Learning? [J/OL]. New Directions for Higher Education 2001 (114)：4. http://www3.intersci ence. w iley. com/ journal/ 89016426/ issue.

② Speck B W. Why Service-Learning? [J/OL]. New Directions for Higher Education 2001 (114)：4. http://www3.intersci ence. w iley. com/ journal/ 89016426/ issue.

③ Speck，B. W. Why Service -Learning? [J/ OL]. New Directions for Higher Education 2001 (114)：4. http://www3. intersci ence. w iley. com/ journal/ 89016426/ issue.

情。因此，借鉴服务学习的做法，我国高校课堂教育应更加凸显学生的主体地位，运用自下而上的自主参与模式和自上而下的讲授模式相结合的方式来激发学生的学习热情与积极性，通过讨论、情景模拟等形式来进行教学互动、师生互动，使学生对学习产生兴趣，最终实现学习效率的提高和学习效果的改进。

综合来看，美国高校服务学习将大学本身应具有的"教学、科研和服务"三个彼此分离的职能很好地联系在一起"兼顾了本位利益与社会利益，"[①] 服务学习的实施，并不是简单地将服务学习融入现有课程，而是以服务学习为模板和"蓝图"，重新打造新的课程体系。而中国高等教育目前还没有一个用来连接"教学、科研和服务"的很好的形式。因此，借鉴美国的经验，我们可以尝试着在中国高等教育改革的过程中推进"服务学习"及与其相类似的教育形式，以期更好地发挥高等教育的功能。

（二）美国服务学习对于我国大学生社会实践的启示

第一，加强高校与政府间的联系，加大社区对社会实践的支持力度，实现有效合作。目前，我国大学生社会实践活动虽然多由国家发文倡议，但国家与高校的合作仅仅涉及在命令下达和总结评估两个环节，而对于社会实践活动的过程国家监管得相对不够。此外，虽然部分大学生社会实践活动也与社区有所接触和合作，但多停留在志愿服务和帮贫助困的基础层面，社区积极性不高，并未真正发挥学生的专业优势，深入开展活动。因此，借鉴服务学习的经验，我国大学生社会实践的开展应以高校、社区和国家的合作为目标，一方面提高国家对社会实践的监管力度，从资金、资源等多个角度保障社会实践活动的有效开展；另一方面在我国的社区公共服务中心（街道办事处）或基层群团组织成立专门机构或设立专门岗位，具体负责社区社会实践的发起、实施和评估。通过各方的协调合作来共同促进社会实践的长远发展。

第二，完善社会实践的过程。目前，社会实践过程仍不够完善，虽也有反思环节，但不系统，不集中，缺乏连续性，学生在项目完成后基本就结束了整个实践过程，而且对于经验、优点总是讲得较多，宣传得较多，对于教训和缺点则讲得较少或根本不讲，这对于社会实践长远的改进和发

---

① 王晨光，谢利民. 教育目的含义的哲学辨思［J］. 东北师大学报（哲学社会科学版），2008（3）：153—155.

展有着消极的影响。因此，借鉴服务学习的经验，我们应完善社会实践的过程，将反思贯串于社会实践活动的全程，通过指导教师在计划之初、实施过程、活动总结各个环节及时组织学生进行反思，学生进行自我监控、自我调整，加强与服务对象的交流，进而有助于社会实践计划得以有效执行，并在一定程度上保障了实践项目的成功。

第三，逐步探索社会实践课程化。目前，社会实践在我国大多属于"第二课堂"范畴，仅仅被当作学校课堂教育的一个重要补充。组织和管理也主要是由学生工作部门负责。而服务学习则是一种教学方法，重要的特点就是课程化。以学分的形式促进学生通过学习、实践的方式获得知识、能力以及情感上的多重收获。因此，借鉴服务学习的经验，社会实践只有通过课程的形式，融入专业课程设置和实习锻炼的全过程，才有可能确立其教育学生成长成才的教育方法地位，真正跻身"第一课堂"，从而得到更多的支持并获得长足的发展。从另一方面看，课程化的社会实践有助于项目的连续和长期开展，一改以往"游击战"的运行模式，有利于吸引更多的人参与到社会实践中，并且能够将社会实践彻底融入大学生的日常学习生活中，强化其教育作用。

第 7 章

专业学位教育：教育硕士与教育博士

第 1 节　日本教育硕士专业学位教育：
现状与特色[①]

日本的教育硕士（日文原文为"教职修士"，英译为"Master of Education"，简称"M. Ed."）专业学位教育刚刚开始起步，其指导方针、实施效果等均处于发展中状态。本节主要依据日本中央教育审议会 2006 年 7 月 11 日的咨询报告《关于今后教师培养和资格制度的应有状态》（以下简称中教审 2006 年咨询报告）、《关于设立教职研究生院的专业研究生院设置基准》（2007 年修订，以下简称《专业研究生院设置基准》修订案）以及获得设置教职研究生院资格的大学的教育硕士培养方案等，来考察日本教育硕士教育的现状与特色。

一、"教职研究生院"制度的创设

自 20 世纪 90 年代以来，随着社会的急剧变化，在日本学校教育中的欺负行为、校园暴力、班级崩溃、学生逃学等不良现象开始在全国蔓延，这使得教师的能力问题再次受到社会的关注和质疑。教师对孩子理解不够，缺乏教育指导能力，难以应付教育现场中出现的各种问题等等，已经成为社会对教师素质的基本判断；现行的教师培养和研修制度受到批判，人们认为现行的教师培养和研修"缺乏明确的理念和目的意识"，"成体系的课程的编制和实施不足"，"以理论和讲义为中心，缺乏演习和实习"，"过度重视某个领域的学术知识与能力，而忽视了培养在学校现场中的实践能力、应用能力等作为教师职业的高度的专业性"等等[②]，不能提高教师实际指导和处理问题的能力。另外，在知识社会与信息化时代，社会的多样化需求也越来越需要具有高度的专业性、丰富的人性和社会性的高素质教师。在这种情况下，以提高教师实践指导能力为核心进行教师培养制

[①] 本节作者系高亚杰、饶从满，曾发表于《学位与研究生教育》2010 年第 6 期。部分用语有改动。

[②] 葛上秀文. 教職専門性向上を図る教師教育に関する一考察：教職大学院のカリキュラム構築から見える可能性 [J]. 鳴門教育大学研究紀要，2006，21：68—76.

度的改革就成了迫切要求。

2004 年 10 月，文部大臣中山成彬提出了关于"教师实践演习""教师资格更新制度""教职研究生院"的咨询①。随后，以"实践指导能力"为核心的教师培养和研修制度的变革在日本迅速展开，在本科阶段谋求教育实习等实践科目体系化，在研究生阶段积极创建"教职研究生院"制度。

2005 年，日本中央教育审议会提出将专业学位教育制度应用于教师培养领域的构想②；2006 年 7 月的最终咨询报告中明确提议在教师培养领域创设"教育研究生院"制度，实施教育硕士专业学位教育③；2007 年 3月，文部省颁布了关于设立教职研究院的政令——《部分修订专业研究生院设置基准以及学位规则的政令》，并于 2008 年 4 月 1 日起开始实施④，由此拉开了日本教育硕士专业学位教育的序幕。根据该政令的规定，教职研究生院毕业者，获授相当于美国"M. Ed."的教育硕士（专业学位）。

文部省于 2007 年开始受理各大学设置教职研究生院的申请，对 27 所申请设置资格的大学进行了审核（国立大学 21 所，私立大学 6 所），其中的 19 所大学于 2008 年 4 月获得设置资格（国立大学 15 所，私立大学 4所）⑤。

二、教职硕士专业学位教育的现状

（一）培养目标

中教审 2006 年咨询报告对日本教育硕士培养目标有着明确的表述，

---

① 关于今后的教师培养和许可制度（咨询报告）[R/OL].[2008—06—30]. http://www.mext.go.jp/b_menu/shingi/chukyo/chukyo0/toushin/06071910/009.htm.

② 东京学艺大学教师培养课程开发研究中心.今后的学校教育与教师培养课程：探寻教育研究生院在教师培养中的意义 [C].东京学艺大学教师培养课程开发研究中心主办的第 7 次专题讨论会会议记录，2007；154，49.

③ 中央教育審議会.今後の教員養成・免許制度の在り方について（答申）.[R/OL]. [2008—06—30]. http://www. mext. go. jp/b_menu/shingi/chukyo/chukyo0/toushin/1212707.htm

④ 専門職大学院設置基準等の一部を改正する省令等について-「教職大学院制度」の創設について[EB/OL].[2008—06—30]. http://warp.da.ndl.go.jp/info；ndljp/pid/286184/www.mext.go.jp/b_menu/houdou/19/03/07030503.htm

⑤ 「教職大学院」の設置審査等について[EB/OL].[2008—06—30].http://passnavi.evidus.com/teachers/topics/0711/1103.pdf.

即："作为教职研究生院，目前应以如下两点为目标与功能：（1）在掌握本科水平的素质能力者中培养更具实践性指导能力与拓展能力、能成为创建新型学校的有力成员的新教师；（2）以在职教师为对象，培养在地区及学校工作中能发挥指导性作用、具备扎实指导理论与出色实践能力和应用能力的学校领导者（school leader）。"①《专业研究生院设置基准》修订案中也规定：以培养具有高度专业能力和优秀素质能力的中小学等教师为目的，创建教育研究生院。这就确立了各大学设定本校教育硕士培养目标的基准。因此，很多大学都直接借用了中教审2006年咨询报告中的表述来阐明自己的教育硕士培养目标，如上越教育大学、兵库教育大学等；此外的一些大学则在上述基准之下确定了能凸显本校特色的培养目标，如爱知教育大学突出了培养教师对教育的理论与实践的融合能力②；东京学艺大学强调应对时代的变化与需求，把培养教师合作能力，即能够充分合作解决学校的各种现代教育课题的能力作为重点③；岐阜大学注重培养教师改善、开发当前学校现场的实践课题的能力④。

可见，日本教育硕士的培养目标以提高教师的资质能力为核心，希望通过研究生水平的学习，提高参与学习人员的研究水平与教师专业能力，旨在为教育实践领域造就高层次的、具有实践指导能力与应用能力的、能在学校工作与建设中发挥核心作用的"专业型"教育实践者（即核心的骨干教师）。显然，这种培养目标与教育学硕士不同，它谋求的不是具有高深学术造诣的研究型教师，也不注重教育领域内的学术研究及高深教育理论的探讨；而是以学校现场为依托，通过开发、探究、解决诸种有关学校教育的课题，以培养教师的高度的专业能力，呈现出很强的实践性、职业性等特点。

（二）招生对象与入学要求

日本教育硕士的招生对象非常广泛，总体来说可分为三类，即有志于

---

① 葛上秀文. 教職専門性向上を図る教師教育に関する一考察：教職大学院のカリキュラム構築から見える可能性 [J]. 鳴門教育大学研究紀要，2006（21）：68—76.

② 爱知教育大学研究生院教育实践研究系（教育研究生院）培养方案［EB/OL］.［2008—07—01］. http://www.aichi-edu.ac.jp/kyoiku_kenkyu/kyoiku_soshiki_2008/kyshoku_in_an.pdf.

③ 东京学艺大学教育研究生院（专业学位课程）培养方案［EB/OL］.［2008—07—01］. http://www.u-gakugei.ac.jp/09daigakuin/03kyoushokuin.html.

④ 岐阜大学研究生院教育学研究系教师专业实践开发专业（教育研究生院）培养方案［EB/OL］.［2008—07—01］. http://www.ed.gifu-u.ac.jp/～kyoiku/kyosho3ku/.

从事教育事业的应届本科毕业生、在职教育人员（约占 50％）、大学毕业且具有一定社会经验并有志于从事教育事业的社会人员（绝大多数是拥有教师资格证书而未从事教育事业的人员）。

日本教育硕士在入学标准上并没有统一的规格限制，但从其培养方案与招生简章来看，一般会涉及三个方面的要求：一是学历。各大学基本上都明确规定申请人须具有大学本科毕业文凭或同等以上学历。二是工作经验。对于在职的教师和相关教育人员（如教育行政机关人员等）及社会人员，一般都会要求其须有一定的工作经验。有的大学规定为 3 年以上，如兵库教育大学；有的大学规定为 5 年以上，如常叶学园大学；还有的大学规定为 10 年以上，如上越教育大学。三是教师资格证。这一要求主要适用于在职教育人员和大学应届毕业生，要求他们已经获取了或预计即将获取某种教师资格。

（三）招考方式

关于教育硕士的招生方针，日本目前尚没有明确的统一规定，但中教审 2006 年咨询报告给出了明确提议，即教育研究生院可根据相关政策文件自行确定招生方式。从各种教育硕士招生简章来看，当前各校所采取的招生方式主要是由申请人提出申请并提交申请材料（如学历证明、教师资格证、工作经历证明等），教育研究生院依据本院的入学要求进行考核，合格者获准参加教育硕士学位入学考试。

日本教育硕士没有全国统一的入学考试，基本上是由大学根据本校教育硕士课程的具体目标来决定自己的考试措施。目前各大学所采取的考试方式主要是笔试＋口试。笔试多为在规定的时间内完成有关专业方面的小论文；口试的进行则主要以申请人提交的诸如研究计划等与入学后所要研究的课题、主攻方向相关的书面材料及在笔试中完成的小论文为参考。

由于申请对象及其入学要求的不同，一些大学还对入学考试做出了相应的区别，有的将其分为普通入学考试（面向应届毕业生）和特别选拔考试（主要面向在职教育人员）两类，如早稻田大学；也有的大学将教育硕士入学考试分为普通入学考试、在职教育人员选拔考试和社会人员选拔考试三类，如爱知教育大学。

（四）培养方式

针对不同的培养对象，日本教育硕士在培养方式上采取了灵活多样的策略。一般来说，主要包括适用于招收应届毕业生的全日制及有利于在职人员再教育的部分时间制两种模式。标准修业年限为 2 年。但在具体的实行过程中，多数大学都采用了弹性学制，设定了方便在职人员学习的 1 年短期学习制度和长期在学制度（如东京学艺大学、兵库教育大学）。1 年短期学习制度多指经过 1 年在校学习的在职教师经所在教育研究生院同意，可以在自己现职学校完成学校现场实践；长期在学制度多指参加部分时间制学习的在职教师，申请延长学习时间来完成研究生学习，修业年限多为 3～4 年，全日制学习 2 年，1 年在大学进行课程学习，1 年在实习学校进行实习（在职教师可申请在其现职学校完成实习任务）；部分时间制学习基本为 3～4 年，通过采用昼夜开讲制①、夜间研究生院、长期休业期间的集中教学、周末集中教学、利用卫星教室、科目学习制度等弹性学习方式，完成研究生课程学习。此外，对于未取得教师资格证的学员，还开设相应的本科教职科目的长期在学类课程，以弥补其在教育专业上的不足。

（五）专业方向

文部省并没有对教育硕士的专业方向设置做出统一规定，但从各个教育硕士培养方案来看，日本教育硕士一般设置 2—4 个专业方向，而且主要集中在学校（与班级）经营、教育教学实践等方面②。如兵库教育大学设置了学校经营、心灵教育实践指导、教学实践指导、实践型小学教师培养 4 个专业③；常叶学园大学设置了学校组织运营、教学与教材开发、地区教育 3 个专业④；上越教育大学设置了教育实践指导、学校经营指导 2

---

① 昼夜开讲制是指日本教育硕士课程设置为了适应在职教师及社会人员因全日制工作等而无法参与全日制学习而实行的以白日开课授业为中心，在夜间也酌情开课的授课制度。

② 日本教育硕士设置的这些专业方向与我国的一些专业方向相类似，但在内涵上并不完全一致。如学校经营类似于我国的教育管理（或学校管理），其内涵则比我国的教育管理（或学校管理）更为丰富，上越教育大学对它的阐释为：学校经营"并非只是狭义上的由校长与教导主任这些法定的管理人员来承担的，而是包含着以教务主任与学生指导主管为首的中层领导的合作互动的广义性概念。"

③ 2009 年兵库教育大学研究生院教育实践高度专业化培养方案[EB/OL].[2008—07—01]. http://www.office.hyogo-u.ac.jp/pro/kikaku/master_ent/images/m_annai2009.pdf.

④ 2009 年常叶学园大学教育研究生院初等教育高度实践研究系（培养方案）[EB/OL]. [2008—07—01]. http://www. tokohau. ac. jp/grad/wp-content/uploads/2008/06/2009kyousyokuoanfu.pdf.

个专业①。这些专业方向从地区与学校教育的实际需求出发，注重提高学习者的专业能力，为应届大学生提供就职所需的教育实践及必要的知识和技能，为在职人员创造机会提高他们的研究水平和应用指导能力，具有很强的实用性、职业性。

（六）课程设置

日本教育硕士的课程由三个基本模块——"公共基础科目""专业学科选修科目"和"实习科目"构成②。教育硕士的每一个专业方向都依据这三个基本模块来设置相应的课程体系，每一个基本模块之下又依据学科性质与专业要求而分设不同的学习领域，学习领域之下再设若干课程，为学习者提供广泛的选择。这样，就构成了内容充实、阵容庞大的教育硕士课程体系。

公共基础科目大多包含各大学共有的公共科目和体现大学特色的公共科目。前者主要包括：①有关教育课程编制、实施的领域；②有关执教学科等的实践性指导方法的领域；③有关学生指导、教育咨询的领域；④有关班级经营、学校经营的领域；⑤有关学校教育与教师应有状态的领域。公共基础科目属必修内容，一般规定不能低于 20 学分。后者因校而异，有的大学设为必修内容，有的大学设为选修或选择性必修的内容，多规定在 4 学分以上。专业学科选修科目主要是依据专业特性而开设的相应课程，多为必修或选择性必修的内容，要求至少不低于 15 学分。实习科目是凸显教育硕士培养的实践性的科目，属必修内容，要求不少于 10 学分；但对于在职教师，则可灵活把握这一要求，即大学可在 10 学分范围内认定其教职经验为相应的实习学分。

这种课程设置着眼于在学校现场培养教师的实践指导能力，突出了实践性与应用性的特点。因而在教学中强调不能只运用讲授法，而必须积极开发并引入融合理论与实践的新型教育方法，如案例研究、模拟教学、教学观察与分析、集体讨论、角色扮演、实地调查等；同时，为了确保学校实习的顺利实施，教育研究生院还建立了联系合作学校制度，通过与普通

---

① 2009 年上越教育大学教育研究生院培养方案［EB/OL］.［2008—07—01］.http://www.juen.ac.jp/contents/gsoe/exam/pdf/h21annai _kyosyoku.pdf.

② 中央教育審議会.今後の教員養成・免許制度の在り方について（答申）.［R/OL］.［2008—06—30］.http://www.mext.go.jp/b _ menu/shingi/chukyo/chukyo0/toushin/1212707.htm.

中小学等建立合作关系，来实现长时期实习和实地调查等实践性教育。

（七）教师指导体制

日本教育硕士培养设有专任教师。按照中教审 2006 年咨询报告的提议和《专业研究生院设置基准》修订案的规定，专任教师的人数最少为 11 人，其中实务型教师须占 4 成以上。各大学以此为基准，根据本校教育硕士的专业设置情况确定相应的专任教师。

从人员构成来看，日本教育硕士的专任教师至少由两种类型组成，一种是研究型教师，一种是实务型教师。前者一般来说是大学里的资深教师，如大学教授或副教授，在教育专业领域里具有高度教育指导能力。后者主要以学校教育相关人员（如中小教师、教育委员会成员等）为中心，包括医疗机构、家庭审判庭或福利设施等与教育相近领域的相关人员或者具有管理才能、领导才能的民营企业人员等，他们具有很强的实务经验。研究型教师主要承担研究指导的任务，实务型教师主要担任实务指导的任务。他们与实习单位的教师合作，与学习人员互动，在学校现场中就学校与班级经营、教学与课程开发、教育协商、学生指导及相关的专业领域等，进行实践研究。因此，研究型教师不仅仅要具有一定的科学研究能力，同时还要具备相应的在中小学的实地经验；同样，实务型教师也不仅要具有中小学的教育经验，还要在科学研究上拥有一定的成绩。

（八）毕业要求

在毕业要求上，日本教育硕士没有论文或相关研究方面的规定，只要学习者具有一定期限的在学时间并修完所规定的学分数，即在校学习累积时间至少要达到 1～2 年，修完 45 学分以上课程，且其中至少有 10 学分是来自于学校实习[①]，就可获得教育硕士专业学位。但这并不意味着日本对教育硕士的毕业要求有所降低，只是鉴于教育硕士培养的不是研究者，而是具有高度的专业性的实践人员，因此更强调课程学习和实践环节等，这一方面表现在课程学习中严格学分的获得，把课程学习与教育实践紧密地联系在一起；另一方面表现在非常重视学校实习环节，有的学校还规定在实习的过程中要解决一定的研究课题或形成相应的研究报告。当然，这

---

① 中央教育審議会. 今後の教員養成・免許制度の在り方について（答申）. [R/OL]. [2008—06—30]. http://www. mext. go. jp/b _ menu/shingi/chukyo/chukyo0/toushin/1212707.htm.

些研究课题或研究报告并非是为了提升学术研究，而是面向教育实践的。

三、日本教育硕士专业学位教育的特色

日本的教育硕士专业学位教育才刚刚起步，其成效如何？是否能起到创设这一项目的初衷？培养过程中将会出现什么样的问题？培养方案的可行性如何？其在现实操作中能否真正实现？等等，现在还没有答案。而且，对"教育研究生院"制度的创设，也存在着一些争议，有些人认为应该慎重考虑设立这一制度。日本东京都港区立御成门小学校长池田芳就认为创设"教育研究生院"制度对于培养高素质的教师没有什么作用，教育研究生院制度中的一些用语如"高度专业化"等存在着难以理解、语义不清等问题；教职研究生院的意义究竟何在很难说清①。还有人指出，从教育研究生院开设情况的审查来看，进行教育硕士培养的准备工作不足：一方面主要表现在文部省对于教职研究生院的设置基准比较模糊；另一方面还表现在各个大学仓促应战，对教育硕士培养的思考还不太成熟②。另外，"教育研究生院"制度的创设反而可能会使轻视实践的传统大学体制浮出水面：因为教师指导能力是在学校现场中锤炼出来的，在学校课程学习中以实践指导能力为中心对教师进行的培养，只会造就畸形教师③。

---

① 东京学艺大学教师培养课程开发研究中心. 今后的学校教育与教师培养课程：探寻教育研究生院在教师培养中的意义 ［C］. 东京学艺大学教师培养课程开发研究中心主办的第7次专题讨论会会议记录，2007：154，49.
② 教職大学院［EB/OL］.［2008—07—01］.http://eduon.jp/topics/kyoshoku.
③ 教職大学院［EB/OL］.［2008—07—01］.http://eduon.jp/topics/kyoshoku.

第 2 节　英国教育博士研究生的培养：
##　　　　模式与特征[①]

2008 年 12 月 30 日，国务院学位委员会第 26 次会议审议通过了《教育博士专业学位设置方案》，决定在我国设置和试办教育博士专业学位。2009 年，北京大学等 15 所高校被批准为首批教育博士专业学位（英文为"Doctor of Education"，简称"Ed. D"）教育试点单位，2010 年开始招生。在此背景下，借鉴国外 Ed. D 教育的经验与教训，无疑具有重要意义。有鉴于此，本节主要根据 2010 年 6 月份对英国 Ed. D 教育的实地考察和交流，并参考有关文献，以伦敦大学教育研究院和格拉斯哥大学为中心，对英国的 Ed. D 培养进行一个考察与分析。[②]

一、英国 Ed. D 教育发展的总体状况

1992 年，Ed. D 在英国首先诞生于传统的研究型大学——布里斯托大学。十年后，有将近 40 所英国大学开设了 Ed. D 项目。[③] 据英国研究生教育委员会（UK Council for Graduate Education）2004 年的调查，在 192 个专业博士学位项目中，62% 的项目分布在教育博士、临床心理学博士（DClinPsy）、管理博士（MD）、工商管理博士（DBA）和 工程博士

---

①　本节曾发表于《外国教育研究》2010 年第 11 期，原文名称为"英国教育博士研究生的培养及其特征——以伦敦大学教育研究院和格拉斯哥大学为中心"。

②　本节关于伦敦大学教育研究院和格拉斯哥大学 Ed. D 培养的阐述除了根据实地考察中听取两所大学的介绍以及与相关人员的互动交流获取的信息之外，分别依据从两所大学获取的以下两份书面材料：（1）IOE. Ed. D Student Handbook2009/2010；（2）Faculty of Education, University of Glasgow. Doctorate in Education (Ed. D) for cohorts starting in or after 2010；Summary Information。以下文中除了特别标注出之外，有关伦敦大学教育研究院的 Ed. D 培养请参见材料（1）；有关格拉斯哥大学 Ed. D 培养，请参见材料（2）。

③　Scott D, et al. Professional Doctorates：Integrating Professional and Academic Knowledge [M]. Berkshire：Society for Research into Higher Education & Open University Press，2004：31.

（EngD）等几个领域，Ed. D 成为英国专业博士学位教育中发展最快的领域。[①]

Ed. D 在英国的兴起与发展主要是因为传统的 PhD 被认为不能满足那些在职教育专业人员对更高层次专业发展的需求，Ed. D 就是为了满足那些已经取得教育领域的硕士学位，并且希望在他们各自的专业实践领域从事研究的教育专业人员的需求。[②]

在此背景下诞生的英国 Ed. D，既有别于美国传统的 Ed. D，又不同于所谓的"第一代专业博士"。众所周知，包括 Ed. D 在内的专业博士学位源于美国。源于美国的传统专业博士学位主要被作为一种进入专业性职业的"职前"高级职业资格（'pre-service' high-level qualification）。[③] 而英国的 Ed. D 主要是旨在促进在职教育专业人员专业发展的在职性质学位（an in-service award）。Ed. D 在英国诞生之初，大学和社会中也曾经有过 Ed. D 是否就是一种仅通过课程学习就可获得学位的博士（taught doctorate），因而相比于 PhD 属于一种更容易获得的二流学位的困惑与迷茫。但大多数大学很快就发现情况绝非如此。[④] 英国的 Ed. D 是严格的研究本位、研究取向的学位，只不过它所要培养的不是专业研究人员（professional researchers），而是研究型专业人员（researching professionals）。

正如斯科特等人所指出的那样，英国"Ed. D 学位的总体目的在于培养能够成为研究成果的消费者、评价者、管理者和生产者的人"。[⑤] 可见，英国的 Ed. D 也有别于伯顿（Bowden）等人所说的"第一代专业博士"。根据伯顿等人的考察，盎格鲁—澳大利亚的"第一代专业博士"强调的是

---

① Powell S，Long E. Professional Doctorate Awards in the UK ［R］. UK Council for Graduate Education，2005（33）：63—66.

② Scott D, et al. Professional Doctorates：Integrating Professional and Academic Knowledge ［M］. Berkshire：Society for Research into Higher Education & Open University Press，2004：31.

③ National Qualifications Authority of Ireland. Review of Professional Doctorates ［EB/OL］. ［2007—11—01］. http://www. eua. be/fileadmin/user_upload/files/EUA1_documents/ Review%20of%20Professional%20Doctorates_Ireland2006.1164040107604.pdf.

④ Scott D, et al. Professional Doctorates：Integrating Professional and Academic Knowledge ［M］. Berkshire：Society for Research into Higher Education & Open University Press，2004：31.

⑤ Scott D, et al. Professional Doctorates：Integrating Professional and Academic Knowledge ［M］. Berkshire：Society for Research into Higher Education & Open University Press，2004：32.

"通过研究对关于专业实践的知识做出重要贡献的能力"，而"第二代专业博士"似乎更看重"通过研究对专业实践做出重要贡献"。[①] 前者实际上把专业博士置于专业实践中知识生产者的地位，而后者似乎并没有明确凸显专业博士的知识生产者角色，或者说它只赋予专业博士以有限知识生产者的角色。由此观之，英国的 Ed. D 似乎更接近于"第二代专业博士"。

尽管 Ed. D 在英国也被经济和社会研究委员会（ESRC）纳入研究理事会之中，而且相当一部分大学的 Ed. D 项目也于 2001 年获得 ESRC 的认证，但是 Ed. D 并没有像工商管理博士那样有一个组织或团体来对其进行专业管理或者为其制订统一的标准或框架。不过，世纪之交以来，以伦敦大学教育研究院为据点，设立了各大学 Ed. D 项目负责人的一个论坛，这个论坛为相关人员每年聚集在一起交流讨论 Ed. D 培养经验与问题提供了一个非正式的平台或网络。[②]

Ed. D 在英国作为在职专业博士学位，绝大多数情况下都采用部分时间制，学习年限在 3—7 年之间。与其他专业博士学位教育一样，Ed. D 也采用模块式课程结构，其中许多课程与学生的职业和工作密切关联。课程学习基本都采取群组（cohort）学习的方式进行，这与很多博士学位项目以个人的学习与研究为主有所不同。除了课程学习之外，Ed. D 项目都要求学生最终提交一份学位论文。学位论文的审核方式基本与博士学位论文审核方式相似。

二、伦敦大学教育研究院的 Ed. D 培养

伦敦大学教育研究院（Institute of Education，University of London，以下简称"IOE"）是伦敦大学联盟中一所研究生学院，为全英最大的专门从事教育及其相关学科研究的学院，2008 年开始授予 IOE 而非伦敦大学的学位。IOE 授予的博士学位有三种：哲学硕士和博士学位；教育博士学位；教育心理学博士学位。

（一）招生要求

IOE 的 Ed. D 项目主要是为那些来自教育和相关行业，渴望拓展其专

---

① Bourner T，Bowden R，Laing S. Professional Doctorates in England ［J］. Studies in Higher Education，2001，26（1）：65—83.

② Scott D，et al. Professional Doctorates：Integrating Professional and Academic Knowledge ［M］. Berkshire：Society for Research into Higher Education & Open University Press，2004：32.

业知识，发展对实践进行研究、评价和高层次反思之能力的在职专业人员，而设计的一种专业博士学位教育项目。IOE 规定，凡是欲攻读 Ed. D 的人，必须在教育或相关领域具有四年以上的工作经验，拥有硕士学位，且在硕士学习期间成绩优良。在申请入学时，IOE 要求申请者提供硕士学习期间的成绩单和硕士论文或论文摘要，并且要求申请者提供一份 2 000 字的陈述，简要阐述自己如被录取将打算研究什么，并说明 Ed. D 将对自己的专业发展起到什么样的作用。

从这些规定可以看出，IOE 期望 Ed. D 项目能够对申请者的专业发展和专业实践真正起到促进作用，不希望录取目的性不强的所谓"非本意"学生，而且 IOE 非常注重 Ed. D 项目申请者的研究意识和研究潜力。

（二）培养方案

IOE 强调其 Ed. D 项目旨在培养学生的研究能力和知识，期望学生在具备这种能力和知识的基础上，通过对专业实践的反思，能够对与其专业发展和工作实践相关并对其具有潜在影响的研究进行阐释、评估、实施和传播，同时能够满足对于一个博士在学术方面的严密性和原创性的要求。IOE 在设定 Ed. D 项目学生的预期学习结果（intended learning outcomes）时，强调要为学生在以下几方面提供机会：（1）更深刻地理解专业性（professionalism）、教育的专业背景以及学生各自的专业角色和工作；（2）更广泛地参与学术和专业共同体，拓展体验，提升自己的专业性；（3）从事对当前问题的研究与分析，以作为反思自身及其专业经验与职场实践的基础；（4）发展在研究方法和收集、分析资料的方式方面的知识、理解和技能；（5）阅读、理解和评估一系列的研究方式。由这些规定，可以看出 IOE 对于 Ed. D 作为研究性学位的严格要求。

为了达到如上培养目标，IOE 规定，Ed. D 项目的基本修业年限为在职学习 5 年，最短不少于 4 年，最长不超过 7 年。Ed. D 培养共由三大部分组成：一是课程学习（taught courses）；二是聚焦于某个机构的个案研究（the institution-focused study，以下简称"IFS"）；三是导师指导下的原创性研究（supervised original research），即学位论文研究。

1. 课程学习

课程学习环节的目的在于培养学生的专业理解、洞察力和研究能力。在此环节，学生必须至少修学四门课程（一般在前四个学期完成）。

• 教育领域中专业性的基础

该课程的主要目的在于：（1）考察专业性在现代社会和教育领域中的起源、性质及其变化；（2）探讨关于专业性的各种理论模式及其在真实专业情境中的适用性；（3）鼓励学员集体创造性地思考专业性的含义以及专业生活的特征；（4）使学生能够反思他们各自关于专业性的观念和各自提升自身专业实践的方式。

• 研究方法 1：教育研究中的理论与概念问题

该课程旨在将研究置于更宽广的政治和社会背景中进行考察，澄清学生在设计和实施社会科学研究时对所面临的困境和选择的理解，具体目的是：（1）从政治和目的的角度，探讨各种不同的研究和评估方式；（2）思考知识的哲学和社会学维度，包括何谓合法性知识，解释说明的模式，理论证明和认可，客观性、概率和偶然性的性质等；（3）考察"数据"（data）在教育研究环境下的含义，以理解这些意义与研究和实践之间的关系；（4）思考研究结果传播的伦理问题和方式。

• 研究方法 2：研究过程与技能

该课程的主要目的在于：（1）使学生意识到有很多研究方法，并知晓为了研究教育问题这些方法是如何被运用的；（2）提升学生形成研究问题和充分思考各种选择之后选定恰当研究方法的能力；（3）鼓励学生集体创造性地思考回答研究问题的可能方式和思考研究管理的问题；（4）使学生具备资料收集和分析能力以及课题管理能力；（5）发展研究报告的写作和报告能力。

• 专业研究方向课程

专业研究方向课程属于选修课程，要求学生根据自己的研究方向和兴趣在以下四门课程中选修一门：（1）当代教育政策；（2）课程、教学和评估；（3）教育组织中的领导与学习；（4）后义务教育阶段的教育、培训和终身学习。

每门课程的学习评价主要基于课程学习期间提交的一篇5 000字左右的书面作业进行。书面作业通过 Blackboard 在线教学管理平台提交任课教师，在收到任课教师在线反馈意见之后，学生再进行修改；修改后再次提交，将由两位 IOE 内部审查者对作业进行最终评价。全部课程学习环节结束后，学生需要提交一份由四篇课程作业和一篇反思性陈述组成的档案袋，以作为第二学年末正式进展评估的基础。

2. IFS

在顺利完成课程学习环节之后，学生就要进入 IFS 研究阶段。所谓

"IFS"，是学生在指导教师的指导下做一项与自己职业有关的某个机构或组织的个案研究，以养成对于研究方法的理解和运用能力。尽管 IOE 没有要求这项研究必须关于各自的工作单位，但是大多数学生都选择研究自己的职场。IOE 要求学生在完成这项研究之后撰写一份约 2 万字的研究报告，报告要能够展现 IFS 对拓展自己的专业理解和促进自身专业发展的作用。

学生通常要在第三学年末之前完成 IFS 研究并提交 IFS 报告。IOE 会安排两位内部审核者和一位外部审核者对学生提交的 IFS 报告进行评价，而且评价结果最终要得到 Ed. D 审核委员会（Ed. D Board of Examiners）的确认。

3. 学位论文

学生在完成 IFS 之后进入学位论文研究阶段（通常是第四学年开始）。所有 Ed. D 项目的学生要获得学位，必须在选定的专业领域提交一篇基于自己独立开展的研究而撰写的大约 45 000 字的学位论文（不含附录、参考文献目录，但包含脚注、尾注、术语汇编、地图和图表）。论文的审核和评价按照 PhD 论文一样的标准进行，要求除了必须"对所研究领域的知识构成明显的贡献，经得起原创性检验，并能够展示作者独立开展研究的能力"以外，还需要展示作者对于专业性和自身专业角色的理解，以及论文对于作者自身专业发展的贡献。

在学生正式提交学位论文之前，导师一般会请一位同事（通常是指导小组成员）通读博士论文全文，给出反馈意见。正式的论文审查和答辩通常由 2 位专家（一位为 IOE 教师，一位为外部人员；必要时两位都是外部人员）共同进行。与 PhD 论文答辩有所不同的是，允许 Ed. D 学生在答辩开始时做 10—15 分钟的论文陈述（属于自愿）。答辩时允许导师以观察者的身份在场，以便导师了解审查者提出的评论和建议，从而在答辩后更好地指导学生。另外，IOE 还为每名学生的答辩设立一位独立主席（independent chair）。独立主席不参与论文答辩的学术性事务，而是以一位中立观察者的身份出席答辩会，确保答辩在程序上符合规定，公平公正地进行。

（三）培养方式

IOE 的 Ed. D 培养采取导师负责和集体指导相结合的方式进行。学生一旦被录取，IOE 就会根据学生的研究领域为其分配一位导师。导师负责对学生的学习提供全程指导。除此之外，Ed. D 培养的每个环节都有强大的团队支持着学生的学习。

每门课程的教学都由一个课程团队来负责实施。课程学习通常的实施方式是要求学生每学期参加三次由 IOE 组织的集中学习，每次 2 天（通常是周五和周六）。在此阶段，导师的主要任务就是每学期审核一次所指导学生的学习进展情况，并指导其寻找可能的研究领域。在学生课程学习期间，IOE 要求导师除了通过电话、邮件等方式进行指导之外，必须每学期至少对学生进行面对面指导一次。

进入 IFS 阶段之后，IOE 要求导师必须每学期对学生至少指导三次。除了导师的指导之外，IOE 还为进入 IFS 阶段的学生举办 IFS 工作坊（IFS Workshops），指导和支持学生开展 IFS 研究。这种工作坊每学期一般举办两次，IOE 要求学生参加这种工作坊。还有一点值得指出的是，IOE 还利用 Blackboard 这一网络平台，开设了"虚拟研究工作坊"（Virtual Research Workshop），旨在帮助学生制订 IFS 研究计划，巩固和拓展对于研究方法的理解。

在进入论文研究阶段之后，IOE 除了继续要求导师每学期对学生至少指导三次之外，还为学生每学期举办学位论文工作坊（thesis workshop），并要求学生参加。作为对导师指导的一种补充，这个工作坊为进入论文研究阶段的学生提供从撰写研究计划直到论文答辩的全程支持。在这个工作坊中，学生获得的不仅有来自其他教师的指导，也有来自同学之间的建议。

除了上述之外，IOE 还为所有的博士生都各安排了一个指导小组（Advisory Panel），指导小组通常至少由三名成员组成，其中一人是学生自己的导师。指导小组的主要职责是：（1）监督学生年度学习进展审核的实施，确保对学习进展的监控；（2）在导师之外，为学生的学习等提供形成性反馈或评估；（3）在导师离开 IOE 或因休假而不在 IOE 时，确保指导的连续性；（4）规定一位小组成员在学生开始收集数据或进行实践工作之前对其研究进行是否关涉伦理问题的审查；（5）监督学生在进入学位论文阶段之前的研究计划的正式审核，并且需要时参与审核；（6）在指导教师提出协助请求时，为学生提供指导。

（四）评价方式

IOE 对于 Ed. D 学生的评价方式有两个特点值得关注：

1. 注重过程监控

为了确保学生能够在规定的修业年限内完成各培养环节，IOE 建立了全程审核学生学习进展情况的一整套程序。这套程序除了前述各培养环节的具体措施之外，还包括：

第一，年度进展审核。每学年末，学生都须和导师一道回顾一下自己过去一年的学习进展，并提交一份年度进展报告。Ed. D 项目团队和学生所在的系会根据这份报告掌控学生的学习情况，确保教育教学、导师指导和支持是否达到要求，及时发现学生或导师遇到的困难。负责学士后研究工作的系主任会代表系研究生委员会对所有学生的年度进展报告进行检查。

第二，进入 IFS 阶段之前的审核。学生要进入 IFS 阶段需满足两个条件：一是提交了由四篇合格的课程作业和一篇反思性陈述组成的文件夹，并经指导小组成员审核合格；二是 IFS 研究计划获得 Ed. D 项目团队的批准。此项审核通常在第二学年末进行。

第三，进入论文研究阶段之前的审核。审核的主要内容一是 IFS，二是博士论文研究计划。负责审核的是由导师之外的 2 位专家组成的审核小组（review panel），其中有一人可能是指导小组成员。他们二人负责阅读学生提交的书面材料，并开会讨论。在审核会上，会要求学生到场接受询问。

2. 注重引导学生对各培养环节之间的整合性理解

这主要体现在以下两方面：

第一，要求学生在提交四篇课程作业之同时，提交一份大约2 000字的反思性陈述。这份陈述一般包含以下内容：（1）对作业内容的简单描述和反思，包括从撰写作业中获得的新洞见和理解；（2）对作业之间以及课程与作业之间关系的反思；（3）说明从教师获得的反馈在多大程度上影响了自己的学术思维；（4）思考 Ed. D 的学习与自身的专业实践和发展之间的关系；（5）证明自己已经形成关于 IFS 和学位论文的想法，并揭示课程学习与这些想法之间的关系。

第二，要求学生在博士论文的正文之后附上一份大约2 000字的陈述。陈述一般包含以下内容：（1）对于自己在整个培养期间学习经验的总结和综合；（2）在各要素之间建立联系；（3）说明 Ed. D 项目对自己的专业发展和知识积累的作用。论文答辩时审查的不仅是论文本身，还包括学生对 Ed. D 培养方案中各个环节和要素之间的关系和整合性的理解。

三、格拉斯哥大学的 Ed. D 培养

格拉斯哥大学（以下简称"格大"）始建于 1451 年，是英国第四古老的大学，现在是一所研究型综合性大学。每年大约有 16 500 多名本科生，5 000 多名研究生在格大学习，生源分布广泛，达 120 多个国家。[①] 格大教育学院是格大成立时间最短的学院，它提供的研究生包括硕士学位教育和 Ed. D 教育两个层次。

（一）招生要求

格大的 Ed. D 项目主要招收在各级各类教育、培训和开发机构或相关组织工作的专业人员。迄今为止，格大的 Ed. D 项目的学生主要来自中小学、继续和高等教育机构、地方政府和健康教育机构。入学要求是申请者必须具有教育领域的硕士学位或相当的资格。

（二）培养方案

格大 Ed. D 项目的总体培养目标是：（1）提升学生分析、评估、质问和运用相关教育理论、原则和概念所需的批判性反思意识与能力；（2）提升学生对专业实践、政策发展和分析、教育未来和研究活动的理解；（3）使学生具备参与分析、评论、应用和生成与其专业工作环境相关并对其产生影响的教育实践、政策和研究的能力。从这一总体目标规定以及格大对 Ed. D 项目学生预期学习成果的具体规定来看，格大强调 Ed. D 培养与学生的专业实践和发展的相关性，并聚焦于研究、政策与实践三者之间的相互关系。这也是 Ed. D 项目与 PhD 之间的主要区别所在。不过，格大也强调，Ed. D 项目在学术要求的严格程度和地位上丝毫不亚于 PhD，它是为那些要在教育领域从事高级研究者提供的一种既有专业实践相关性，又有严格学术要求的创新型培养项目。[②]

格大的 Ed. D 项目是一种五年制的部分时间制远程教育项目。不过格大考虑到 Ed. D 属于一种成人在职学习，允许学生休学一定的时间。格大

[①] Student Numbers［EB/OL］.［2010—07—19］. http://www. gla. ac. uk/about/facts/studentnumbers/.

[②] Department of Educational Studies，University of Galsgow. Doctorate in Education（Ed. D）［EB/OL］.［2010—07—21］. http://www. gla. ac. uk/departments/educationalstudies/postgraduatestudies/doctorateineducationEd.D/.

的 Ed. D 项目要求学生修学 540 学分（80 学分属于硕士生层次，460 学分属于博士生层次）。整个培养包括课程学习和学位论文两大部分。第 1—3 学年通常属于课程学习阶段，在此阶段学生需要修学 6 门课程，共 240 学分；第 4—5 学年通常属于学位论文阶段，折合 300 学分。

1. 课程学习

第 1 学年一般开设如下两门课程：

• 专业学习与实践中的批判性反思

该课程的主要目的在于：（1）探讨专业发展和实践中反思的概念；（2）质问反思型实践者观念；（3）考察和开发批判性反思的方式。

• 教育政策

该课程的目的在于：（1）帮助学生理解教育政策研究中的主要方式；（2）使学生具备批判性地反思政治与公共政策之间关系的能力，包括帮助学生理解新自由主义和"第三条道路"政治；（3）提升学生对于这些政策研究范式背后的基本假定以及它们对于专业实践之影响的意识；（4）帮助学生意识到当代教育政策研究中的主要议题；（5）使学生具备在国内或国际环境下开展关涉重要教育问题的政策研究所需的知识和能力；（6）将政策置于当代关于全球化讨论的背景中进行考察。

第二学年学生通常修学开设以下两门课程：

• 教育之未来

该课程的主要目的在于：（1）针对教育之未来，批判性地评估一系列当前和预期的问题、关切和可能性；（2）鼓励批判性、缜密地研究教育之未来；（3）评估全球化背景下教育之未来；（4）考察未来教育促进全球社会公正的方式。

• 伦理与教育

该课程的主要目的是：（1）帮助学生形成一种对于教育研究中关键性伦理概念的批判性理解；（2）评价现代教育思想中的主要趋势与学派；（3）评价关于教育促进公平和社会公正的各种社会学和哲学的视野。

第三学年开设的两门课程是：

• 开放研究 1：提升研究方法——教育探究中的选择与挑战

该课程的主要目的是：（1）提升学生对教育研究过程的知识、理解和运用能力；（2）为学生提供评估各种研究方式、方法论以及与学生各自关心的研究话题相关的研究方法的机会；（3）帮助学生就博士论文的选题做出明智、可行的选择；（4）使学生具备质问和阐明研究、政策、实践之间

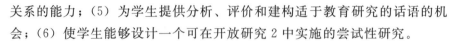

关系的能力；（5）为学生提供分析、评价和建构适于教育研究的话语的机会；（6）使学生能够设计一个可在开放研究 2 中实施的尝试性研究。

• 开放研究 2：运用研究方法

该课程的目的主要在于：（1）拓展学生在博士层次上对于教育研究过程的知识和理解，并且使其能够将可能要用于博士论文的研究方法直接运用于小规模研究；（2）使学生能够顺利完成最终博士论文的研究计划；（3）使学生能够根据尝试性研究进行研究设计、批判性的评估和报告；（4）帮助学生思考和阐明研究、政策、实践之间的关系；（5）提升学生评估和构建适于学生所选择的教育研究方式的话语。

2. 学位论文

在此阶段，学生在指派的导师指导下开展一项研究课题，完成 5—6 万字的学位论文。博士论文要求能够展现学生以下几方面的能力和素质：（1）在所研究领域具有适当的知识基础；（2）独立批判能力；（3）明显的知识贡献；（4）熟悉如何恰当地运用教育研究方法；（5）使用了恰当的写作和呈现风格；（5）对专业实践进行了批判性反思。由此规定可以看出，格大对 Ed. D 学位论文的要求一方面强调论文在知识生产方面的贡献，另一方面也强调论文与专业实践的关联性。

（三）培养方式

格大的 Ed. D 项目在培养上以弹性的、提供援助的网络学习为主要手段，辅之以周末在格大的集中强化学习（每门课程有一个强化学习周末）。

格大基于虚拟学习环境——Moodle 网络学习平台开展 Ed. D 培养。该项目强调建设和维持一个挑战性和援助性兼具的网络学习共同体，以推进 Ed. D 培养。格大教育学院或教师会把每门课程要求学生阅读的文献转换成数字化资源，放在网络平台上，学生可以凭借学院提供的密码在平台上下载资料。教师会根据需要适时地给学生提供弹性化的支持。对学生的支持主要借助网络平台，采用集体和个体讨论与交流的形式进行，辅之以电子邮件、电话和适当的面对面指导。而且，越来越多的教师和学生经常借助 SKYPE 进行同步交流。

所有 Ed. D 项目的学生都自动被注册为 Ed. D 共同空间（Ed. D Common Room）的成员，这个共同空间会在如何使用 Moodle 平台、学术规范、大学校内外的各种资源等方面给学生提供帮助和建议。在学生开始 Ed. D 项目第一门课程学习之前的三周里，在第一门课程的网络空间和环境中，教师会给学生提供一个入门培训。这个培训旨在确保所有学生能够使用 Moodle 平台开展他们的正式学习。

第 1 年到第 3 年的课程教学除了网络在线学习之外，都相应地设置了一个必修的周末集中强化学习环节。这个环节的主要作用在于为学生分享与课程相关的学习体验和专业实践经验提供指导和互动交流的机会。在第 4 年至第 5 年的博士论文撰写期间，根据需要每年会设置一个周末学校（通常是三天）或双日学校环节。

当学生进入博士论文阶段时，除了继续作为基于 Moodle 的网络学习共同体成员，每个学生还会被指派一位导师。在撰写论文阶段，学生和导师每年要提供一份进展报告，Ed. D 项目负责人定期地对年度进展报告进行检查督促。项目要求学生通常每周至少要在线一次，参与讨论和其他课程活动，要完成各阶段的所有要求。

（四）评价方式

格大 Ed. D 项目实施的特色在于其构建和维持了一个在线学习共同体。相应地，评价方式也体现了网络学习的特点，即主要根据学生在线或在网络学习的"空间"中参与、互动、讨论和相互之间的评价等情况进行形成性评价。为了支持学生的学习和进步，项目设计了大量的形成性反馈，这些反馈不仅来自于教师，还来自于学生之间；形式也多种多样，或是发表讨论帖子，或是回答提出的讨论问题，或是关于核心学习活动的开展。

除了形成性评价之外，每门课程都要根据一份大约 5 000 字的书面作业进行终结性评价，这份作业要求能够展示学生对这门课程的知识掌握、能力和运用情况。终结性评价作业一般会给学生留有一定程度的弹性空间，以便学生可以根据个人的专业需求和环境进行调整。

需要指出的是，六门课程中的"专业学习和实践中的批判性反思"和"教育政策"这两门课程（通常在第一学年学习）是按照硕士水平进行评价的。

Ed. D 学生要获得教育博士学位还必须提交 5—6 万字的博士学位论文，对论文的审核方式与哲学博士相同，要求有两位专家进行审核，一位是内部专家，一位是外部专家（如果是内部人员攻读 Ed. D，则 2 位审核专家均须是外部专家）。内部审核专家，通常是教育学院的教师，应该是与该博士生的论文指导工作没有密切联系的人员。

四、英国 Ed. D 培养的特征

透过以上对英国的 Ed. D 教育，特别是 IOE 和格大的 Ed. D 培养的考察，我们可以发现有以下几个方面特征值得关注和借鉴。

第一，视 Ed. D 为研究型学位，重视研究训练。在英国，无论在 IOE，还是在格大，Ed. D 一般都被视为 PhD 相同的研究型学位（research degree）。尽管英国的 Ed. D 项目并不以培养专业研究人员为目标，但是高度重视学生通过研究实现自己的专业发展和实践改进，因此，在研究方面的要求丝毫不亚于对哲学博士的要求。也正因为如此，英国的 Ed. D 项目不仅在论文研究阶段，而且在课程学习等其他环节高度重视研究训练。在课程学习环节重视研究训练，不仅体现在重视研究方法课程（注重研究过程而非具体的研究方法），还体现在课程学习不追求给学生提供多少系统的知识，而是注重为学生批判性地思考和研究教育问题提供指导和训练。

第二，突出过程指导与监控，注重培养质量。虽然 Ed. D 在英国的历史尚短，但其获得的地位与社会声誉却丝毫不亚于 PhD。这与英国各高校具有极强的质量意识不无关系。对于在职人员来说，由于时间和空间的关系，要在规定的期限内顺利完成 Ed. D 学业，过程的指导与监控显得尤为重要。因此英国的许多高校（这一点 IOE 表现得尤为突出）都非常重视过程指导与监控，并将过程指导与过程监控有机结合，相得益彰。

第三，充分利用现代信息技术，开展网上教学。现代社会是一个信息化社会，现代教育技术也被广泛运用于教育之中。英国也不例外。在 Ed. D 培养中，针对成人在职学习的特点与需求，格大、IOE 等英国大学都借助网络学习平台构建学习共同体，一方面通过网络为学生提供丰富的数字化资源；另一方面为教师与学生、学生与学生之间的交流提供空间与机会，深化了学习的成果，在很大程度上弥补了集中学习时间短的不足。

第 8 章

中等教育与高等教育的衔接：
日本与加拿大

第 *1* 节　日本"高大衔接"中的"高大协同"：现状与问题①

自 1998 年高等教育扩招以来，我国的高等教育规模迅速扩张，据教育部发布的 2013 年全国教育事业发展统计公报，全国各类高等教育在学总规模达到 3 460 万人，高等教育毛入学率已经达到 34.5%。② 伴随高等教育快速进入大众化轨道，高校学生群体的构成和需求等日趋多样化，大学生在学习和生活等方面开始出现一些新的问题，比如学习目的不明确、学习意愿不强、不能适应大学学习和生活等。在此背景下，中等教育与高等教育的衔接问题日趋凸显，成为我们不可回避的重要课题。解决好这一问题，不仅是大众化背景下确保高等教育质量的需要，还是知识社会背景下构建终身学习体系的应有举措。正如有学者所指出的那样："由于高等教育量的扩大而引发的种种问题，从 20 世纪中叶开始经历高等教育规模扩张的教育发达国家几乎都为此烦恼过。高大衔接问题在这种共通性当中也可以说是在世界同时发生的全球性课题。"③ 这意味着我们在思考和解决中等教育与高等教育衔接问题的时候，可以借鉴这些教育发达国家在此方面的经验和教训。

正如"高大衔接"和"高大协同"这两个术语在世纪之交以来的日本教育界广泛流行所表明的那样，中等教育与高等教育衔接问题近年来在日本已经成为日趋凸显的热点话题。特别值得指出的是，进入新世纪以来，日本在解决"高大衔接"问题时，开始从以往只重视招生选拔的"选拔衔接"，转向重视包括招生选拔、课程和教育方法在内的"整体衔接"，并且

---

① 本节作者系饶从满、徐程成，本节曾发表于《外国教育研究》2014 年第 12 期，原文题为"日本'高大衔接'中的'高大协同'"。

② 教育部. 2013 年全国教育事业发展统计公报. [EB/OL]. [2014—08—12]. http://www.moe.edu.cn/publicfiles/business/htmlfiles/moe/moe_633/201407/171144.html.

③ 日本高等教育学会. 高大接続の現在 [C]. 東京：玉川大学出版部，2011：9.

扩大高中和大学之间在"教育上的合作"，即"高大协同"。①在日本的教育界，尽管使用者在实践中会赋予这两个术语以不同的含义，但一般而言，所谓"高大衔接"指的是高中与大学这两个学校教育阶段之间的衔接，而所谓"高大协同"主要是指高中与大学为了两个阶段之间的教育衔接而开展的合作活动。就二者的关系而言，"高大衔接"是目的，"高大协同"则是"高大衔接"的手段之一。鉴于此，本节将把"高大协同"放在日本"高大衔接"的大背景中进行考察，并在此基础上分析其实施现状与问题。

一、背景：由重视"选拔衔接"向重视"教育衔接"的转变

"高大协同"是在世纪之交以来日本的"高大衔接"由重视"选拔功能"向重视"教育功能"转变的过程中②，作为"教育衔接"的重要手段而兴起与发展起来的。

（一）20 世纪 90 年代末之前的"高大衔接"：以选拔衔接为主

第二次世界大战结束后，日本通过学制改革使高中毕业成为升入大学的基础资格。这一改革虽然在制度上为"高大衔接"提供了可能，但是，在考生远远超过大学招生定额的高等教育精英化阶段，考生除了取得高中毕业资格之外，还需通过大学的入学考试。在当时的背景下，大学可以在一大批学习能力和学习意愿都较高的学生中精挑细选。大学方面并没有把"高大衔接"视为一个需要正视的问题。相反，大学为了达到区分和选拔的目的，在入学考试出了许多超出高中学习内容的难题、怪题，使得高中方面把"高大衔接"视为问题。③ 也就是说，在高等教育精英化阶段，"高大衔接"问题并没有成为大学和高中共同关心的问题。

此后，伴随经济的快速恢复和高速发展，日本的高中入学率也急剧攀升，到 20 世纪 50 年代中期即已超过 50%，到 70 年代中期已达到了 90% 以上，高中教育迅速由大众化进入普及化阶段，高中开始成为全民教育机构。④ 而另一方面，在进入 70 年代中期之后，由于担心高等教育的迅速扩

---

① 中央教育審議会. 初等中等教育と高等教育との接続の改善について（答申）[EB/OL].
[2013—10—10]. http://www.mext.go.jp/b_menu/shingi/12/chuuou/toushin/991201.htm.

② 荒井克弘. 高大接続の日本的構造 [J]. 高等教育研究, 2011 (14)：7—19.

③ 初年次教育学会. 初年次教育の現状と未来 [M]. 京都：世界思想社, 2013：43—44.

④ 初年次教育学会. 初年次教育の現状と未来 [M]. 京都：世界思想社, 2013：44.

张会带来教育质量下降，日本文部省采取了控制高等教育入学率急剧上升的措施。这样一来，围绕大学升学的竞争更趋激烈。而且，之前只是与少数人有关的"应试竞争"逐渐变成了多数国民的共同问题。特别是在经济高速成长期，在升学需求高度增长的背景下，出现了许多孩子和父母被卷入"过度应试竞争"中的情况，之后这种影响也长期持续。正是在此背景下，日本从 20 世纪 70 年代开始围绕大学入学考试的应有方式研究教育衔接问题。① 但在当时的背景下，关于高大衔接主要考虑的还是如何公平、有效地选出具有接受高等教育能力的人，也就是说，主要基于"教育机会的均等化"来思考大学入学考试改革问题。中央教育审议会 1971 年的咨询报告确立了通过"高中的调查报告""共通测试""大学的入学考试"三者来对学生进行综合判定的宗旨②。根据这一报告的建议，日本后来逐步建立了由考查学生基本学力的共通一次考试、各大学在此基础上进行的关于学生高等教育适应性的二次考试，以及反映考生高中学业成绩的调查报告所构成的一个大学入学招生选拔体系。这一体系试图让不同类型的学生能够得到均等的接受高等教育的机会，为高等教育发展到大众化阶段的高中与大学之间的选拔性衔接提供一个可以多样化发展的平台。这个平台的建立，一方面有助于大学在确保学生基本学力的基础上按照各自的办学宗旨选拔合适的学生，另一方面也有利于学生从高中教育更好地过渡到适合自己的大学教育当中去，从而达成"高大衔接"的目的。然而这一体系在实际操作中，一方面由于 70 年代到 80 年代期间日本大学入学率一直稳定在 35％左右③，另一方面由于"通过检测学力的选拔是最公平的"这一观念仍然存在，本应对入学者进行综合判定的选拔仍然是以学力为中心来进行，有特殊才能的入学志愿者并没有获得更多的高等教育机会。并且，由于应试产业的介入，还出现根据偏差值对大学进行排序等问题。当时的考生在选择大学时考虑的不是"想上的大学"，而是"能上的大学"，这对入学志愿者进入大学之后的学习也产生了相当大的影响，对大学教育来说是一种消极因素，不利于"高大衔接"目标的达成。

---

① 兼松儀郎. 中等教育と高等教育とのアーティキュレーション［M］. 東京：学術出版会，2007：13.

② 中央教育審議会. 今後における学校教育の総合的な拡充整備のための基本的施策について（答申）［R/OL］.［2013—09—12］. http://www.mext.go.jp/b_menu/shingi/old_chukyo/old_chukyo_index/toushin/1309492.htm.

③ 初年次教育学会. 初年次教育の現状と未来［M］. 京都：世界思想社，2013：45.

虽然日本文部省在这一阶段通过修订《学习指导要领》和《大学设置基准》推动高中和大学课程的弹性化，开始思考学生的多样化发展问题，但在激烈的大学升学应试竞争没有得到缓和的情况下，一些高中以为大学入学考试做准备的指导思想并没有发生变化，而且促成了"预备校""补习班"等应试产业的发展壮大。可以说此时的高中教育仍然是在与"大学入学考试"而非与"大学教育"衔接。

（二）世纪之交以来的日本"高大衔接"：重视"教育衔接"

日本的高等教育入学率在 1975 年达到 34.2％这一高峰之后，直到 20 世纪 80 年代末，总体处于相对稳定的时期。然而进入 20 世纪 90 年代以后，由于文部省采取了一些宽松政策，高等教育入学率步入上升趋势，到 2005 年就已经超过 50％，日本高等教育由此进入普及化的阶段[1]。与此同时，由于 18 岁人口逐渐减少，日本同时进入高中毕业生均可以上大学的所谓"大学全入时代"。这一状况的出现对升大学的意义以及高中教育与大学教育的关系产生巨大的影响。荒井克弘将这种变化称作由"金字塔形"向"梯形"转变，由"选拔"向"衔接"转变。[2] 在荒井看来，高中教育与大学教育之间的关系问题，在以前主要停留在"大学入学考试"这一节点上，所考虑的只是"选拔"；而现在需要考虑的是包括大学入学前和大学入学在内的整个"过程"，亦即教育上的"衔接"问题。[3]

1999 年 12 月，中央教育审议会发表的《关于改善初等中等教育与高等教育的衔接》咨询报告指出："在高中、大学各自向多样化、个性化发展的同时，伴随着升学率的上升，进入大学的学生的能力和学习经历也日趋多样化。在这种情况下，高中和大学应该扩大协同，进一步有效促进个人多样且具特色的能力和个性的发展"。报告提出了日本"高大衔接"今后要着力解决的四个方面课题：一是开展以培养"自主学习、独立思考能力"与"课题探究能力"为主轴的教育；二是将后期中等教育阶段中的多样性与高等教育阶段的多样性进行"衔接"；三是促进大学与学生之间的相互选择；四是促进学生主体的出路选择。针对这些课题，报告也提出了解决问题的指导思想："在思考初等中等教育与高等教育衔接的时候，很

---

① 初年次教育学会. 初年次教育の现状と未来 [M].京都：世界思想社，2013：44.

② 荒井克弘，桥本昭彦. 高校と大学の接続：入试选拔から教育接续 [M].东京：玉川出版部，2005：11.

③ 荒井克弘. 高大接続の日本的构造 [J].高等教育研究，2011（14）：7—19.

容易就把重点放在入学选拔上了。但是在大约 70％ 的高中毕业生均以某种形式接受高等教育的状况下，不能再像以往那样基于如何选拔这一视角，而是应该从学生如何选择符合自己能力、意愿和兴趣的高等教育机构，或者如何发现大学想要的学生，特别是应从今后如何实现高中教育向高等教育顺利过渡的观点，考虑衔接问题。不仅仅是入学选拔问题，还需要包括课程与教育方法等在内考虑整体的衔接。在充分考虑从初等中等教育到高等教育各个阶段应该发挥的作用基础上，基于一体化的思想推进改革这一视角至关重要。"[①] 这是日本在政策上首次提出的关于"高大协同"的指导性建议，也是日本在解决高大衔接问题时正式转向重视包含招生选拔、课程和教育方法在内的"整体衔接"的重要标志。而日本的"高大协同"活动也正是在此背景下为了"教育衔接"而蓬勃开展起来的。

二、"高大协同"的实施现状

胜野赖彦曾经在对日本"高大协同"活动的实际状况进行分析的基础上，将"高大协同"界定为"高中与大学利用各自的教育资源，协同开展的教育活动之总体"，并且又将"高大协同"分为狭义和广义两种。所谓狭义的"高大协同"是指"以高中生为对象，利用大学教育资源开展的高中教育活动"，主要有四种类型：一是旁听大学的正常课程；二是参与以高中生为对象的讲演或讲座；三是参与体验入学、开放校园；四是在特定大学实施的实验、实习、个别指导。此类活动的对象是高中生，在实施方法上利用大学的教育资源，在性质上属于高中教育活动。在举办场所上，有在大学校园的，也有在大学外举办的。大学内举办的活动，有的是大学主办的，也有的是高中主办的；大学外举办的活动，既有大学主办的，也有高中主办的，还有的是地方教育委员或高大协同联络协议会主办的。广义的"高大协同"则是指"高中与大学协同开展的有助于改善高中教育和大学教育的措施"。胜野赖彦列举了以下几类活动，并认为这些活动当属于广义的"高大协同"活动范畴：（1）以大学生为对象而实施以提高基础学力为目的的补习课程等；（2）举办以提高高中教师学科教学能力等为目的的研讨会；（3）举办以提升高中和大学教师教学能力为目的的研修会

---

① 中央教育審議会. 初等中等教育と高等教育との接続の改善について（答申）［EB/OL］.［2013—10—10］. http://www. mext. go. jp/b＿menu/shingi/12/chuuou/toushin/991201. htm.

等；（4）为促进高中与大学间的相互理解而设置联络协议会。①

本节采用的是广义"高大协同"概念，即凡是高中与大学协同开展的有助于改善高中教育和大学教育的活动，均视为"高大协同"活动。"高大协同"的目的是促进"高大衔接"，而"高大衔接"的最终目的则是为了学生能够从高中教育向大学教育顺利过渡。因此，学生是"高大协同"活动的主要服务对象。而从日本实际开展的"高大协同"活动来看，针对的学生群体既有高中生，又有大学生。因此，以下将分别考察和分析针对高中生和大学生的"高大协同"活动，前者属于胜野赖彦所说的狭义的"高大协同"，后者则属于广义的"高大协同"范畴。

（一）针对高中生的"高大协同"活动

以下根据胜野赖彦关于狭义的"高大协同"活动的分类，对日本针对高中生开展的"高大协同"活动进行分析，其中将着重从活动内容与形式、活动实施状况、活动成效等角度对其进行分析。

1. 为高中生提供在大学课堂听课的机会

一般是指为高中生提供以大学的科目修习生、旁听生的身份到大学正常的课堂听课学习的机会。高中生到大学课堂听课所获的学分，学分制高中通常会将其作为"在大学当中所修的学分"给予认定，也有的是在进入这所大学甚至其他大学后作为大学的先修学分来处理的。当然也有许多此类活动与学分认定没有关系。这一形式的协同活动对于高中生体验大学教学和学习方式，了解大学专业和学习非常有帮助，但是这种合作形式也受到客观条件的限制：第一，高中生要走入大学的课堂，首先要考虑时间上与高中现有课程教学是否冲突，在地理位置问题是否方便上学通勤，等等。第二，这种听讲很多情况下需要缴纳一定的听课费，对于一些家庭来说是一种额外的负担。第三，此类活动通常由大学方面事先指定能够适合高中生听讲的科目，并规定最高旁听人数，对于高中生而言选择范围相对较小。而且有些授课内容对于高中生而言相对较难。第四，在评价方面，一般需要大学方面具体把握参与学生的出席、听讲、学习等情况，但最终学分却不一定由该所大学认定，所以需要大学方面有高度负责的态度、学生有较高的学习意愿与努力，以及高中提供充分的事前和事后指导。第

---

① 勝野賴彦. 高大連携とは何か［M］. 東京：学事出版株式会社，2004：68—73.

五，对于占高中绝大多数的学年制高中来说，这种形式的"高大协同"实施起来无论是在时间安排、大学课程的选择，还是在学生评价等方面，都会有很大的局限。

2. 开展以高中生为主要对象的授课和讲座

与第一种类型不同的是，这种"高大协同"活动是以高中生为主要对象而策划的授课与讲座，地点可能在大学内也可能在大学校外，而且形式极为多样，相关活动也有不同的名称，比如夏季集中讲座、面向高中生的公开讲座、大学开放讲座、特别授课、上门授课等等。在时间安排上，一般会利用暑假中几天的时间，或周末等时间来集中持续地进行，相对于第三种类型中时间较短的一次性讲座，这种系列性讲座或授课总体来说专业性更强一些，当然也有只进行一天或几个小时的情况。在性质上，多数高中是出于调动学生学习积极性的目的，而把这种活动作为出路指导的一环来加以利用的，但也有部分高中是作为课外活动、学科指导的补充来对待的。这种活动的优点是授课内容比较灵活多样，现在很多大学都在学校的网站上设置了关于"高大协同"的主页，上面会有关于这种讲座的授课科目和授课内容的说明，高中方面可以联系申请；也有的是由高中方面提出内容要求，大学提供相关课程的情况。参加人数从几个人到整个年级或整个学科的学生不等，时间上一般也不会与高中正常教学发生冲突。对于高中生而言，便利很多。但相对来说，准备、组织和管理这种活动需要大学和高中花费一定的人力物力，对教师来说负担较大，或者沦为只有部分教职人员参与的活动，缺乏系统性，因而也会影响衔接目标的达成。因此，有一些大学已经开始设置专门的部门来进行协调组织、联络教师等工作。

3. 为高中生提供体验入学和校园参观等机会

这一类型的"高大协同"活动一般由大学举办，在名称上各异，除了被称作"体验入学""校园参观"等之外，还有的叫作"开放校园""大学说明会"等。活动的内容主要是对大学基本情况和大学学习生活的介绍，也有一些模拟授课的形式，但与第二类型的协同活动相比，时间一般都比较短，但参加人数上通常都是年级或学科的全体学生。这种"体验入学"或"开放校园"活动从20世纪90年代后期就在很多大学作为确保生源的手段开始实施了。进入2000年以后，很多被称为"难关校"的大学也开始举办此类活动，目的主要是为了帮助学生在了解大学的基础上做出更适合自己的选择。这种活动的广泛开展，从高中方面来说，有助于解决高中生出路指导的难题。因为伴随入学考试竞争的缓和与入学考试方法的多样化，高中生也在强调个性化发展的背景下呈现出多样化的样态，高中对应该如何指导学生选择大学和学科专业愈发感觉困难，无法靠单方面的力量为高中生提供全面准确的信息。在此背景下，高中一般是将其作为出路指导的一部分来对待的。从大学方面来说，在 18 岁人口不断减少的大环境下，特别是从 2004 年开始实行国立大学法人化之后，向高中生提供大学相关信息既是大学对地区的贡献，是一种获得生源的手段。另外，在这一过程中，民间业者也捕捉到了其中的商机，开始以中介的身份参与大学的说明会、上门讲座等作为在高中举办的活动，高中也确实因此减轻了部分负担。① 这些都是大学教师在高中进行短期授课、举办讲座和大学说明会等形式的协同活动数量迅速增长的重要原因。

4. 为高中生提供在大学进行实验、 实习以及个别指导的机会

这种类型的"高大协同"活动整体数量不多，一般都是高中与缔结合作协议的特定大学之间的活动，参加人数通常较少。通常情况下是作为"课题研究"的一部分，高中将学生或教师派往相关大学，接受个别指导，参与相关先进技术的实验、实习等。与第一种类型相比，虽然高中生并非参与正常的大学课堂学习，但从持续性来说学生还是能够切实接受大学专业性较高的教育或指导。这种协同活动的缺陷或不足是，它通常需要高中与大学之间有着密切的关系，对人员的要求较高，受众范围也较小，不适合广泛地展开。

针对高中生开展的上述"高大协同"活动能否有效、可持续地进行，至少需要考虑两个方面因素：一是活动的内容对高中生而言是否具有足够的吸引力，是否能够吸引学生的广泛参与；二是参与此类活动对于学生而言在时间、交通等方面是否便利。胜野赖彦曾经以"重视专业性——重视体验"为纵轴，以"大学内——大学外"为横轴，对日本的"高大协同"活动进行如图 8 - 1 的体系化整理②。在大学听课这种活动由于专业性比较高，而且是在大学进行，所以其对象仅限于对这个领域比较感兴趣的部分高中生；体验入学、校园开放尽管是在大学举办，但是在内容上主要是介绍大学生活，重视体验，富有多样性，因此能够参加的高中生比较多；公

---

① 加野芳正，葛城浩一. 大学におけるキャリア支援のアプローチ [M]. 広島：広島大学高等教育研究開発センター，2009：71—72.

② 勝野頼彦. 高大連携とは何か [M]. 東京：学事出版株式会社，2004：74—75.

开讲座在内容上可能与大学正常课堂的听课和体验入学有重合的地方，而且举办场所包括大学和大学以外的地方，最具多样性。因此，对高中生来说是否具有吸引力或者方便，取决于公开讲座的具体内容和形式。而在大学外举办的上门讲座、讲演以及大学说明会等活动，大多是高中主办，虽然在内容上各异，但是对高中生来说最为便利，因而受众一般比较多。

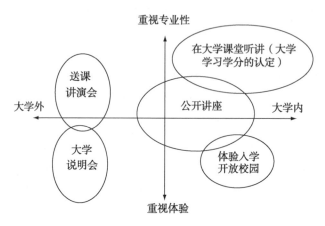

图 8-1 "高大协同"现状图①

表 8-1 2011 年日本提供高中生接触大学教育机会的大学数②

提供的高中生接触大学教育的机会	大学数			
	总计	国立	公立	私立
大学教师定期去高中进行讲课	280	36	22	222
大学教师到高中进行讲演等	552	68	56	428
在大学举办的由大学教师针对高中生的讲演等	303	46	32	225
举办以高中生为对象的公开讲座	203	50	26	127
以高中生为对象，修学大学正常的课程	196	36	14	146
举办以高中生为对象的体验授课	497	70	53	374
开放校园等	698	83	76	539

① 勝野頼彦. 高大連携とは何か [M]. 東京：学事出版株式会社，2004：74.

② 文部科学省. 大学における教育内容等の改革状況等について（平成 23 年度）[EB/OL]. [2014—06—12]. http://www.mext.go.jp/a_menu/koutou/daigaku/04052801/1341433.htm.

根据日本文部科学省《关于大学教育内容等的改革状况》调查结果，2011 年日本大学提供让高中生接触大学教育机会的做法中，实施"开放校园"活动的最多，有 698 所大学（约占日本大学的 92%）；然后是"大学教师到高中进行讲演等"，有 552 所大学（73%）；"举办以高中生为对象的体验授课"的大学有 497 所（65%）（参见表 8-1）。另据文部科学省《关于高中教育改革推进状况》的调查结果，2013 年日本全国利用到大学听课或由大学举办的公开讲座等制度的高中，共有 877 所（其中国立高中 4 所、公立高中 666 所、私立高中 207 所），实施由大学教师去高中进行学校介绍、讲座等的高中数为 2 843 所（其中国立高中 16 所，公立高中 2 192 所，私立高中 635 所）。①

（二）针对大学生的"高大协同"活动
1. 根据学生高中学习情况采取"补习教育" 等措施

日本针对大学生的"高大协同"活动，主要是在 2000 年前后开始实施的，这是因为 2000 年前后日本的"高大衔接"问题由于大学新生学力不足、低下问题而凸显。在此背景下，大学方面开始启动了与高中的教育衔接。针对高中必修科目减少、学生学习经历多样化、大学入学考试科目减少等原因引起的大学新生学力低下和部分科目在高中未学习等问题，许多大学以"补习教育"的形式予以应对。1999 年《学习指导要领》修订之后，在日本的大学中出现了加强"补习教育"的趋势。早在 2000 年，就已有 167 所大学针对没能充分掌握高中学习内容的学生，提供复习高中教育内容的"补习教育"。② 另外，有 80 所大学在基础教育和教养教育中根据学生的高中学习经历将学生分成已修班和未修班，分别进行授课。还有的大学根据学生的学力水平进行更细致的分班分级教学。由于很多学生在秋季就已被大学确定录取，距春季入学还有相当长的一段时间，再加上"补习教育"一般不会被计入大学的学分，所以也有许多大学利用大学入学前的这段时间为即将入学的新生提供补习教育。

根据日本文部科学省《关于大学教育内容等的改革状况》的调查结果，2011 年度，根据学生在高中阶段的学习情况开展相应大学教育的大学数达到 495 所（占总体的 67%），其中提供补习教育的大学增加到了

① 文部科学省. 高等学校教育に関する推進状況について（平成 25 年度）[EB/OL]. [2014—05—12]. http://www.mext.go.jp/b_menu/houdou/26/02/1343732.htm.
② 初年次教育学会. 初年次教育の現状と未来 [M]. 京都：世界思想社，2013：48.

347 所（其中国立 57 所、公立 29 所、私立 261）；将学生按照已修班和未修班的划分进行分班教学的大学有 108 所（其中国立 21 所、公立 7 所、私立 80）；按照学力水平实施分班分级教学的大学有 281 所（国立 35 所、公立 9 所、私立 237 所）。在实施补习教育的大学中，在大学入学前实施的有 254 所，在大学入学后实施的有 221 所。[1]

2. 针对大学一年级学生实施的"初年度教育"

"初年度教育"在日本受到关注是在进入 21 世纪 00 年代中期之后，尤其是近 10 年来的发展尤为迅速。据文部科学省《关于大学教育内容等的改革状况》的调查结果，2011 年度有 88％的大学（651 所，其中国立大学 77 所、公立大学 60 所、私立大学 514 所）实施了"初年度教育"。[2]这一发展与"初年度教育"的概念和地位都尚未确定的 21 世纪 00 年代初相比，给人以恍如隔世之感。

"初年度教育"之所以最近十多年的时间里在日本获得如此巨大的发展，与中央教育审议会 2008 年的咨询报告《面向学士课程教育的构建》有很大关系。该咨询报告对"初年度教育"进行了阐释，并强调了其重要性。报告将初年度教育解释为"为让学生实现从高中向大学的顺利过渡，获得学业和人格上的成长，帮助其在大学获得学业和社会方面的各种成功经历，主要以大学新生为对象而建构的综合教育项目"或者"在大学第一学年帮助高中生成为大学生的计划"。[3] 由于这份报告，"初年度教育"在学士课程教育中获得了作为正规课程的地位。同一年，一批旨在促进日本等教育发展和学生成长的有关人士，成立了"初年度教育学会"，意在谋求在全国范围内推广"初年度教育"。

而构成日本"初年度教育"急速发展的更深刻原因在于大学教育的对象——大学生的巨大变化。在日本高等教育进入普及化阶段之后，大学生在学习目的、学习意愿、学习动机、学习能力等方面都呈显著多样化趋势。特别需要指出的是，不仅一些基础学力较低或不足的学生进入大学，

---

① 文部科学省. 大学における教育内容等の改革状況等について（平成 23 年度）[EB/OL]. [2014—06—12]. http://www.mext.go.jp/a_menu/koutou/daigaku/04052801/1341433.htm.

② 文部科学省. 大学における教育内容等の改革状況等について（平成 23 年度）[EB/OL]. [2014—06—12]. http://www.mext.go.jp/a_menu/koutou/daigaku/04052801/1341433.htm.

③ 中央教育審議会. 学士課程教育の構築に向けて（答申）[R/OL]. [2014—05—12]. http://www.mext.go.jp/b_menu/shingi/chukyo/chukyo0/toushin/1217067.htm.

还有一批学习目的、目标不明确，学习意愿较低的学生，以及不具备良好交流和适应能力的学生都大量涌入了大学。很显然，仅仅依靠复习高中教育内容的"补习教育"已无法充分应对这种状况，"初年度教育"因此应运而生并急速发展。

　　与为了弥补学生在高中阶段应该具备而未具备的基础学力开展的补习教育不同，"初年度教育"是针对大学新生进行的"面向未来"的教育，是旨在帮助学生从高中向大学顺利过渡的教育，是帮助高中生在成为大学生之后实现"从被动的学习态度向主动的、自律的、自立的学习态度的转变"。① 这一点也可以从"初年度教育"的实施内容中看出。尽管"初年度教育"的具体内容涉及多个方面，但根据日本文部科学省《关于大学教育内容等的改革状况》调查结果，2011 年度日本各大学所开展的"初年度教育"中比较多的依次是："报告、论文等有关文章写法的内容""演示和讨论等有关口头发表技法的内容""有关激发对学业和大学教育整体动机的内容""有关赋予未来职业生活及出路选择的动机、方向的内容"，等等（参见表 8 - 2）。②

表 8 - 2　2011 年度日本各大学实施的初年度教育具体内容③

本科阶段"初年度教育"的具体内容	大学数			
	总计	国立	公立	私立
报告、论文等有关文章写法的内容	581	67	52	462
有关记笔记方法的内容	374	38	23	313
演示和讨论等有关口头发表技法的内容	512	70	50	392
有关激发对学业和大学教育整体的动机的内容	498	67	42	389
有关提高逻辑思考、发现问题和解决问题能力的内容	361	58	35	268

---

① 河合塾. 大学の初年次教育調査［EB/OL］.［2014—03—12］. http://www.kawaijuku.jp/research/pdf/kawai_1009.pdf

② 文部科学省. 大学における教育内容等の改革状況等について（平成 23 年度）［EB/OL］.［2014—06—12］. http://www.mext.go.jp/a_menu/koutou/daigaku/04052801/1341433.htm.

③ 文部科学省. 大学における教育内容等の改革状況等について（平成 23 年度）［EB/OL］.［2014—06—12］. http://www.mext.go.jp/a_menu/koutou/daigaku/04052801/1341433.htm.

续　表

本科阶段"初年度教育"的具体内容	大学数			
	总计	国立	公立	私立
有关赋予未来职业生活及出路选择的动机、方向的内容	483	67	34	382
培养作为社会成员的自觉、责任感、伦理观相关的内容	277	50	21	206
有关保持心理、精神、身体健康的内容	186	39	15	132
有关学生生活中的时间管理、学习习惯的内容	318	43	23	252

三、"高大协同"存在的问题

如上所述，世纪之交以来，日本的"高大衔接"已经由重视选拔功能进入重视教育功能的时代。正是在此背景下，日本如火如荼地开展起来"高大协同"。"高大协同"活动之所以能够蓬勃开展起来，是因为此类活动无论对高中还是对大学而言，均具有重要的意义。对高中而言，通过"高大协同"，可以充分利用大学的教育资源来弥补高中教师在专业领域上的不足，起到对高中教育活动补充的作用；通过"高大协同"活动，学生可以接触、了解、体验大学学习和生活氛围，明确学习和发展的方向，增强学习和出路的动力。对于大学而言，通过"高大协同"，一来可以起到宣传学校、吸引优质生源的作用，二来也可以加深对高中教育的现状的了解，从而有助于调整和完善大学教育环境和体制。①

但从日本"高大协同"的现状来看，仍存在一些问题必须要解决：第一，协同合作共识的建立。高中和大学属于两种不同的教育机构，有各自的教育目标和角色，对"高大协同"的需求和期待各不相同。存在这种差异本身并不是问题，而且恰恰是因为这种差异才有协同的必要性。但正如原知章所指出的那样，问题出在"高中和大学对于各自都抱有什么样的意图和期待这一点缺乏深入的相互理解，在这种情况下推进"高大协同"就

---

① 原知章.高大連携の現状と背景[EB/OL].[2014—08—10].http://www.hss.shizuoka.ac.jp/kodai/report_01.html.

会在"高大协同"的目的和地位的认识上出现龃龉的状况"。① 因此，有必要在二者之间通过充分的讨论和交流，建立关于协同目的的共识。

　　第二，有效协同合作体制机制的构建。"高大协同"是否能够长效，需要从参与协同的组织和组织内部的个体两个层面思考建立有效的体制机制。首先从组织层面而言，必须做到双向互动、互利共赢，然而从日本"高大协同"的现状来看，针对高中生的"高大协同"更多的是大学方面向高中提供教育资源，属于单向的协同。针对大学生的补习教育和"初年度教育"能否有效开展，很大程度上取决于大学能否在全面掌握学生在高中阶段学习情况的基础上有针对性地进行。然而，现实中大学要从高中获取有关学生学习情况的准确信息非常难。许多"初年度教育"是在毫无相关信息的基础上进行的。② 今后依然像 Benesse 教育研究开发中心所指出的那样，向"高中与大学教师共同基于连续的视角把握学生培养、讨论教育改进、参与相互的教育互动"的双向的、可持续的"新型高大协同"转变。③ 其次，从个体层面而言，"高大协同"活动的具体落实是高中和大学的教职员，他们的认识和积极性是协同活动取得成效的重要保证。目前来看，许多协同活动经常是依靠少数特定的教职员，再加上"高大协同"活动成效很难立竿见影，这些教职员会感到是一种额外的负担。因此，今后有必要建立一个可以让更多教职员积极参与的体制，同时还需要在评价机制和预算配置等方面采取相应的措施。

　　为了更好地促进"高大衔接"，2012 年 8 月，中央教育审议会决定设置"高大衔接特别部门"，针对"以大学入学者选拔的改善为首的高中教育与大学教育的顺利衔接与合作强化的对策"开始了新的调查研究，相信调查研究的结果也将会给日本今后的"高大衔接"带来新的变化，让我们拭目以待。

---

① 原知章. 高大連携の現状と背景［EB/OL］.［2014—08—10］.http://www.hss.shizuoka.ac.jp/kodai/report_01.html.

② 高崎経済大學産業研究所. 高大連携と能力形成［M］. 東京：日本経済評論者，2013：37.

③ Benesse 教育研究開発センター. VIEW21［高校版］ （2005 年 4 月号）［EB/OL］.［2006—08—12］.http://benesse.jp/berd/center/open/kou/view21/2005/04/04main.html.

第 2 节　日本大学招生选拔方式的多样化：
　　理想与现实^①

　　所谓"高大衔接"是"高中与大学的衔接"的略称，意指"高中教育与大学教育之间的衔接"，从学生的角度来说就是从高中过渡到大学的过程。日本从二战后至今，由高中生（大学升学志愿者）向大学生的身份转变都是通过"升学"即大学招生选拔来实现的，因此大学招生选拔是日本高中教育与大学教育之间一个承上启下的重要衔接点。

　　进入 21 世纪以来，伴随高等教育由大众化阶段步入普及化阶段，日本的大学招生选拔方式愈发多样化。日本推进大学招生选拔方式多样化的初衷之一，就是为了消除倚重偏差值的应试竞争的弊端，达成"高大衔接"的良好状态。但从现状来看，日本大学入学选拔方式多样化这一"理想"与"现实"之间有着巨大的落差。

一、日本"高大衔接"中的大学招生选拔

　　正如先崎卓步所指出的那样，"'高大衔接'大体是由两个概念构成的：一个是作为入学选拔结果而产生的'升学'；另一个是由高中教育向高等教育的顺利过渡，即'学校教育的连续'"。并且"'学校教育的连续'和大学入学考试中对于'学力把握'的状态有着密不可分的关系，大学入学考试制度'内含'了应如何反映'学校教育的连续'这样一个重要课题"。^②可见，"大学招生选拔"在日本的"高大衔接"中有着举足轻重的作用，占据着重要的地位。

　　在 20 世纪 90 年代之前日本大学教育相对"供给过少"的时期，大学的招生选拔不仅"对上"要"选拔出具备接受高等教育相应能力的人"来保证大学教育的顺利展开，同时"对下"也会对高中教育产生一定的影响，选拔方法是关乎下一级学校教育能否全面发展的问题。因此，大学招

---

① 本节作者系饶从满、徐程成，本节曾发表于《外国教育研究》2015 年第 7 期，原文名称为"日本大学招生选拔方式多样化的理想与现实——'高大衔接'的视角"。

② 先崎卓步. 高大接続政策の変遷 [J]. 公共政策学年報，2010（4）：59—89.

生选拔本身就是"一种教育"。可以说，"日本义务教育以后的衔接关系一直以来都是作为招生选拔这种选拔衔接问题来把握的。虽然入学考试并不能等同于招生选拔，但之前总是以入学考试来涵盖（选拔衔接）所有问题"。① 这一时期，对于初中等教育与高等教育的衔接问题，日本中央教育审议会（以下简称"中教审"）也基本是从缓和过度应试竞争的角度，探讨应如何改善大学招生选拔方法。

进入 90 年代之后，随着日本社会的变化和教育的发展，升入大学的应试竞争整体上已有所缓和。1999 年 12 月，"中教审"在题为"关于初等中等教育和高等教育衔接的改善"的咨询报告中明确指出：之前"高大衔接"多是围绕"招生选拔"进行的，今后还要考虑"整体的衔接"，关注在课程和教学上高中与大学之间的衔接问题。但报告中也提出仍需"重视衔接初等中等教育与高等教育之间的入学选拔"，今后改善的方向是"筹划大学和学生之间良好的相互选择，实现学生向大学教育的顺利过渡"。② 也就是说，大学招生选拔在探讨"高大衔接"问题时依然不可或缺，只是在衔接中发挥的功能需由之前"大学对考生单方向的选拔"向"促进大学与考生双方向的选择"转变。

进入 21 世纪以来，日本进入了所谓的"大学全入时代"，中高等教育各方面愈加多样化，"高大衔接"课题也呈现出了新的变化。考虑到今后日本 18 岁人口仍将减少的影响，必须要重新审视目前为止承担着"引学、定学、促学"等诸多功能的大学招生选拔与高中教育、大学教育之间的关系和责任分割问题。因此，2012 年 8 月文部科学省大臣针对"以改善大学招生选拔为首的"高大衔接的课题再次提出了咨询，2014 年 12 月"中教审"发布了题为"关于在新形势下为实现高大衔接推进高中教育、大学教育、大学招生选拔的一体化改革"的报告。日本的大学招生选拔即将据此进行一系列的变革，为实现"高大衔接"发挥其应有的功能。

从探讨日本"高大衔接"问题的历史沿革中可以看出，大学招生选拔与"高大衔接"的诸多问题相关，在客观上承担着衔接的重要功能，在实现"高大衔接"过程中对招生选拔方式的改善与探索始终是不可忽视的。

---

① 荒井克弘，橋本昭彦. 高校と大学の連続：入試選抜から教育接続へ［M］. 東京：玉川大学出版部，2005：58.

② 中央教育審議会. 初等中等教育と高等教育との接続の改善について（答申）［R/OL］.［2013—4—10］.http://www.mext.go.jp/b_menu/shingi/12/chuuou/toushin/991201.htm

二、大学招生选拔方式多样化的"理想"

20 世纪 80 年代后期，日本临时教育审议会提出了"重视个性""向终身学习体系转变""应对国际化、信息化"的三原则，作为教育改革的指导思想。在此思想指导下，日本开始沿着"选拔方法及标准的多样化、多元化"和实施"自由、个性的入学考试"的方向推进大学入学选拔方式的改革，"中教审"开始从培养学生终身学习能力和促进学生个性化发展的角度考虑高中与大学的衔接问题。日本大学招生选拔方式的多样化正是以此为发端的。

在即将迈入新世纪时，日本的社会经济状况和中高等教育进入一个新的阶段，"中教审"根据高等教育即将发展到普及化阶段背景下高中、大学和学生日趋多样化的预测，提出了关于大学招生选拔方式改革的理想设计：通过大学招生选拔方式的多样化，考生能够通过合理的方式与大学达成良性的相互选择，从而实现由高中教育到大学教育的顺利衔接。根据这一理想设计，"中教审"敦促各大学在明示自身特色化招生方针的基础上，自主设定合理的招生选拔方式。

（一）各大学制订特色化的招生方针

随着高中和大学教育改革的推进，高中和大学的功能也开始多样化，招生选拔的基本理念也随之有所变化。根据"中教审"针对"高大衔接"问题的建议，大学的招生不应是"将好学生招揽进来"，而是应该"选择适合的学生"；学生也不应是"被大学选拔"，而是寻求"自主选择大学"。但即便是在应试竞争整体缓和的情况下，学生追求社会威信较高的"好大学"的热情依然不减，社会按照偏差值对大学排序的"校历意识"仍然存在。考生在选择志愿大学时还会受到偏差值的影响，从而产生"非本意入学"及入学后不适应等问题。为了扭转这种选择倾向，实现学生所需与大学所求之间的良好契合，作为前提条件必须要保证大学和学生之间的信息畅通。

首先，为了实现"大学与学生之间更好的相互选择"，"中教审"要求各大学要"根据自身的教育理念、教育目的、教育课程确立特色化的招生方针"，并对外明示以求被广泛了解，招生选拔方法也应该按照这个方针进行设计。① 考生可按照大学（学部、学科）的招生方针来进行自主的、个性化的选择。在此之前，大学入学考试中心已通过网络从 1988 年开始向高中等提供大学、学部的教学科研等信息，从 1992 年开始提供录取入学信息，从 1993 年开始提供关于大学改革的信息。各大学也通过实施大学说明会、制作介绍学部的录像和手册、电话咨询等方式积极提供各种信息。② 但这些多是关于大学现有情况的推介，能够体现大学招生要点的信息还不够充分。因此，各大学除了着手制订并公示整体的招生方针之外，由于每个学部、学科具体教育内容和教育理念又有所不同，所以很多大学以学部、学科等为招生单位分别制订了招生方针，并采取不同的选拔方法和评价尺度进行招生。到 2011 年时制订了本科阶段招生方针的大学已有626 所，占整体的 85％左右。③

其次，各个大学学部、学科的教育具体情况要向考生、家长和高中以及企业和社会广泛发布，考生不再只能根据偏差值这一单一标准来选择"能上的大学"。在 1999 年大学设置标准的修订中提出，大学之前自主实行的自我检查、评价变为义务，并要将结果公开。翌年就有约九成的大学付诸实施，约八成的大学公示了相关结果。根据 2010 年学校教育法施行规则的修订，各大学需要公布有关各自教学科研活动等情况的信息。2011年时，九成以上的大学都在学校官方网站上发布了相关信息。④ 另外，还通过第三方评价机构对大学进行评价，并公开相关信息。

各大学特色化招生方针的制定及相关信息公示的进展迅速，正是"中教审"制定相关政策敦促的结果。对于大学来说，在生源日益短缺的情况下这一举措也确实有利于招收到更加适合的学生；从考生的角度来说，学生对于"想上的大学""适合自己的大学"等相对会有更明确的意识，可以参考各大学的招生方针等信息，根据自己的发展意向选择与自己能力、个性相符合的大学以及学部、学科。

---

① 中央教育審議会. 初等中等教育と高等教育との接続の改善について（答申）[R/OL].[2013—4—10].http：//www.mext.go.jp/b_menu/shingi/12/chuuou/toushin/991201.htm.

② 文部科学省. 教育白書（平成 7 年度）[EB/OL]. [2013—11—1]. http：//www.mext.go.jp/b_menu/hakusho/html/hpad199501/hpad199501_2_017.html.

③ 文部科学省. 大学における教育内容等の改革状況等について（平成 23 年度）[EB/OL].[2013—12—5]. http：//www.mext.go.jp/a_menu/koutou/daigaku/04052801/__icsFiles/afieldfile/2013/11/27/1341433_03_1.pdf.

④ 文部科学省. 大学における教育内容等の改革状況等について（平成 23 年度）[EB/OL].[2013—12—5]. http：//www.mext.go.jp/a_menu/koutou/daigaku/04052801/__icsFiles/afieldfile/2013/11/27/1341433_03_1.pdf.

（二）大学招生选拔方式多样化的设计与具体实施

针对各大学具体的招生选拔方式，"中教审"建议，为了能够招收到更符合自己教育理念的学生，各大学要促进"'公平'概念的多元化"，要有"选拔的多元性尺度"，不要把"学力"作为评判的唯一标准。但对"为了确保'宽松'的学校生活，应尽可能地减少学力考试中的学科、科目数"这一方针，不应该理解为一律单纯地削减，而应在"确保高中阶段应具备的基本学力的前提下"，各大学"根据各自教育理念的需要自主设定"，并要有"替代削减科目的其他措施"。① 在这种指导理念下，各大学的招生选拔方式开始益发多样化。

1. 以"大学入学考试中心考试" 为基本平台

1990 年"以评判大学入学志愿者所具备的高中阶段基础学力为目的，以合理方式统一出题及采分，大学联合共同实施"② 的大学入学考试中心考试（以下简称"中心考试"）开始取代共同第一次考试实施至今。与之前共同第一次考试不同，"中心考试"采取了"菜单式"的应试规则，即学生可以任意选择参加其中若干学科、若干科目的考试。目前日本所有的国立大学和大约 90％的私立大学都在以某种形式利用"中心考试"成绩。"中心考试"是大学在实施招生选拔时联合对学生基本学力测定的一种办法，在补正各高中间评价标准差别的基础上，通过各大学自主、自由地参与，既可以保证各大学对学生学力不同侧面的把握，又可以避免根据偏差值对各大学的排序和相应的报考问题。

"中心考试"的设计实施也是为了顺应高等教育向普及化阶段发展过程中大学入学者多样化发展的趋势，为大学实施自由、个性化的招生和考生选择"想上的大学"建立基本平台，为"高大衔接"的目标达成提供先行条件。

2. 以国立大学的"分离、 分割方式" 保证学生的应试机会

为了保证不同类型的考生有均等的接受大学教育的机会，日本国立大学协会于 1988 年在"AB 连续入学考试"的基础上新导入了"分离（考试

---

① 中央教育審議会. 21 世纪を展望した我が国の教育の在り方について（第二次答申）［R/OL］. ［2013—5—22］. http://www.mext.go.jp/b_menu/shingi/old_chukyo/old_chukyo_index/toushin/1309655.htm

② 独立行政法人大学入試センター法（第十二条第一項規定）.［EB/OL］.［2013—12—10］. http://www.shugiin.go.jp/itdb_housei.nsf/html/housei/h146166.htm.

日程的分离）、分割（招生配额的分割）方式"。在很多大学，前期日程中的考试都是以各科目的笔试这种传统的入学考试类型为主，后期日程中则多侧重跨学科型、论述型等考察方式。这种方式促进了临时教育审议会所倡导的入学考试的"多样化、个性化"。由于"分离、分割方式"为学生提供了多次应试机会，所以能唤起学生向理想大学挑战的精神，同时消减了一些原来为确保升学概率而进入了非理想大学的情况。考生如果能够进入更适合自己的大学，也就意味着能够更有利于由高中教育向大学教育过渡。

3. 以"普通入学考试"、"推荐入学考试" 和"AO 入学考试" 实现多样化选拔

在上述基础上，2000 年以后日本的大学招生选拔方式主要是以三种形态存在的："普通入学考试"、"推荐入学考试"和"AO 入学考试"。"普通入学考试"是通过高中调查书的内容、学力检测、面试、小论文等大学认为适当的资料和方法进行判定的方式；"推荐入学考试"是基于母校高中校长的推荐，原则上免除学力检测，以高中调查书为主要参考资料，采用面试、小论文进行判定的方式；"AO 入学考试"是不偏重于学力测验，通过详细的文件资料审查和审慎细致的面试，对考生的能力、适应性及对学习的意愿、目的等进行综合判定的方式。①

2008 年 1 月发布的有关修订学习指导要领的"中教审"咨询报告，将初、中等教育阶段应培养学力的关键要素整理为：（1）基础的、基本的知识、技能；（2）活用知识、技能解决课题的思考力、判断力、表现力等；（3）学习意愿。② 与普通入学考试容易倾向于对（1）的把握不同，"AO 入学考试"和推荐入学考试作为更能把握（2）、（3）学力要素的招生选拔方式而受到期待。其中 2000 年后快速发展的"AO 入学考试"尤为引人注目。与"AO 入学考试"发源地美国的情况有所不同，"日本式的 AO 入学考试"并没有专任的 AO 机构，也没有类似 SAT 那样共通考试的分数要求，但在日本运行之初是一种费事耗力、综合多种资料判断考生的真实能力，尤其注重"升入大学后的发展"的方式。从摆脱一决胜负

---

① 高大接続特別部会. 高校教育及び大学教育との接続の現状［EB/OL］.［2013—11—02］. http://www.mext.go.jp/component/b_menu/shingi/giji/__icsFiles/afieldfile/2012/10/03/1326458_4.pdf.

② 中央教育審議会.幼稚園、小学校、中学校、高等学校及び特別支援学校の学習指導要領等の改善について（答申）［R/OL］.［2013—11—02］.http://www.mext.go.jp/b_menu/shingi/chukyo/chukyo0/toushin/__icsFiles/afieldfile/2009/05/12/1216828_1.pdf.

型的书面考试这层意义上来说，是前所未有的新尝试。

对比日本 2000 年与 2012 年经由不同选拔方式进入大学的入学人数（见表 8-3），可明显看出，侧重学力检测的普通入学考试比例降低，而不偏重于学力测验的"AO 入学考试"比例上升。截至 2012 年，国公立大学还主要是通过普通入学考试进行招生选拔，但私立大学中普通入学考试选拔只占 49.1％，也就是说有约半数的私立大学入学者是经由推荐入学考试或"AO 入学考试"进入大学的。

综上所述，日本在世纪之交即将进入高等教育普及化阶段之时，试图通过达成大学与考生之间的良好"选择"来提高学生入学之后的适应性，从而实现学习者由高中到大学的顺利过渡。而实现双方之间"良好互选"是通过大学招生选拔方式的多样化来设计实施的，即通过"大学入学考试中心考试"对学生高中阶段基础学习达成度进行判定，通过国公立大学的"分离、分割方式"扩大学生应试机会，在此基础上再将各大学偏重学力检测的"普通入学考试"和不偏重学力检测的"推荐入学考试"和"AO入学考试"结合起来，实现大学招生选拔的多元化尺度和多样化方式，并且各大学要通过对外明示各自"特色化的入学者接收方针"等来保证考生在"选择"大学之际信息的畅通。

表 8-3　2000 年与 2012 年日本国公私立大学不同选拔方式入学者数比例[1]

大学 选拔方式	2000 年 总计	2012 年			
		总计	国立	公立	私立
普通入学考试	65.8％ (389 851 人)	56.2％ (333 889 人)	84.1％ (84 097 人)	73.3％ (21 815 人)	49.1％ (227 977 人)
推荐入学考试	31.7％ (188 083 人)	34.8％ (206 942 人)	12.4％ (12 428 人)	24.0％ (7 153 人)	40.3％ (187 361 人)
AO 入学考试	1.4％ (8 117 人)	8.5％ (50 626 人)	2.9％ (2 855 人)	1.9％ (561 人)	10.2％ (47 210 人)
其他	1.1％ (6 827 人)	0.5％ (2 901 人)	0.7％ (639 人)	0.7％ (221 人)	0.4％ (2 041 人)

---

[1]　文部科学省. 平成 24 年度国公私立大学入学者選抜実施状況の概要[EB/OL]. http://www.mext.go.jp/b_menu/shingi/chukyo/chukyo12/shiryo/__icsFiles/afieldfile/2012/11/05/1327537_1.pdf.

三、大学招生选拔方式多样化的"现实"

在所谓的"大学全入时代"，日本私立大学志愿倍率两极分化严重。近年来持续有超过四成的私立大学招不满学生，私立短期大学招生不足的比例在 2007 年首次超过了六成。① 陆续有大学由于生源不足引起经营或其他问题，以致倒闭或与其他大学合并，因此各大学尤其是一些私立大学为了确保生源竭尽所能。大学招生选拔方式的"多样化"开始日趋分化，甚或有些大学在招生时失去了对基础学力要求的底线，这也是使"学力低下"成为"高大衔接"中需要探讨的课题的原因之一。大学招生选拔方式多样化的实施未能完全发挥预想的衔接功能，"中教审"借此实现"高大衔接"的理想在实现过程中遇到了现实的挑战。

（一）"推荐入学考试"和"AO 入学考试"中的"不问学力"

2000 年以后开始激增的"AO 入学考试"首当其冲受到了"不问学力"的批评。但采用"AO 入学考试"的初衷并非如此。曾经有人按照入学考试方法的不同对某所国立大学 2006 年度入学者分类进行过大学四年间成绩分布的调查，结果显示，几乎在所有学部当中都看不出统计上有意义的差别。而且，与通过普通入学考试的入学者相比，通过"AO 入学考试""推荐入学考试"的入学者在大学的成绩有更好的倾向。② 只是"AO 入学考试"本身注重内涵的性质要求采取非常"费功夫"的方法，不适于招生名额较多的情况。而"AO 入学考试"在 10 余年内如此程度的急剧扩张，各大学是否只是为了追求前述的优点令人存疑，因此其中"不问学力"的问题随之逐渐凸显。关于"AO 入学考试"的实施现状，文部科学省 2012 年的调查统计（以学部为单位）显示，实施"AO 入学考试"的 1 307个学部中，约九成是通过面试和资料审查进行选拔的，选拔中包括

①　文部科学省. 2012 国公私立大学·短期大学入学者選抜実施状況[EB/OL]. [2013—11—02]. http://www. mext. go. jp/b _ menu/shingi/chukyo/chukyo12/shiryo/_ _ icsFiles/afieldfile/2012/11/05/1327537_2.pdf.

②　高大接続特別部会. 高校教育及び大学教育との接続の現状 [EB/OL]. [2013—11—02]. http://www. mext. go. jp/component/b _ menu/shingi/giji/_ _ icsFiles/afieldfile/2012/10/03/1326458_4.pdf.

小论文的只占三成，口头考试和学力检测只有一成多。① 所以"AO 入学考试"虽在各大学的具体实施有所不同，但整体看来多数都是以面试的形式为主。

另外一种不以学力检测为主的"推荐入学考试"在日本国公私立大学中早已普及，但在进入 21 世纪以后在人们讨论"学力低下"问题时却经常与"AO 入学考试"同时被舆论所诟病。本来"推荐入学考试"应经过严格审查以确保入学者具备高中阶段基础学力，但根据 2012 年文部科学省的调查，在实施"推荐入学考试"的 1 965 个学部当中，八成以上是通过资料审查和面试实施选拔的，六成左右有小论文的要求，测查学力的不到四成。②

此外，实施"AO 入学考试"的大学中，约九成以上将考生提交志愿的时间设定在 8～10 月，推荐入学考试的实施时间也基本集中于 10 月和 11 月，要早于其他入学选拔方式。"AO 入学考试"和推荐入学考试的提前实施虽然有利于一些私立大学确保部分生源，但这种"收割青苗（过早实施）"的做法，在一定程度上也影响了高中的正常教学和学生的学习意愿。

2011 年，一个以 89 015 名大学一年级学生为对象的"大学生基础学力调查"，对学生的基础综合学力、英语运用、日语理解、逻辑判断等方面进行了基础性测试，测试结果显示，经由"推荐入学考试"和"AO 入学考试"进入大学的学生在各方面的平均值均低于整体和其他类别的平均值。③ 实际上，约七成实施"AO 入学考试"的学部和约五成实施"推荐入学考试"的学部，也承认感到在自己的入学考试中"有确保基础学力的问题"。④ 而且有研究指出，大学入学难度越低，通过普通入学考试进入这个大学的入学者比例就会越小；在实施"推荐入学考试"的大学中，入学难度越低，进行学力测查的比例也越低；"AO 入学考试"更是如此，入

---

① 高大接続特別部会. 高校教育及び大学教育との接続の現状 [EB/OL]. [2013—11—02]. http://www.mext.go.jp/component/b_menu/shingi/giji/__icsFiles/afieldfile/2012/10/03/1326458_4.pdf.

② 高大接続特別部会. 高校教育及び大学教育との接続の現状 [EB/OL]. [2013—11—02]. http://www.mext.go.jp/component/b_menu/shingi/giji/__icsFiles/afieldfile/2012/10/03/1326458_4.pdf.

③ ベネッセコーポレーション大学事業部. 新入生レポート（「大学生基礎力調査Ⅰ」2011 年）[EB/OL]. [2013—12—05]. http://www.benesse.co.jp/univ/pdf/report.pdf.

④ 先崎卓歩. 高大接続政策の変遷 [J]. 公共政策学年報，2010（4）：59—89.

学难易度层次最低的大学几乎都不测查学力。① 而与之相对的，被认为入学难度最高的东京大学和京都大学从 2016 年才开始实行类似的"推荐入学考试"。

（二）"普通入学考试"中学力测试的弱化

在不偏重学力检测的"推荐入学考试"和"AO 入学考试"饱受"不问学力"批评的同时，"普通入学考试"中学力测试的弱化也引起了广泛的关注。2012 年利用"中心考试"的国公私立大学已达到 504 所，几近大学总数的九成。② 但具体如何活用"中心考试"的成绩是由各大学自行决定的，实际凭据"中心考试"成绩被录取的学生总数并不多，只占全部入学人数的 28% 左右。特别是私立大学几乎都是作为本校入学考试（普通入学考试及推荐入学考试）之外的考试系统来利用的，在 2012 年的私立大学入学者当中，根据"中心考试"成绩招收的学生数只占约 13%。③ 而且私立大学入学考试的学力测试当中八成以上都只进行 2、3 个学科中的 2、3 个科目的考试。④ 在学力测试中考试科目减少的同时，另外一个问题是不同大学对入学考试的学科、科目要求也不同，不同数量的学科、科目组合出来的学力测试类型显著增加。有研究调查了考生对应考科目数的意识，结果显示即便在偏差值较高层次的高中里，学生在决定大学志愿时也很重视考试科目的多少，倾向于"专攻少数科目，进行有效应试"。这说明各个大学方式多样的入学考试，对高中教育和高中生的学习状态还产生了一定的消极影响。⑤

总之，倡导不拘泥于"学力"的"选拔的多元性尺度"，通过大学招生选拔方式多样化来实现"高大衔接"的一个重要前提是大学入学者应具备高中阶段的"基本学力"，但这点在招生过程中具体是由各大学自行把握的。因此，入学难度高的国公立大学与入学难度低的私立大学的招生选拔方式逐渐产生了明显的区分，这似乎更像是招生选拔方式的"分化"而

---

① 山村滋. 高校と大学の接続問題と今後の課題 [J]. 教育学研究，2010，（6）：157—170.

② 大学入試センター. センター試験利用大学数の推移 [EB/OL]. [2013—11—08]. http://www.dnc.ac.jp/modules/center_exam/content0084.html.

③ 文部科学省. 大学入学者選抜、大学教育の現状 [EB/OL]. [2013—11—02]. http://www.kantei.go.jp/jp/singi/kyouikusaisei/dai11/sankou2.pdf.

④ 佐々木隆生. 日本型高大接続の転換点：「高大接続テスト（仮称）」の協議・研究をめぐって [J]. 公共政策学年報，2011（5）：104.

⑤ 山村滋. 高校と大学の接続問題と今後の課題 [J]. 教育学研究，2010（6）：157—170.

非"多样化"。另外，轻视学力的选拔方式的扩大，使得一些考生即便能够通过入学考试，但在接受大学的基本教养教育和专业基础教育方面面临障碍，大学广泛实施的"补习教育"和"初年度教育"等在某种程度上也是对这种情况的一种被动回应。当然这也可以认为是实施"宽松教育"的高中没能充分完成自身的教育责任，没有更好地调动学生的学习意愿和确保学生具备基础学力，而将责任转嫁到了入学者选拔方式的多样化上。但在日本高中入学率已超过 98％ 而没有统一的"出口管理"（高中生的毕业资格由各高中自行掌握），大学入学率又已超过 50％ 的情况下，大学招生选拔应该是对高中阶段学习达成度的判定还是对接受大学教育所需能力、资质的判定，还是应将二者结合起来发挥何种功能等等，都是有必要探讨澄清的问题。这也正是 2012 年"中教审"再次针对改善大学招生选拔进行审议的一个重要原因。

四、"高大衔接"的新动向——高中教育、大学教育、大学招生选拔的一体化改革

在文部科学省 2012 年就"高大衔接"问题提出咨询之时，"中教审"已明确指出"高中教育、大学招生选拔、大学教育是相互关联的，只改善其中特定的部分解决不了问题"。[①] 面对 21 世纪这个变幻莫测的时代，日本需要培养具有自主、协作、创造能力以及拥有专长领域、不同背景的多样化人才，以此为目标，"中教审"在 2014 年 12 月提交的关于"高大衔接"的咨询报告中提出要推行高中教育、大学教育，大学招生选拔在教育内容、学习指导方法、评价方法等方面的一体化改革。

（一）通过高中教育与大学教育的改革来达成教育上的衔接

学者荒井克弘曾指出，"进入大学不是目的，重要的是入学后怎样学习。如果能达成广泛共识，大学和高中的衔接也就自然达成了。高中教育如果不是和大学入学考试衔接，不是和大学教育进行衔接，是没有意义的"。[②] 目前日本"高大衔接"中的诸多问题恰恰存在于高中教育和大学教

---

① 中央教育審議会. 新たな未来を築くための大学教育の質的転換に向けて～生涯学び続け、主体的に考える力を育成する大学へ～（答申）[R/OL].［2012—08—28］.http://www.mext.go.jp/b_menu/shingi/chukyo/chukyo0/toushin/1325047.htm.

② 荒井克弘. 高校と大学のアーティキュレイション—受験シフトからの脱却—［J］. IDE —現代の高等教育，2007（489）：9—13.

育内部，要解决这些衔接问题，必须先从高中教育和大学教育的改革着手。

在高中方面，2013 年"去宽松教育"的新版高中学习指导要领正式实施，今后日本高中教育改革需在保证学生"普遍具备应有的基础学力"的同时，重视学生"多样性、自主性的素养"，即教育课程的框架将力图实现共通性与多样性的平衡。为实现这一目标，"中教审"计划导入评价高中阶段基础学力的新考试体系，同时开始着手新一轮高中学习指导要领的修订，敦促高中面向多样化发展的学生，开发、推行新的学习指导方法和评价方法，创造宽松的学习环境，以促进学生进行问题解决型的积极主动、合作式的学习。[①]

在大学方面，今后大学教育需要在新一轮大学招生选拔体制改革的基础上，进一步提高、发展学生在高中阶段已具备的"生存能力"和"切实的学力"，继续培养学生的"自主性、多样性、合作性"素养。为实现这一目标，"中教审"提出大学需推进教育课程的体系化、结构化，积极践行多种促进学生自主学习的教学方法，整体把握、评价学生的学习成果。为确保这些活动的展开，各大学需严格执行招生方针、学位授予方针、教学课程编制实施方针的一体化制定。另外，"初年度教育"作为辅助衔接的措施已在各大学广泛实施，未来要在肯定其积极意义的同时将其与补习教育等严格区分开来，进一步明确"初年度教育"的目的是对大学学习的导入和自主学习方法的培养。[②]

在高中教育与大学教育调整的同时，高中与大学为了达成衔接而共同进行的"高大协同"活动也在广泛开展，内容与形式也趋于多样化、完善化。同时，"中教审"也呼吁在新形势下要实现"高大衔接"不只需要教育相关人士的努力，还需要社会整体的关注与配合。

---

① 中央教育審議会. 新しい時代にふさわしい高大接続の実現に向けた高等学校教育、大学教育、大学入学者選抜の一体的改革について（答申）[R/OL]. [2015—01—06]. http://www.mext.go.jp/b_menu/shingi/chukyo/chukyo0/toushin/__icsFiles/afieldfile/2015/01/06/1354191.pdf.

② 中央教育審議会. 新しい時代にふさわしい高大接続の実現に向けた高等学校教育、大学教育、大学入学者選抜の一体的改革について（答申）[R/OL]. [2015—01—06]. http://www.mext.go.jp/b_menu/shingi/chukyo/chukyo0/toushin/__icsFiles/afieldfile/2015/01/06/1354191.pdf.

（二）通过大学招生选拔体制的改革来辅助达成"高大衔接"

日本目前缺乏一个通过全国性统一测定标准把握高中阶段基础学力的机制，而大学入学考试中心考试因其"自由、自主"的参与性质而无法承担这一功能，这对高中教育和大学教育的开展都带来了很大的影响，不利于衔接的达成。另一方面，从注重学生"自主学习、思考能力"的角度来看，目前"中心考试"和大学各自实施的入学考试仍多侧重知识技能以及部分活用能力的考察，对学生学习意愿、经历及特殊能力的考察并不充分[1]，未能实现从高中到大学教育评价方法的一贯性。因此，"中教审"在2014年的咨询报告中从两个方面探讨了日本的大学招生选拔体制改革问题：一是国家层面上实施的考试如何设定，二是大学各自实施的招生选拔应如何进行。

在国家层面上实施的考试拟分为两个层次分别推行，一个为"高中基础学力测试（暂称）"，指向高中教育改革的目标，以确保学生基础学力和改善学生学习状况为目的，主要基于高中6个学科的必修内容评测学生的"知识、技能"；另一个为"大学入学志愿者学力评价测试（暂称）"，指向大学教育改革的目标，以促进不同类型的学生提高知识、技能的活用能力为目的，主要评测学生的"思考力、判断力、表现力"。两个考试的目的、出题范围虽有所不同，但为了实现学生在学力方面从高中到大学的顺利衔接，在难易度的设置上会有连续性，都将以一年多考的方式进行。按"中教审"的改革计划，"高中基础学力测试（暂称）"将从2019年度、"大学入学志愿者学力评价测试（暂称）"将从2020年度开始正式实施。[2]

大学各自进行的招生选拔需要打破之前"普通入学考试""推荐入学考试""AO入学考试"方式的区分，在活用"高中基础学力测试（暂称）""大学入学志愿者学力评价测试（暂称）"成绩的基础上，侧重评价由学力三要素（基础知识与技能、课题解决能力、自主学习的态度）构

---

① 高大接続特別部会. 新たな大学入学者選抜への転換～点からプロセスへ～[EB/OL].
[2014—10—26]. http://www. mext. go. jp/b_menu/shingi/chukyo/chukyo12/shiryo/__
icsFiles/afieldfile/2014/09/25/1352146_1.pdf.

② 中央教育審議会. 新しい時代にふさわしい高大接続の実現に向けた高等学校教育、大学教育、大学入学者選抜の一体的改革について（答申）[R/OL]. [2015—01—06].
http://www. mext. go. jp/b_menu/shingi/chukyo/chukyo0/toushin/__icsFiles/afieldfile/
2015/01/06/1354191.pdf.

成的"切实的学力"，开发重视考生的多样化背景和在特定领域的特殊才能的多元评价方法，实行综合型选拔。为此，将通过法令强制大学制定特色化招生方针，大学方面须扭转之前招生方针的抽象化倾向，完善招生选拔体制；同时，国家方面为避免大学招生选拔实施的提前化和复杂化，将重新审定大学入学者选拔实施纲要，构建大学招生选拔的整体规则。另外，为促进大学按照新的大学入学者选拔实施纲要切实推进改革，国家也将在财政上给予适当的支援。[①]

正如有学者所指出的那样，"历史告诉我们，不存在所有人都赞同的大学入学考试制度，但是相关人员不能放弃改革的责任"。[②] 日本此次关于"高大衔接"的审议重新审视了大学招生选拔方式多样化的"现实"，历时两年有余才最终正式发布咨询报告，提出新的改革设想，可以想见其中所涉及的问题之多、之难、之重。本次审议的结果将会引发大学招生选拔的巨大变动，能否凭此实现"高大衔接"的"理想"也将面临着实践的检验。

---

① 中央教育審議会. 新しい時代にふさわしい高大接続の実現に向けた高等学校教育、大学教育、大学入学者選抜の一体的改革について（答申）[R/OL]. [2015—01—06]. http://www.mext.go.jp/b_menu/shingi/chukyo/chukyo0/toushin/__icsFiles/afieldfile/2015/01/06/1354191.pdf.

② 先崎卓歩. 高大接続政策の変遷 [J]. 公共政策学年報，2010 (4)：59—89.

第 3 节　新世纪加拿大的高等教育公平：
　　　理念转变与制度变革[①]

自 1971 年美国率先进入高等教育普及化阶段至 20 世纪末，已有 27 个国家和地区陆续加入此行列。[②] 普及化进程的加快极大地改进了入学机会，但同时也引发了对公平问题更深层次的探讨。普及化水平通常以整体入学率为评价指标，各类弱势人群的具体数值远低于此，未实现普及化。基于此，各国致力于锁定弱势人群，分析影响因素，探究增进路径，确保入学机会公平。但是，入学不等于能够毕业，高校辍学、休学屡见不鲜。2008 年，OECD 报告指出，"大量处境不利学生被招收进入高等教育，使得持续保留及成功完成成为高等教育领域的重要研究问题"。[③] 在此背景下，探索如何确保所有合格候选人，尤其是弱势学生从入学到毕业全程公平受教成为普及先行国家深化普及的政策要点和实践难点。

加拿大作为全球第二个实现普及化的高等教育强国，其政策规范与实践探索代表着国际前沿进展。20 世纪末，加拿大联邦政府提出"确保所有具有接受高等教育意愿并具备入学资格的学生在接受和完成高等教育的过程中不受任何因素的阻碍"。[④] 这一政策使命蕴含了对高等教育公平理念的纵深化建构，将 20 世纪 80 年代以来以"入学机会"为焦点的起点公平延伸至"入学-持续保留-毕业"的全程公平。新公平理念框架下，加拿大各级政府大胆创新、积极作为，通过创新经费保障机制、深化学制体系改革、完善社会参与制度、加强数据收集与监控机制建设等重大举措初步完

---

① 本节作者系张晓莉、饶从满，本节曾发表于《高等教育研究》2019 年第 1 期，原文题为"21 世纪加拿大促进高等教育公平的宏观制度变革"。

② OECD. Education at a Glance：OECD Indicators 2003 [R]. Washington：OECD，2003：82—91.

③ Santiago P，Tremblay K，Basri E，Arnal E. Special Features：Equity，Innovation，Labour Market，Internationalization [J]. Tertiary Education for the Knowledge Society，2008，(2)：50.

④ Human Resources Development Canada. Ensuring Opportunities：Access to Post-secondary Education [M]. Ottawa：Human Resources Development Canada，1998：2.

成了宏观制度体系的改组与重建。虽然全程公平的最终实现有赖于高等教育教学的深刻变革，但是这一系列具有开创性的宏观制度建设开启了改革的先声，为全面践行全程公平提供了有力的制度保障。本节将重点阐述和剖析经费制度、学校教育制度、社会参与制度以及监控机制等四大领域的革新，以期为我国把握先行国家推进以全程公平深化普及的战略决策的新进展提供参考。

一、创新经费保障制度，调整投入方向，优化分配结构

经费制度是政府采用经济手段干预高等教育的重要路径。近六十年来，加拿大经费制度应时而动，屡经变革：20 世纪六七十年代，以推进高等教育普及化为目标，以人力资本理论为依据，确立了"多多益善"（More is Better）的指导理念；20 世纪八九十年代，经济危机造成经费大幅削减，严峻的财政窘境激发了对先前理念的批判与反思，提出"更多不等于更好"（More is Problematic），强调提高经费使用效率；新世纪伊始，加拿大进一步将其凝练升华为"多而不同"（More but Different）。① "多而不同"意指在增加经费投入的同时，重点改善高新科技领域和处境不利人群的高等教育，以便在发挥提升高等教育经济促进作用的同时，推进社会公正。

（一）以直接拨款扩大招生规模，以定向拨款推动弱势招生

通过增加直接拨款鼓励高校扩大招生规模，是加拿大经费制度的惯用方式。② 二战后，联邦政府鼓励高校接收退伍军人，并严格按照招生数额给予直接资助。此后，联邦政府保留了此部分经费，只是经费投入和分配方式发生了变革。为了确保各省区政府对高等教育的绝对领导，联邦政府通过税点或现金转移的方式把资助款转拨给省政府，由省政府统一分配给高校，③ 该制度一直沿用至今。2005 年，安大略省发布了一项名为"达至

---

① Jones G，Shanahan T，Padure L，Lamoureux S，Gregor E. Marshalling Resources for Change：System-level Initiatives to Increase Accessibility to Post-secondary Education ［R］. Montreal，QC：Canada Millennium Scholarship Foundation，2008：4.

② Kirby D. Strategies for Widening Access in a Quasi-market Higher Education Environment：Recent Developments in Canada ［J］. Higher Education，2010（62）：267—278.

③ Jones G A. Governments，Governance，and Canadian Universities ［M］ John C S. Higher Education：Handbook of Theory and Research. New York：Agathon Press，1996：337—371.

更高"（Reaching Higher）的高等教育战略规划，提出到 2009—2010 学年省政府总计将提供 62 亿加元拨款来增进高校本科扩招。稳定的资金来源带来了高校招生的空前繁荣，2010—2011 学年高校入学人数达到 42 万人，比十年前增加了 50％。[1]

除了提升整体入学率外，各省区政府还创设了针对处境不利人群的定向拨款机制（Targeted Funding Mechanism）。在加拿大，原住民是最大的弱势群体。联邦统计局 2006 年的调查结果显示，原住民中仅有 35％获得了高等教育机会，远低于非原住民群体（51％）。[2] 2007 年，不列颠哥伦比亚省（以下简称 BC 省）政府通过《原住民高等教育培训策略与行动计划》（Aboriginal Post-Secondary Education and Training Strategy and Action Plan），设置 6 500 万加元专项拨款用以提升原住民的高等教育参与。安大略省政府也将原住民招生作为"入学机会获得策略"（Access to Opportunities Strategy）的一部分，在 2005—2006 学年和 2009—2010 学年分别提供 5 500 万加元处境不利儿童专款。

（二）重新审视学生资助制度，创新资助方式，调整资助结构
1. 弱化普遍性资助，创设目标本位资助

普遍性资助是指绝大部分高校学生都可以申请的资助类型，以税收抵免计划和注册教育储蓄计划为典型代表。税收抵免计划通过学费、书本费、生活费、学生贷款利息、迁居费、儿童看护费等的退税，降低学生接受高等教育的费用。[3]"注册教育储蓄计划"旨在为孩子未来接受高等教育储蓄资金，政府对参加者给予一定的优惠政策和补贴。普遍性资助在推动高等教育普及化进程中发挥了重要作用。然而，在新经费制度理念下，普遍性资助表现出以下两点不足：一是针对性差，大额的资金并没能带来处境不利人群高等教育获得的显著提升；二是资助金获得的延迟性，大约70％的"无偿援助"是通过纳税减免的方式提供的，学生不能在最需要的时候得到援助。

---

① Pin L，Martin C，Andery S. Rising Costs：a Look at Spending at Ontario University [R]. Toronto：Ontario Undergraduate Student Alliance，2011：6.

② Statistics Canada. Educational Portrait of Canada，Census 2006 [EB/OL]. [2017—07—21]. http：//www12. statcan. ca/census-recensement/2006/as-sa/97-560/pdf/97-560-XIE2006001. pdf.

③ Neill C. Canada's Tuition and Education Tax Credits [R]. Montreal：Canada Millennium Scholarship Foundation，2007：10—25.

为弥补普遍性资助的不足，加拿大提出并设立了"目标本位资助"。安大略省拥有全加最健全的学生资助体系，陆续创设了针对不同弱势群体的分类资助项目，如原住民学生助学金、第一代学生助学金、残疾学生助学金等。2017 年，该省最权威的安省学生资助项目（Ontario Student Assistance Program，简称 OSAP）也做出重大调整，强调资助项目应更加透明，更精准地指向最需要财政资助的学生。此外，加拿大联邦政府也分别在 1998 年和 2004 年，通过设立"教育储蓄津贴"（Canada Education Savings Grant）和"学习优惠券"（Canada Learning Bond）来加强对中低收入家庭的财政补贴。

2. 完善学生贷款制度，整合助学金体系

贷款计划是政府最大的学生资助计划，其覆盖范围、资助金额、受益人数在所有资助方式中居于首位。近二十年来，为了回应大幅上涨的高等教育费用，政府逐步提高了贷款限额。然而，这又导致了新问题的出现：越来越多的学生毕业时大量负债，而且有 1/4 至 1/3 的学生出现债务拖欠。研究表明，大量负债对高校学生，尤其是处境不利学生的入学和保留负面影响巨大。为此，加拿大政府通过利息减免和债务免除计划进行补偿。2009 年后，出台了偿还援助计划（Repayment Assistance Plan），提出按收入比例进行还款（Income-contingent loans），减轻了高校学生及其家庭的还款压力，消解了贷款顾虑。

助学金是贷款的有力补充，与贷款最大的不同是不需要学生偿还。2009 年，加拿大对助学金体系进行了整合，将原有的加拿大学习助学金计划和加拿大机会助学金计划合并为加拿大学生助学金计划（Canada Student Grant Program），以简化程序、提高效率。针对不同人群，加拿大学生助学金分设如下 7 项计划：低收入家庭学生助学金、中等收入家庭学生助学金、抚养人学生助学金、残疾学生助学金、残疾学生服务和设备助学金、非全日制学生助学金、非全日制抚养人学生助学金。

3. 限制优异本位资助，强化需求本位资助

奖学金是基于申请者的学术成就而提供的一种经济支持。与贷款和助学金不同，奖学金往往更注重学生的表现而不是经济需求。著名的千禧年奖学金（Canada Millennium Scholarship）就是典型代表，其获得者群体分布表现出了明显的不均衡性，处境不利群体弱势显著。安大略省政府的资助拨款也经历了优异取向和需求取向的博弈。2013—2014 学年，该省 5.61 亿加元的大学奖助学金拨款中，61% 的拨款是基于学业或课外活动的优异表现，仅有 21％基于需求（need-based），表现出了明显的优异本位（merit-based）倾向。① 事实上，由于受到多重限制，弱势人群获得优异本位的奖学金要困难得多。据此，安省政府已开始重新思考奖学金的分配问题，致力于健全需求测评体系。

（三）强化高校学费行政干预，规制学费过快上涨

20 世纪八九十年代，世界发达国家共同经历了高等教育经费大幅削减及学费飞涨，意味着高等教育投资由以国家为责任主体向国家、学生及其家庭共同分担转变。② 2001—2002 学年，加拿大本科生平均学费达到 3 452加元，是 1991—1992 学年（1 714加元）的两倍多。③ 在加拿大，大学本是高度自治法律实体，具有确定学费的自主权，但是出于学费飞涨可能制约高等教育公平、引发政治争端等考虑，各省区政府对学费进行了积极的行政干预。通过削减、冻结、补偿等措施来管制和平衡学费，学费增长的速度和幅度均得到一定控制，确保了经济弱势人群的受教育机会。2017—2018 学年，各省年度增幅在 0.1％—5.5％之间，平均增幅为 2.64％，本科生平均学费为6 571加元，约为 21 世纪初的 1.9 倍。④ 根据在高等教育学费问题上所持的观点、应对举措及学费增长趋势的差异，可粗略地将加拿大各省区的学费制度分为三种类型：

1. 持续管制—学费缓增型

此种学费管理制度基于如下认识：学费是制约高等教育公平的重要因素，要确保将学费限定在学生付得起的范畴。魁北克、曼尼托巴、纽芬兰与拉布拉多省均属此种类型，其中以魁北克省最为典型。20 世纪 60 年代，魁北克便创建了免费的大学预备教育学院，并实施了大学学费冻结与管制。1968—1990 年间，大学年度学费一直限定为 540 加元；1994 年上涨到 1 668 加元之后再次冻结，直至 2007 年。2007—2012 学年，限额每

① Spencer S. Spending Smarter on Student Aid in Ontario[EB/OL]. [2016—03—02]. http://www.link-edin.com/pulse/spending-smarter-student-aid-ontario-spencer-semianiwtrk.

② Johnstone D B. Higher Education Accessibility and Financial Viability：the Role of Student Loans[EB/OL]. [2009—02—11]. http://www.bc.edu/bc_org/avp/soe/cihe/ihec/policy/StudentLoans.pdf.

③ Linda Q，Scott D. The New Entrepreneurship in Higher Education：The Impact of Tuition Increases at an Ontario University [J]. The Canadian Journal of Higher Education，2001（3）：87.

④ Statistics Canada. Tuition Fees for Degree Programs，2017/2018[EB/OL]. [2017—09—06]. http://www.statcan.gc.ca/daily-quotidien/170906/dq170906-eng.htm.

年增长 100 加元，2012 年上涨到 2 168 加元。2012 年，自由党政府提出到 2018 年预计将学费提高到 3 793 加元，招致大规模的学生反抗运动，最终酿成政治事件，导致政府改选。① 但是，政治手段治标不治本，在财政赤字压力下，2017—2018 年度学费还是上涨到了 3 772 加元。曼尼托巴省和纽芬兰与拉布拉多省历来有学费冻结的传统，同时 2000 年前者还提出削减学费 10%，后者 2001 年提出削减经费 10%，三年内削减 25%。② 目前，纽芬兰与拉布拉多省学费为 2 550 加元，全加最低；曼尼托巴省为 3 585 加元，排在倒数第二位。③ 在持续管制下，三省学费增长较为缓慢，位于全加后三位，远远低于全加平均学费。

2. 部分管制—学费稳增型

BC 省、阿尔伯塔省、爱德华王子岛省属于此种类型。它们认为，学费是制约高等教育公平的因素，但不是唯一重要因素。基于此，三省实行了部分时段管制。BC 省在 2001 年更改《学费冻结法案》（Tuition Fee Freeze Act），放松管制导致学费飞涨，2001 年 2 月与 2002 年 3 月期间，学费增长了 25%，是全加同时期平均增速的五倍。2002 年 3 月与 2003 年 4 月期间又增加了 30%，是全加同时期平均增速的四倍多。④ 2005 学年至今，该省重新加强管制，规定学费增幅不得超过 2%。⑤ 阿尔伯塔省 2005 年便提出实施学费冻结制度，寻求多种路径降低学费，但是直至 2015 年才列入法律条文并加以推行，2015—2018 三年增幅持续全加最低，分别为 0.0%⑥、0.2%⑦和 0.1%⑧，2018—2019 学年将继续实行。基于上述举

---

① Anthony T. 2012 Quebec Student Protests [EB/OL]. [2018—02—10]. http://en. m. wikipedia. org/wiki/2012-Qebec-student-protests.

② The Canadian Federation of Students. A Brief History of Victories over the Last 15 Years [EB/OL]. [2017—08—12]. http://www. yescfs. ca/.

③ Statistics Canada. Tuition Fees for Degree Programs, 2017/2018[EB/OL]. [2017—09—06].http://www. statcan. gc. ca/daily-quotidien/170906/dq170906-eng. htm.

④ Laroque N. Setting Higher Education Tuition Fees: Lessons from Down Under [J]. Fraser Forum, 2003, (11): 15.

⑤ Ministry of Advanced Education. Tuition Limit Policy[EB/OL].[2016—03—03].http://www.aved.gov.bc.ca/tuition/welcome.htm.

⑥ Statistics Canada. Tuition Fees for Degree Programs, 2015/2016[EB/OL]. [2017—09—06].http://www.statcan.gc.ca/daily-quotidien/170906/dq170906-eng.htm.

⑦ Statistics Canada. Tuition Fees for Degree Programs, 2016/2017[EB/OL]. [2017—09—06].http://www.statcan.gc.ca/daily-quotidien/170906/dq170906-eng.htm.

⑧ Statistics Canada. Tuition Fees for Degree Programs, 2017/2018[EB/OL]. [2017—09—06].http://www.statcan.gc.ca/daily-quotidien/170906/dq170906-eng.htm.

措，三省学费在近十年内呈现出平稳增长的趋势。

3. 放松管制—学费剧增型

当前实施此类管理模式的省份包括安大略省、新不伦瑞克省、萨斯喀彻温省和新斯科舍省，以安大略省为典型代表。它们认为，学费与高校毕业之间没有直接相关，[①] 以行政手段降低总体学费不是治本之略，高学费、高资助是首选。事实上，安大略省也曾在 20 世纪 60 年代至 90 年代期间实行学费管制，期间学费一直保持稳定。90 年代后，随着政府经费投入削减，大学被赋予了在最高涨幅规制内制订学费标准的自主权，导致部分专业学费飞涨。于是自 2004—2006 年，安大略省重新全面规制学费上涨。[②] 2006—2013 年，政府出台新政，规定年度学费增幅不得超过 5%。2013—2018 年，安大略政府将限额调整为 3%，但是这只是作为各大学制订学费标准的参照，原则上不要求强制执行，强调了学费制订中市场的自发调节作用。因此，虽然安大略省学费再没有出现 20 世纪末的暴涨局面，但是近年来一直为全加最高，十年来已经增长了 70% 以上。[③]

但值得注意的是，安大略省是政府经费投入最低、学费最高，但高等教育入学率增长最快的省份。[④] 该局面的出现很大程度上源于安大略省确立了"高学费、高资助"的经费管理制度。2017 年，加拿大环球邮报指出，对低收入家庭的学生来说，在安大略省上大学比在魁北克费用低，有未成年孩子的学生可获得平均超过 11 000 加元的不须偿还的财政援助。2015 年，新斯科舍自由党政府宣称将暂时取消 3% 的增长额限制，允许大学依据他们认为合适的幅度增长。2017—2018 学年增长了 5.6%，成为增幅最大的省份，远远高出平均增幅是 2.8%。

二、深化学制体系改革，增进衔接互通，创新高校职能

高等教育公平的深化与拓展，要求并促使各级政府在更宽泛的制度框

---

① Heather M. University Tuition Fee Policy Tools [J]. Journal of Public Policy, Administration and Law，2009（12）：3—4.

② Ken N，Mary C L. Tuition Fee Policy Options for Ontario [R]. Toronto：Higher Education Quality Council of Ontario，2011：5.

③ Statistics Canada. Tuition Fees for Degree Programs，2017/2018[EB/OL]. [2017—09—06].http://www.statcan.gc.ca/daily-quotidien/170906/dq170906-eng.htm.

④ Heather M. University Tuition Fee Policy Tools [J]. Journal of Public Policy，2009（12）：3—4.

架内思考应对策略。加拿大通过优化中、高等教育衔接，加强高等教育内部互通，重构高校角色与职能等满足学生的多样化和个性化需求，从而减少入学障碍，促进持续保留，确保顺利毕业。

（一）纵向衔接：中、高等教育双向对接，增加入学与保留率

纵向衔接是指中等教育与高等教育两阶段对接的历时态，是相对于高等教育内部互通的共时态而言的。双向对接是指中等教育的上构设计和高等教育的下延设计同时发力，为学生升学做好充分准备，并使其尽快适应高校生活。

1. 上构设计：　设置专门衔接时段，　强化升学/就业预备教育

为了实现两阶段教育的无缝对接，各省探索进行了学制改组，具体包括两种类型：一是以魁北克为代表的"单独分段"学制体系；二是其他省份普遍采用的"内部分流"设计。

魁北克省实行特色鲜明的 6-5-2-3 学制。小学 6 年，中学 5 年，中学毕业后不直接进入高校，而是设计了大学预备教育性质的两年制"普通和职业教育学院"（CEGEPs）。CEGEPs 由原来的中学 12 年级和大学一年级重组而成，专门为促进衔接而设。研究数据显示，这种"单独分段"设计取得了切实的成效，该省 77％的中学毕业生直接进入高校学习，高于安大略省（62％）和 BC 省（51％），位居全国之首。[1]

从教育部最新公布的学制图看，魁北克以外的其他省份没有打破传统学制结构的显性重组，而是采取了内部分流的隐性设计来增进衔接。[2] 以 BC 省为例，该省将 10/11—12 年级设定为"毕业/衔接阶段"，其核心任务是帮助学生锁定兴趣领域并提供学习机会，为毕业后就业或升学衔接提供支持。[3]

2. 下延设计：　完善大学第一年教育（FYE），　直面转折初期震动

建立"第一年教育"（First Year Experience，简称 FYE）制度是世界

---

① Joanna T，Tracey B. Who Goes to Post-secondary Education and When ［R］. Ottawa：Statistics Canada，2003：23.

② CICIC. An Overview of Education in Canada［EB/OL］.［2018—01—21］.https://www. cicic. ca/1130/an_over-view_of_education_in_canada.canada.

③ BC Ministry of Education. Enabling Innovation：Transforming Curriculum and Assessment ［R］. Victoria：BC Ministry of Education，2012：4.

各国应对高等教育大众化所带来的生源质量下降及辍转学率升高等问题的共识性举措，是近 30 年来诸多国际会议的核心议题。[①] 加拿大第一年教育制度始建于 1978 年，最初是为了解决从中学到大学的过渡与衔接问题。进入新世纪后，随着高校辍学问题的日益凸显，第一年教育制度开始兼顾"过渡"和"保留"，以降低流失率。当前，第一年教育涉及生活、学习和社会交往等诸多方面，通过"入学参观""教育资源使用介绍""社交平台创建和社交能力提升""和谐人际关系构建""自主学习习惯养成""批判精神和独立分析问题能力的发展"等多种形式实施。[②] 第一年教育制度是高校为及时补救新生短板而在入学初始阶段开展的积极干预，为实现顺利衔接又增加了一重保障。

（二）横向互通：高校间的转移与流动制度，促进保留与文凭获得

横向是指高等教育内部不同类型教育机构之间的共时样态。高校间互通是博洛尼亚进程、哥本哈根进程、里斯本战略等的核心主题。加拿大应世界潮流而动，致力于打通高校间的屏障，促进高教资源整合，满足学生多样化和个性化需求，为其持续保留和顺利毕业提供支持。

1. 国家层次的中学后教育转移促进机制

为了增进高校互通，国家层面创设了如下机构：一是加拿大部长委员会下设学分转移工作组。工作组成立于 2002 年，目的是探索构建学分转移与认可的泛加拿大策略。学分转移制度不仅可以通过为学生提供更多机会从而提高入学率和保留率，而且可以从时间和金钱两方面降低学生、高校和政府的教育成本。二是泛加拿大入学与转移联合会的创建。联合会成立于 1995 年，目的是促进转移政策在各省区的落实，并授予转移学分。联合会通过召开年会、自动化分布式邮件系统、网站等多渠道保持持续对话，促进信息共享。三是加拿大先前学习评价协会的成立。2009 年，协会首创全加先前学习评价战略咨询小组，集结多方专家，共同致力于开发先前学习评价方法，强化对所有加拿大人所有学习经验的认定。

---

① Diane N，Denis C. The First-Year Experience：An International Perspective [EB/OL]. [2017—09—25]. https：//www. sc. edu/fye/publications/monograph/excerpt/M52_intro. pdf.

② James F. Evolution of the First-Year Experience in Canada[EB/OL]. [2017—05—24]. https：//files. eric. ed. gov/fulltext/ED390330. pdf.

2. 省域中学后教育转移制度的组织运行

一是管理机制。加拿大的诸多省份，尤其是阿尔伯塔省和不列颠哥伦比亚省，很早就认识到了高等教育制度内部互通的重要性，并且创立了专门的管理机构——入学与转移委员会来推进变革。阿尔伯塔入学和转移委员会（Alberta Council on Admissions and Transfer，简称 ACAT）始建于 1974 年，主要负责政策、程序和指南的制订与实施，推动高等教育机构间协议的达成，促进转移过程规范化。2007 年，ACAT 实证调研报告指出，该制度为学生提供了更多的选择和流动机会，为那些原本没有能力转移到满足其个性化需求项目的学生提供了机会。在安大略省，起初是通过 1996 年创立的学院大学联合会（the College University Consortium Council，简称 CUCC）来推进流动与转移的。委员会创编了安大略学院大学转移指南（Ontario College University Transfer Guide，简称 OCUTG），用以指导学生理解入学和学习路径、转移协议以及流动机会。2011 年安大略省入学和转移委员会（The Ontario Council on Articulation and Transfer，简称 ONCAT）成立，将前者取而代之，以更加强有力的领导和更加有效的研究支持公立学院和大学间转移，减少学生接受高等教育过程中的障碍。①

二是运行策略与实践路径。针对特定人群和特定目标，加拿大衔接与转移委员会探索了类型多样的互通项目与服务，有的适用于学院或大学层次内部不同证书、文凭或学位的转移，有的则适用于从学院到大学的跨层次流动。具体而言，包括以下类型：一是先前学习评价和认可服务，已遍布 8 省区②，超过 80％的学院已实施；③ 二是整体学分转移协议，指向对先前课程学习的整体认可；三是大学与学院联合项目，意在使学生同时获得学院文凭和大学学位；四是大学转移项目，侧重在学院中提前学习大学课程；五是学位项目，学院开设的颁发学士学位的项目；六是原住民高校联合项目，原住民学院与普通学院联合以获得颁发文凭证书的资格；七是

---

① Ontario Council on Articulation and Transfer. Who We are：The Ontario Council on Articulation and Transfer[EB/OL].[2018—03—21].http：//www. ontransfer. ca/www/index_en. php? page＝who_we_are.

② Van K J. Taking Account：A Report on the Number of PLAR Assessments[EB/OL].[2009—01—05].http：//www.ccl-cca.ca/pdfs/adlkc/reports08/TakingAcCountEN.pdf.

③ Association of Canadian Community Colleges. Transferability and Post-secondary Pathways [R]. Victoria：ACCC，2011：22.

与私立高校的合作项目；八是与工商业组织合作，达成工作培训/实践课程认可协议；九是高等教育国际化，增进跨国高校间转移；十是发展远程教育和在线网络学习。[①] 通过上述由不同机构间合作而开展的项目，促进了学生文凭获得，甚至是两种文凭的同时获得，改进了高等教育公平。

（三）优化高校职能，促进转型重组，创新高校类型

省政府还通过增加学位法定授权、设计跨界高校类型、拓宽高校范围等打破社区学院和大学之间严格界限的举措，增加高等教育毕业率。

1. 完善学院职能，赋予部分学院学位授予权

传统意义上讲，加拿大社区学院只有颁发职业技术证书或文凭的权力。后来，虽然部分学院开始提供大学转移或大学预备项目，但是一直没有获得学位授予权。新世纪以来，随着社区学院在提升高等教育公平中作用的不断凸显，这一局面逐渐被打破。2009 年，时任美国总统奥巴马强调了社区学院在本国达至世界最高高等教育毕业率中的地位和作用。调查数据显示，美国有超过一半的高校学生在社区学院就读。[②] 与美国相似，加拿大社区学院也有数以百万计的学生，尤其是弱势学生，进入高等教育的主要通道，学院甚至比大学招收更多的弱势学生。加拿大各省政府赋予社区学院有限的学位授予权，有利于在确保质量的前提下，激发动机，提高层次，促进公平。

2. 推进高校改组，建设跨界大学

所谓"跨界大学"，是指大学学院（university college）由社区学院升格、社区学院合并或者社区学院与大学联合而成。此类高校在提供大学学位项目的同时保留了先前提供职业技术项目的功能，实现优势有机整合。1990 年，BC 省率先将部分社区学院升格为大学学院。新世纪前后，安大略省将大学和学院联合起来，以圭尔夫大学和约克大学最具特色。阿尔伯塔省将两所社区学院合并为大学学院，承担特定的本科教育使命。大学学院提高了社区学院的办学层次，具备了职业技术训练和学术训练的双重职能，能够更好地满足学生的多样性和个性化需求，为学生成功完成高校学

---

① Association of Canadian Community Colleges. Transferability and Post-secondary Pathways [R]. Victoria：ACCC，2011：19—40.

② Association of Canadian Community Colleges. Transferability and Post-secondary Pathways [R]. Victoria：ACCC，2011：44.

业提供了条件。

3. 建立面向特定目标群体的新型高校

如果高校能够为学生提供更多的教育选择，高等教育制度将更具公平性。弗雷特（Frenette）指出，加拿大学生都希望在本地区就近接受高等教育，如果社区附近没有高等教育机构，他们可能选择不接受高等教育。[①]据此，各省区一方面创设了具有明显"社区配送"（Community Delivery）特点的新型高校和学位类型，另一方面借助远程教育和开放学习机构，通过学分累积增进文凭获得。这些举措有利于消除由于长途跋涉去接受高等教育而产生的经济和社会困境，尤其对原住民学生和偏远地区学生具有重要价值。[②] 与此同时，萨斯喀彻温省和曼尼托巴省创设了满足原住民高等教育需求的第一民族大学和北方大学学院等；BC 省和新不伦瑞克省根据对本省学生及市场需求的调查各自创建了富有区域特色的地区性大学和多科技术学院。

三、完善社会参与制度，借助多方合作强化根源干预

新公平框架下，政府和高校不再是改进学生高等教育获得的唯一代理人。[③] 研究显示，学校的发展和建设对于那些出身贫寒的学生来说影响甚微，而真正能够改善他们教育环境的因素正根植于这些孩子所处的小环境（如家庭、社区等）中。新世纪，加拿大立足根源追溯和深度干预，不断加强与家庭、社区的联系，完善多方参与制度，建立更具对外性的体系框架。

（一）完善社会参与制度的背景与目的

1. 排除阻力： 家庭和社会是制约学生高等教育成功的深层次原因

新世纪伊始，加拿大教育部长理事会、人力资源开发署等陆续深度调研了加拿大高等教育公平的制约因素。结果显示，除高等教育费用外，家

---

① Frenette M. Do Universities Benefit Local Youth? Evidence from University and College Participation, and Graduate Earnings Following the Creation of a New University [J]. Analytical Studies Branch Research Paper, 2007 (3): 38.

② Malatest R A. Aboriginal Peoples and Post-secondary Education: What Educators Have Learned [R]. Montreal: Canadian Millennium Scholarship Foundation, 2004: 26.

③ Glen A J. Marshalling Resources for Change: System-level Initiatives to Increase Accessibility to Post-Secondary Education [R]. Montreal: The Canada Millennium Scholarship Foundation, 2008: 13.

庭环境、社会环境、中小学教育经历是三大核心制约因素：（1）家庭环境包括家庭收入、父母受教育水平、家庭结构等；（2）社会环境包括地理环境、经济环境和文化环境；（3）中小学教育经历包括学业成就和学习体验等。同时，根据各因素对高等教育公平影响程度的差异，高等教育费用通常被认为是表层原因，家庭和社会环境为较深层次的原因，而中小学教育经历则为深层次原因。① 因此，关注家庭、社区，建立多方参与制度，是深度回应高等教育公平问题的必然要求。

2. 挖掘潜力，增加动力：发挥社会参与的反馈者、 监督者、 合作者职能

社会组织和成员不仅是高等教育公平提升的既得利益者，又是潜在促进者。1999 年，加拿大教育部长理事会调研了高等教育的公众期待。结果显示，总体而言加拿大人对高等教育质量相当满意，但依然有需要改进的领域。比如，高等教育应更具公平性，加强高等教育机构间流动与转移的制度协调，高校应聚焦地方和区域经济和社会发展等。② 2006 年，加拿大政策研究网络（Canadian Policy Research Networks，简称 CPRN）调研了大学生和准大学生对高等教育全程公平的看法。学生提出："增强高校项目的地方取向，认为高校应植根于社区，而且不能仅仅提供课程，更应该促进社区发展和学生学习。"和公众一样，学生们也强调了高校内部、高校之间以及跨省域流动问题以及文凭的可比性问题。另外，学生还建议高校应加强与雇主合作，培养学生适应未来工作的核心素养。③ 实践表明，建立多方参与制度，搭建多方合作平台，有利于将原本静态的、潜在的因素激活，从而发挥其应有的反馈者、监督者与合作者功能。

（二）多方参与制度的推进与落实

基于多重社会因素的重要影响，加拿大政府加强与社会合作，探索推进了类型多样的社区本位项目，通过提供社会性和学术性支持提高高等教育获得率。其中，持续时间最长、影响范围最广的当属外展项目（Outreach Program）。

---

① 张晓莉. 加拿大高等教育入学政策新动向 [J]. 外国教育研究，2014（12）：70—73.

② Council of Ministers of Education, Canada. A report on Public Expectations of Postsecondary Education in Canada [R]. Toronto：Author，1999：5—10.

③ DE B P. Post-secondary Education in Canada：A Vision from Canadian Youth [R]. Ottawa：Canadian Policy Research Networks，2006：15.

1. 外展项目及其类型

"外展"取 Reaching Out 之意，向外延伸援手。外展项目是指主动接触有需要服务的人，并且将服务以最直接的方式带给他们，同时不要求这些接受服务的人做出任何不必要的牺牲和改变。外展项目涉及医疗、卫生、教育等诸多领域，强调自动自主地去帮助那些需要帮助的社群。

根据实施时段不同，外展项目可分为早期和共时两种类型。早期外展项目通常在初中阶段或高中第一年便开始实施，主要目的在于及早补救由于种族、社会经济地位或地域等造成的教育缺陷。项目通过高校选择、申请、资助等系列化的辅导、咨询，为那些没有机会考虑高等教育的学生提供支持，拓宽学生对高等教育的理解，并帮助他们找到在高等教育机构中的位置。共时外展项目主要致力于为即将申请高校以及在高校学习期间的弱势人群提供持续支持，项目的核心焦点是应对高校辍学问题。研究显示，加拿大高等教育辍学率高达近 40%，少数民族、兼职学生、大龄学生（Mature students）辍学率更高。[1]

2. 外展项目的组织运行

外展项目是统称，"教育之路"（Pathway to Education）属典型早期外展项目，以下通过对这一成功个案的解析来透视外展项目的组织运行。"教育之路"意在解决高中辍学高发、毕业率低下问题，目标是"建设高毕业率国家"（Building a Graduation Nation）。"教育之路"是一个建立在社区基础上、以结果为导向的综合性项目。通过弱势学生所在地区的地方组织与需要帮助的学生和家庭进行对接，将学术与资金、个人与社会的支持结合起来为需要资源的孩子提供一个安全、有效且强大的教学空间。在教育资源稀缺的家庭社区，"教育之路"为学生提供"四管齐下"的支持：（1）一周四次的"课业辅导"；（2）团体和职业向导们向学生提供社交技能发展和冲突解决技巧的课程以及其他一些工具和技术的使用方法；（3）学生—家长关系维护人员为学生提供家庭事务的咨询和支持，和学生的家长、所在学校的老师及相关工作人员进行积极且及时的联系；（4）以免费车票、免费午餐券和大学奖学金的形式为学生提供短期或长期的经济援助。

---

① Grayson P，Grayson K. Research on Retention and Attrition [J]. Modern Fisheries Information. 2003 (1)：8.

3. 外展项目的实施成效

如上所述，"教育之路"（Pathway to Education）是最具代表性的外展项目，其成功显示了外展项目的巨大潜力。"教育之路"2001 年首创于安大略省多伦多地区，目前已遍及八省的 20 个地区。而且，目前取得的成果远超预期：（1）项目地区学生的入学率高于 80%；（2）辍学率下降到全国平均数值；（3）学生毕业率平均增长了 75%；（4）73%参与项目的学生从高中毕业后进入了大学学习。除上述教育影响之外，该项目对社会发展也做出了卓著的贡献：（1）项目每收到 1 加元的投资，将会为社会带来 24 加元的回报；（2）"教育之路"的每一位毕业生会为社会带来持续性的、高达 600 000 加元的收益；（3）项目推动了社会的平均寿命和健康发展；高中毕业生高血压、心血管疾病、糖尿病和吸烟引起的相关疾病的得病率大大降低。[①]

四、建立数据收集机制，强化高校学生流转全程监控

中小学的义务教育性质决定了中小学生相对既定的教育年限和相对稳定的教育路径。相比之下，高校学生的教育过程则更具复杂性，教育年限富有弹性，教育体系开放灵活，转学、休学、辍学等样态贯串其中。因此，为了实现高等教育公平由起点向全程延伸，清晰呈现高校学生的教育轨迹与发展路径，准确把握影响高校学生教育进程的核心要素，便显得尤为必要。据此，加拿大探索并建立了多层次多类型的高校学生衔接、流转数据收集机制，以此加强全程监控。

（一）背景与功能：借力时代，明晰路径，多渠道助力全程公平

数据收集机制的创建源于教育信息化的促动和高等教育数据缺失的现实困境。加拿大教育信息化水平处于世界领先地位，已建立了完善的国家数据平台，推进实施了诸多大型评估项目，切实发挥了教育信息管理、科学研究、决策支持、社会服务等多项职能。前期探索为高等教育数据收集机制的开发奠定了基础，提供了思路和蓝本。同时，由于实行绝对的地方分权制，泛加拿大数据缺失一直是困扰高等教育发展的难题。加拿大学习

---

① Pathways to Education. Building a Graduation Nation[EB/OL].[2018—02—22].https://www.pathwaystoeducation.ca/.

委员会（Canadian Council on Learning，简称 CCL）指出："关键数据信息的缺失使得加拿大不能清晰地了解本国高等教育及其在世界舞台上的位置。"2007 年 9 月，该委员会发布了"泛加拿大高等教育数据战略"，并提出了战略计划实施的三项短期目标：（1）对重要数据工具给予持续且充足的资助；（2）为高等教育八大优先领域提供全面的数据资料；（3）创设学生标识符，加强学院教职员、成人教育、私立教育等方面的数据收集。

正是在上述背景下，加拿大高等教育通过加快完善学生层面的数据收集机制，明晰了学生衔接与流转路径，全面推进了高等教育公平向全程延伸。具体而言，其功能主要是通过以下渠道得以发挥的：一是为政策制定者的科学决策提供依据。系统的数据资料，不仅能够使政策制定者更加清晰地了解和掌握全体学生的整体特征，还可以结合人口统计学变量信息，圈定特殊群体及其制约环节，从而增强决策的针对性；同时持续的数据收集还能够监控政策实施进展，评估政策实施成效，引导政策调整。二是增强社会公众参与。有些省份依据对数据资料的整理与分析，建立了定期公报制度（public reporting system）。系统详尽的数据资料公开，表达了政府对公众的信任，能够激发公众了解、关注、参与高等教育事务的热情和责任感。三是推进相关研究的深化拓展。鲜活的数据资料为研究者提供了新的机遇与研究话题，不仅能够丰富研究领域，还能够增强理论与实践的相互转化。四是确保学生的知情权，促使其提早规划、理性选择。

（二）组织实施：两级机制的创建与运行

新世纪以来，国家级和省级高校学生数据收集机制大量涌现，数据资料以及研究成果的出现充实了原本薄弱的高校学生衔接、流转路径研究环节。前十年，国家级与省级项目并驾齐驱，2010 年后由于联邦拨款的削减，国家级项目逐渐衰落，省级项目依然延续着良好的发展势头。

1. 泛加拿大数据收集机制：从繁荣到衰落

加拿大统计局发挥了不可替代作用，其创建实施的"衔接中的青少年调查"（The Youth in Transition Survey，简称 YITS）、"高等教育学生信息系统"（The Postsecondary Student Information System，简称 PSIS）、"全加毕业生调查"最具典型性。"衔接中的青少年调查"是一项纵向跟踪调查，致力于收集青少年从中学到大学再到工作的历程中衔接样态的数据信息，由加拿大统计局、人力资源及技能发展部联合开展。项目筹划始于

1999 年，择取 15 岁和 18—20 岁两个年龄组作为研究对象，先后于 2000 年、2002 年、2004 年和 2006 年对两个年龄组学生进行四次跟踪访谈，获得了丰富的数据资料，揭开了学生从中学到大学毕业发展历程的"黑盒子"。[①] "高等教育学生信息系统"也是统计局下设的一个项目，由加拿大教育统计委员会主办，涵盖机构、项目和学生三大层面。PSIS 的主要目的之一是为研究者开展高校学生流动、转移路径及其与教育和就业结果之间关系研究提供数据支撑。据此，PSIS 通过赋予每一名学生全国学生代码建立了高校学生纵向跟踪调查数据资料库。[②] "全加毕业生调查"则致力于调查学院毕业生的发展轨迹。此项调查明晰了学院毕业生的来源与构成，呈现了学院毕业生的总体去向以及各专业毕业生继续接受大学教育的状况。

此外，联邦政府组织实施的"千禧年研究项目"（the Millennium Research Program）与"学习研究委员会项目"也做出了重要贡献。"千禧年研究项目"是"千禧年奖学金基金会"的重要组成部分，该项目通过广泛开展调研、推行试验项目等，收集、整理了大量数据资料，形成了系列年度报告，发表了系列研究论文，对增进高等教育理解，明确并克服学生接受高等教育的障碍提供了重要依据。[③] 2009—2010 年，该项目被加拿大学生助学金项目替代。"加拿大学习研究委员会"（Canadian Council on Learning）成立于 2002 年，高等教育是其重要关注领域之一，通过发表年度报告集中呈现全加高校学生学习样态及进展，圈定实践中的有效举措以及有待改进的领域，为教育行政部门做出明智决策提供科学有效的依据。2010 年，联邦政府停止拨款资助，项目就此终止。

2. 各省区数据收集机制：不断健全完善

近二十年来，各省区致力于加强唯一标识符系统（Unique identifier system）建设，陆续开启了高等教育及跨高等教育与 K-12 的学生流转数据资料搜集机制创建，当前具体推进情况如表 8-4 和表 8-5 所示。

---

① Childs S E, Finnie R, Martinello F. Postsecondary Student Persistence and Pathways: Evidence from the YITS-A in Canada [J]. Research in Higher Education, 2016, 58 (3): 1—25.

② Council of Ministers of Education, Canada. The Use of Student-level Data to Provide Information on Student Pathways and Mobility [R]. Ontario: CMEC, 2009: 34—35.

③ Andrew P, Noel B. Persistence in Post-Secondary Education in Canada: the LatestResearch[EB/OL]. [2017—10—22]. http//:www.millenniumscholarships.ca.

表 8-4　加拿大各省区高等教育领域唯一标识符系统的应用情况

领域	应用省区	比率
公立大学	BC 省、阿尔伯塔省、安大略省、魁北克省	30.7％
学院	BC 省、阿尔伯塔省、魁北克省、新布伦瑞克省、努纳武特地区	38.5％
学生资助体系	十省三区	100％

表 8-5　加拿大各省区 K-12 与高等教育一体化唯一标识符系统的建设情况

进展	省区	比率
正在实施	安大略省	7.7％
已建成	BC 省、阿尔伯塔省、魁北克省	23.1％
正在讨论	曼尼托巴省、纽芬兰与拉布拉多省、约克地区、努纳武特地区	30.8％
未建立	萨斯喀彻温省、新斯科舍省、新布伦瑞克省、爱德华王子岛省、西北地区	38.5％

资料来源：Council of Ministers of Education，Canada. The Use of Student-level Data to Provide Information on Student Pathways and Mobility ［R］. Ontario：CMEC. 2009：12，15.

　　表 8-4 集中反映了加拿大高校学生数据收集机制在各省区的推进情况。关于学生资助体系的数据资料在 13 省区均已建立。与此同时，4 个省份在公立大学实施了唯一标识符系统，5 个省份在学院层次实施了该系统，分别占到 13 个省区的 30.7％和 38.5％，由此可见，学生数据收集系统正逐渐拓展，并走向完善。表 8-5 反映了跨领域一体化数据收集机制在各省区的推进情况。在安大略省此系统已经付诸实施，在 BC 省等 3 个省份已经建成，在曼尼托巴等 4 个省份正在讨论，这意味着在不久的将来实施一体化数据收集机制的省份将达到 60％以上。

五、结语

　　普及与公平相互促动。与精英化阶段不同，普及化阶段本身就蕴含着更加丰富的公平价值追求。同时，高等教育公平的推进也必将为确保普及不断深化提供持续动力。20 世纪八九十年代，诸国通过增进弱势群体高等教育入学机会，打破了普及化之初高等教育入学率增长滞缓的瓶颈期，促使普及取得新突破。然而，大量弱势人群进入高等教育又萌生了新问题，辍学、休学等现象层出不穷，毕业率不高。这一现象促成了新世纪以来高等教育公平框架由聚焦入学机会公平向关注过程与结果公平延伸的新局面。

近二十年来，加拿大积极探索并初步完成了全程公平框架下的宏观制度改革，为世界各国落实以公平深化普及的战略决策提供了经验，贡献了加拿大智慧。经费保障机制中，"多而不同"的制度理念；资助扩大总体招生，以定向拨款增加弱势招生；目标本位资助的设立，贷款偿还制度的革新，助学金体系的重组，需求本位资助的提出；加强行政干预，确保高校学费的可支付性等，体现了对增加入学、防控辍学、确保毕业的全程保障。学制体系改革中，纵向衔接体现了终身教育体系下的一体化设计，观照了学生发展的连续性，致力于弥合中高等教育的制度鸿沟；横向贯通则是对当代学生多样性需求的回应，只有不断加强教育资源整合，才能满足各类学生群体个性化发展的要求；高等教育职能优化与新型高校建设则是致力于通过提高高等教育的吸引力和适宜性来改善弱势群体的高等教育获得。社会参与制度建设中，对多方参与的强调体现了对高等教育公平问题的深度剖析，外展项目以大视野观察高等教育公平影响因素后实施的根源干预策略，致力于筑牢持续保留与顺利毕业的根基。数据收集机制建设，强调全程监控，对过程的持续跟踪能够为精准施策提供重要依据和持续动力。加拿大高等教育全程公平框架下的宏观制度构建代表了高等教育公平实践探索的国际前沿进展。

最后，需要特别指出以下几点：一是高等教育全程公平的最终实现有赖于高校教育教学的深刻变革，宏观制度革新是革新的先声和前奏，为全面落实全程公平提供了有力保障。二是宏观制度建设是一个伟大的系统工程，四大领域革新体现了当前进展，全面建设永远在路上。三是四大领域的革新是联邦及各省区政府长期探索经验的综合呈现，而非一时一域之功。四是由于改革推行时间有限，本节无法系统呈现制度变革成效，这将成为后续研究的重点。

第 9 章

比较教育学科：本体与方法

第 *1* 节　比较教育学科本体论的前提性建构①

黑格尔说："一门学科首先要解决的问题是：这门学科是什么及其是否存在。"那么，比较教育作为一个已经有近二百年历史的学科，它是什么？又怎样存在呢？对这个本体论问题，本节试图在借用"本体"这一哲学范畴的基础上进行前提性探讨，即比较教育依据什么而存在。

一、追问比较教育学科本体的意义

"本体"就是终极存在。追问比较教育的学科"本体"——寻找这门学科存在和发展的最终根据，对于比较教育的学科建设自身而言具有更迫切的现实意义。

在近 200 年的发展史中，学者们一直力图建构本学科的理论体系，但在学科的对象、方法等这样基础性的问题上不能达成一致。明确学科的对象与方法是建构学科理论体系的基本前提，但如果仅就比较教育的研究对象和研究方法而论，却给人一种充斥异质而缺乏同一的印象：不仅比较教育的研究对象涉及所有教育领域，覆盖整个国际社会，而且研究方法汇聚了各种各样的主义和范式。异质化的表象当然首先带来的是无休止的学术争论，这使比较教育"成了一个由各种欣欣向荣而又互不相干的思潮构成的松散的集合体"。② 所以追问比较教育的学科本体，已经成为学科生存与发展的必然选择。其次，异质化的结果也在一定程度上说明研究对象与方法虽然是学科理论建设的基本要素，但对于比较教育这样一个异质性的边缘学科来说，它们不可能成为学科建构的本体，因此我们只能另辟蹊径。

二、比较教育的本体：比较视野

什么是比较教育的本体？这是在终极存在意义上对一个学科所进行的

---

① 本节作者系付轶男、饶从满，本节曾发表于《比较教育研究》2005 年第 10 期。

② 爱波斯坦. 左的思潮与右的思潮：比较教育中的意识形态 [C] //赵中建，顾建民. 比较教育的理论与方法：国外比较教育文选. 北京：人民教育出版社，1994：392.

设问，因此，本体可以被通俗地解释为学科理论安身立命的基点，它决定了学科的整体发展进程及特性。比较教育研究并不是寻找"共同点和不同点"的"描述性工作"，它"是对关系和关系方式而不是对事实进行的比较"，它是与"教育哲学""教育史"近似的"更高水平的抽象研究"，它"感兴趣的是比反映普遍规律的科学资料所能表现的还要深、还要广的现实"，① 因此它在本质上是对教育进行反思和再造。所以，比较教育的本体不会是普通的物质存在，而应是一种学科内在的思维逻辑，这里我们称之为比较视野。

(一)"比较视野"的含义

"视野"在此相当于英文中的"perspective"，原意只是用来表示眼睛的视觉范围，而在这里是指主体考察对象的广度和深度。所以，比较视野就是研究主体对研究单元内的教育事实及其背景因素进行跨民族、跨文化、跨学科的多元观察、多视点透视的研究视野。当比较教育研究者采用这样一种视野对研究对象进行透视时，实际上就是一种内在的、深层次的比较，而在学理层面上，这就是比较教育在学科意识上所强调的比较——深层的、体系化的比较。

(二)"比较"的发展：比较思维、比较方法、比较视野

一个事物的本质并不能通过对概念的界定得以完全显现，所以我们对比较视野本质的了解必须从认识"比较"开始。

"比较"是个外延广阔却"缺乏精确性"的概念②，这是因为它的日常形态就是每个人思维活动的一部分。心理学家认为："比较是思想上把各种对象和现象加以对比，确定它们的相同点、不同点及其关系，比较是以分析为前提的。"③ 我们通过比较可以感知事物、进行选择、学习知识，对于认知对象，我们总是先在大脑中进行分析、比较、取舍，然后纳入原有的认知结构中去，进而形成新知识和新观念。显而易见，比较是一种普遍存在的基本思维活动，是支撑人类思维的"原始的脚手架"。④

① 奥利韦拉. 比较经验：什么样的知识？[C] //赵中建，顾建民. 比较教育的理论与方法：国外比较教育文选. 北京：人民教育出版社，1994：324—331.

② 国际比较教育（中）[J]. 黄志成，姚晓蒙，译. 外国教育资料，1994（3）：41—47.

③ 彭聃龄. 普通心理学 [M]. 北京：北京师范大学出版社，1991：356.

④ 乐黛云，等. 比较文学原理新编 [M]. 北京：北京师范大学出版社，1998：39.

比较作为人类的基本思维活动，随着人类整体的进化也在不断地发展。到了 18 世纪末，各种学科都开始在自己的方法体系建构中融入比较方法。而整个 19 世纪，则诞生了大量的比较学科，包括比较教育。虽然它们尚未形成严格意义上的学科，但这股比较主义思潮为世界科学的发展提供了新的研究方法——比较研究方法。历史发展到这里，在一般学术研究中"比较"已经从基本的思维活动演变为系统的学术研究方法。涂尔干曾高度评价比较方法，他认为，比较方法是在某种程度上接近于实验方法并可用于社会学科的方法，他把比较方法界定为"间接实验"，在这种间接实验方法之下，他认为可以从比较"相伴差异"或"共存差异"的特殊方法中找到最适合于社会学研究的工具。① 虽然比较作为一种方法已经发展到了顶峰，但在普通学科中（除比较学科以外的学科）它不过是许多方法中的一个。也就是说，"在普通或'平常'的思维水平里，比较法常常被用来找出共同点和不同点，以便形成和限定概念和类型。而这仅仅是描述性的工作"。② 因为它与这些学科内在的思维逻辑没有根本性的联系，所以它只能作为工具性方法保持与研究对象的统一性，也就成为某种必然。

何塞·加里多认为："我们学科的特征，从本身的名称就可看出，是把比较作为研究这门学问的'主要方法'，这与其他许多比较性学科是一样的。"虽然"从朱利安到我们时代的比较教育工作者，都一致同意比较的方法在教育中存在和其适用性（这种一致意见是罕见的）"③，但是我们仍不禁要指出他们理解的片面性。因为在比较教育这样的比较学科中，"比较"的内涵又一次发生了根本转折，它已经成为一种辩证的思维方式，仅仅从方法的角度理解"比较"已经不能正确反映它的存在，而使用比较的方法当然也就不能标明一门学科必然是比较学科。

所谓"思维方式"，通俗地说，就是"怎样想"的问题。它对于人的思想和行为至关重要，既规范着人们"想什么"和"做什么"，又规范着人们"怎样做"和"做得怎样"。黑格尔认为："辩证法是现实世界中一切运动、一切生命、一切事业的推动原则。同样，辩证法又是知识范围内一切真正科学认识的灵魂。"④ 虽然辩证思维一方面是"自在的"，即是人类

---

① 加里多. 比较教育概论 [M]. 北京：人民教育出版社，2001：106.
② 奥利韦拉. 比较经验：什么样的知识？[C] //赵中建，顾建民. 比较教育的理论与方法：国外比较教育文选. 北京：人民教育出版社，1994：324.
③ 加里多. 比较教育概论 [M]. 北京：人民教育出版社，2001：94.
④ 黑格尔. 小逻辑 [M]. 北京：商务印书馆，1980：17.

思维的固有产物，但另一方面，它需要自觉地"发展和锻炼"。[①] 比较视野就是辩证思维被"发展和锻炼"的产物。具体地说，它是人类的物质世界和精神世界发展到一定历史阶段的思维成就。物质世界的发展使近代历史赋予了科学，尤其是人文社会科学以广泛认识的国际视野，使人们在客观上能够对不同民族和国家的语言、历史、文学、教育、法律、宗教等进行比较；而精神世界使人们的科学理论思维在自然科学的发展中"发展"，在哲学辩证法的演进过程中得到"锻炼"。[②] 这就难怪比较文学学者波斯奈特感叹："有意识的比较思维是 19 世纪的重要贡献。"[③] "有意识"标志着此时的比较已经超越了工具性方法阶段而进入一个更高的抽象层次，成为学科内在思维逻辑，进而也就产生了比较教育和其他比较学科。从这个意义上说，作为辩证的思维方式的比较视野就是比较教育学科产生的基点。

（三）比较视野的本质：辩证的思维方式

比较视野在本质上是一种辩证的思维方式，即通过异中求同、同中求异的方式来揭示研究对象之间的本质关系，从差别与同一的辩证关系中认识人类的整体性和统一性。这主要表现在两个方面。

首先，它是辩证的比较。它摒弃了在绝对不相容的对立中思维的同一性思维方式，能够辩证地理解差异性和同一性的关系。这一点可以说是我们能够进行比较教育研究的基本思维条件。一方面，研究主体必须摆脱"是就是，不是就不是"（恩格斯语）的思维定式，才能透过教育现象去发现本质，才可能形成真正的比较研究。另一方面，无论比较研究的目的是通过所谓"科学的方法"发现教育与社会间普遍的关系法则，还是通过移

---

① 孙正聿. 哲学通论 [M]. 沈阳：辽宁人民出版社，1998：332—334.

② 早在 18 世纪末，就在自然科学中以萌芽状态出现的辩证综合趋势，到 19 世纪中期已经汇集成为科学发展的主流。……自然科学机械分析的思维方式被辩证综合方式所代替。而无论是黑格尔，还是马克思的辩证法，都是对那个时代科学和生产状况的反映及理论总结。参见：论思维方式的四种基本历史形态 [J]. 南昌大学学报，2003（1）. 每个时代理论思维的内容与形式，首先都是由科学与哲学这两种基本理论思维方式所决定的。但对于包括科学家在内的每个人来说，"理论思维仅仅是一种天赋的能力，这种能力必须加以发展和锻炼，而为了进行这种锻炼，除了学习以往的哲学，直到现在还没有别的手段（恩格斯语）"。而对于 19 世纪理论思维的状况，恩格斯认为："恰好辩证法对今天的自然科学来说是最重要的思维形式，因为只有它才能为自然界中所发生的过程，为自然界中的普遍联系，为从一个研究领域到另一个研究领域的过渡提供类比，并从而提供说明方法。"

　　孙正聿. 哲学通论 [M]. 沈阳：辽宁人民出版社，1998：111—117，337—344.

③ 乐黛云. 比较文学原理新编 [M]. 北京：北京师范大学出版社，1998：39.

情观察、同情分析来发现不同国家教育之差异，为本国教育服务，研究主体都必须承认差异与同一的存在是暂时的、相对的，它们之间是相互依赖、相互转化的，只有具备这样的思维前提，才有可能达到研究目的。譬如，自萨德勒以来，学者们对支撑一定教育制度的精神力量的探寻，正是力图在本质上都相似的诸多教育现象中追寻它们和其他社会子系统之间的本质关系，从而正确理解不同民族、国家教育发展过程中的历史的、逻辑的必然联系。

其次，比较视野将形式化的类比发展成为对研究对象的体系化的、内在的汇通性比较。这是一个对已知进行联系和批判的过程，是一个造就新的体系化观点的发展过程。也就是说，研究主体对纳入自身知识结构的教育现象及其背景资料及各种学术知识咀嚼、消化、汇通后，使其体系化。其实质就是，研究对象及学术知识在主体知识结构内部进行对话、阐释、互动、重组的过程。比较视野只有达到汇通的境界，一方面，它才能够在诸多"事实"中抽象出"通过低水平研究而发现的两个或两个以上社会集团中的关系类型之间的关系"作为研究对象；[①] 另一方面，也才能够对这些关系—研究单元内的教育事实及其背景因素进行跨民族、跨文化、跨学科的多元观察和多视点透视，建构出"由此能看得见全景的'中间地带'"——一种思想的框架和逻辑。在汇通性比较中，比较有了更广泛的含义，比较标准可能不像实证研究那样被量化或标明，因而比较可能是隐含的、内在的。譬如，加拿大学者露丝·海霍的力作《中国大学 1895—1995：一个文化冲突的世纪》，虽然没有将中国与加拿大或别的国家进行直接的比较，甚至也不是为了解决加拿大教育问题而进行的研究，却是以其内在的本国教育这一测量点（尽管没有明确提出）为核心，将当代西方科学方法论汇通后形成的比较视野对中国大学的百年历程进行考察分析的。

（四）比较视野的特质

比较视野作为一种辩证思维方式、一种客观存在，它所具有的特质也是比较教育学科本体的组成部分。

1. 内在性

所谓比较视野的内在性，首先，是指它的存在方式。比较视野作为一

---

① 奥利韦拉. 比较经验：什么样的知识？[C] //赵中建，顾建民. 比较教育的理论与方法：国外比较教育文选. 北京：人民教育出版社，1994：326.

种思维方式，其存在方式归根结底不能脱离思维的存在方式，即它是人脑功能的体现。所以，它虽然是比较教育的学科本体，但是其根本的存在方式并不是能够立即被感知的物质形式，而是以特殊的物质形式——一种稳定的、定型化的思维样式内化于研究主体的头脑之中。其次，内在性还体现在比较视野的表现方式上。由于比较视野是思维的方式，所以，一方面它会表现为研究主体在学术活动中将其作为本体论加以内在地、自觉地使用；另一方面，它会以文本的形式出现在研究成果之中，但它只是以思维的"逻辑"与"框架"、"程式"与"方法"的形态内在于字里行间，而不是外显为明确的文字描述。

2. 相对性

比较视野的相对性，首先是针对学科发展的总体而言的。也就是说，虽然它是学科本体，并内化于研究主体的头脑之中，但是其总体的成熟度仍然受到学科发展所处外部客观条件以及学科发展状况的制约。其中，前者包括人类总体发展状况、相关学科（如哲学、社会学）发展情况等等；而后者主要指在学科发展的不同历史时期，比较视野的成熟度不同。其次，比较视野的相对性是指它在每个研究主体的学术活动中表现出的成熟度和倾向性会有所不同。而这主要与研究主体的研究目的、研究条件、知识结构、兴趣爱好、从事研究的时间长短，甚至种族、语言、年龄等因素有关。

3. 跨越性

跨越性是指比较视野超越民族、国家、文化及教育界限，将跨民族、跨文化、跨学科的研究对象连结为一个整体。它代表着比较视野的深度和广度。这一特性源自比较成立的基本前提条件。也就是说，比较作为基本思维活动要在人类的头脑中生成，其感知的事物表象必须是两个或两个以上。而比较视野作为抽象的比较形式，它首先必须超越民族教育或是国别教育的视阈，才能使比较教育研究成为可能。这正如安德森所说："人们难以在某一种制度中识别一些可变物的影响，因为实践从本质上说对整个制度是统一的。"① 13 文化通常以民族的界限为分水岭，所以超越了民族界限就等于超越了文化的界限。而追寻研究对象本质联系的研究取向则使方法论层面上跨越学科和文化界限成为另一种必然。

---

① 安德森. 比较框架中的教育社会学［C］//赵中建，顾建民. 比较教育的理论与方法：国外比较教育文选. 北京：人民教育出版社，1994：197.

4. 开放性

比较视野的开放性体现在它能够能动地进行科学研究。如果说跨越性是比较视野"与生俱来"的客观特性，那么开放性则是跨越性的衍生物，并在比较视野的发展过程中逐渐完善起来。也就是说，开放性脱胎于跨越性，是比较视野的主观能动性的体现。比较视野的发展史已经清楚地表明了这一点：1 世纪学科奠基时期，朱利安和库森等人的研究视野在一开始就已经跨越了民族和文化的界限，但是尚不具备这种主观能动性，所以他们的研究只能停留在教育现象表面。而自从萨德勒开始反对孤立地研究教育，直至 20 世纪 70 年代比较教育中开始出现以霍尔斯为首的文化主义研究转向，比较视野的开放性一直为比较教育研究提供着新的发展机遇。尤其是文化主义研究的转向恢复了教育作为社会子系统存在的本来面目，使人们在比较研究中可以把教育作为文化的一部分加以研究，并有可能为比较教育建构起一个文化比较研究的框架，而不是仅仅简单地追究那些"背后的力量"。所以，实际上，开放性是对跨越性自身的超越，它处在比较视野性质的更高层次。

三、比较视野与比较教育的学科性质

从前面的分析我们可以得出结论，"比较"在比较教育中已经超越了工具性方法的阶段，完成了到学科内在思维逻辑的演化，成为一种辩证的思维方式——比较视野，并进而成为比较教育作为一个学科存在的基点。从学者们对思维方式的解释看，"思维方式既是思想的'程式'和'方法'，又是思想的'框架'和'逻辑'，因而需要从本体论、认识论和方法论的统一中去看待"比较视野这种辩证思维方式。[①] 在学科理论建构中，独特的方法可以成为一个学科的特征，而学科的本体则决定了一个学科的对象、方法和特性。比较视野正是在这个意义上能够成为比较教育的学科本体。

（一）比较视野与比较教育的研究对象

比较教育不是简单的外国教育研究，这是因为它的研究视野并没有停留在外国教育经验的表面，而更多的是关注集中于经验背后的原因。如果

---

① 孙正聿. 哲学通论 [M]. 沈阳：辽宁人民出版社，1998：324.

说比较教育在 19 世纪经历过外国教育阶段，那是因为学科发展尚处于萌芽状态。20 世纪以来，随着比较视野的成熟，"'比较的'角度为比较教育增加了一维空间，使它处于一个更高的抽象层次"，① 即它已经能够在诸多"事实"中抽象出"通过低水平研究而发现的两个或两个以上社会集团中的关系类型之间的关系"作为研究对象。所以，从这个意义上说，正是比较视野使比较教育的研究对象从"具体的问题"转向"从两个或更多的教育领域中发现抽象的关系类型"。②

（二）比较视野与比较教育的方法论

比较视野是本体论、认识论和方法论的统一。认识论决定方法论，从这个角度看，比较视野统摄着比较方法论。在比较教育中，比较法是公认的系统而多样化的方法体系。何塞·加里多在他的《比较教育概论》中就把比较方法论与描述、实验和历史方法论一起归为"倾向于归纳"这一"基本方法论"的"根本类型"。③ 也就是说，比较法仅次于具有普遍意义的哲学方法论，属于比较教育学科的"基本方法"，它存在于"专门方法和用来研究特定对象的具体的技术或程序"之上。④ 比较法之所以成为"基本方法论"，有许多学者认为，其最重要的学理依据是比较教育的跨文化特性，但实际上，没有比较视野在思维逻辑层面的指引，方法论本身并没有能力超越哪怕是一丝一毫的文化和学科的界限。所以在这个意义上，比较视野决定了比较教育的方法论。

（三）比较视野与比较教育的学科特性

1. 主体性与客观性

主体性和客观性是比较教育的重要学科特性，其中前者制约后者，并因此而确立了比较教育学科身份的主体性定位，但两者又都是依据比较视野而存在的。

比较视野作为比较教育的学科本体，首先是在发挥思想的"框架"和

---

① 奥利韦拉. 比较经验：什么样的知识？[A] //赵中建，顾建民. 比较教育的理论与方法：国外比较教育文选 [C]. 北京：人民教育出版社，1994：326.

② 奥利韦拉. 比较经验：什么样的知识？[A] //赵中建，顾建民. 比较教育的理论与方法：国外比较教育文选 [C]. 北京：人民教育出版社，1994：327.

③ 加里多. 比较教育概论 [M]. 北京：人民教育出版社，2001：103.

④ 加里多. 比较教育概论 [M]. 北京：人民教育出版社，2001：106.

"逻辑"的作用，即决定做什么。从认识论的角度看，认识真理是人类永恒的追求，所以尽管存在实证主义和相对主义的论争，比较教育的研究者们一直在力图客观、科学地进行这种跨文化、跨学科的研究，并努力使之成为朱利安所谓"近乎实证的科学"。可以说客观性是比较教育与生俱来的特性，但它是与众不同的。对于一些初涉比较教育的人来说，客观似乎很简单，只要将有关外国教育的原文资料翻译过来就可以了。可是，为什么比较教育的研究者们除了用各种手段收集第一手资料以外，还要力争能够用文化的价值观、认知方式来认识和解释当地的教育现象呢？问题的关键在于比较教育所追寻的客观性并不同于物理、化学等自然学科以及一般的人文社会学科，后者探寻的是绝对的物质的客观存在，而比较教育则是在研究主体的比较视野造就的客观范围内活动，也就是说，比较教育研究的客观性从属于它的主体性。也正是在这个意义上，主体性成为比较教育学科身份的定位。

比较教育的主体性不是主观性，而是比较视野存在于研究者与被研究者两者关系中的一种真实反映。实际上，一般意义上的主体性在比较尚处于基本思维活动的阶段就已经存在了，因为比较产生的决定性因素是个体将两个事物相联系的主体性的思维活动。比较教育研究作为高级的比较活动，其研究主体所面对的是跨民族、跨文化和跨学科的多元关系，并且力图发现这些多元关系之间的关系。从发生学的角度看，纯粹的外国教育本质的存在方式都是一元的，它们自身并不能跨越领土的、文化的或是学科的界限而与他国教育形成多于一元的关系。所以这种复杂的多元关系在研究开始前并不是客观存在的，而是在学术活动过程中，依据比较视野，即研究主体对跨越文化和学科界限的教育现象及其背景因素的多视点透视而生成的。因而，这种多元关系在客观上不可能完全从属于研究者或是被研究者中的任何一方，却因为研究者主体的介入、透视而生成。

2. 跨越性与开放性

比较视野作为比较教育的学科本体，也在发挥思想的"程式"和"方法"的作用，即决定怎样做。正是在这个意义上，比较视野自身的跨越性和开放性特质外显为比较教育的重要学科特性。换言之，跨越性与开放性对于比较视野来说属于思维方式的固有本质，而对于作为学科的比较教育，它们更多的成分属于在研究过程中操作层面上的客观现象。具体地说，作为比较教育的学科特性，跨越性一方面表现为对形式化类比和文本拼凑的超越，而达到建立在可比性基础上的多角度的汇通的境界；另一方面表现为对多学科知识在文本中的综合运用。而就开放性来说，它一方面表现为在研究深度上随着时间的变化而不断调整自身；另一方面则体现为在研究广度上的包容性。但是，上述情况通常也会使一些初涉比较教育者产生错觉，即将跨越性与开放性理解为比较教育研究的一种外在方法论，认为各种方法、各种学科知识都可以打着跨越性和开放性的旗号被纳入比较教育的巨大羽翼之下，反而使比较教育因为缺乏独特的方法，而根本不可能称之为专门的学科。这种错觉的根源就在于没有看到比较教育的本体——比较视野造就了它的学科特性。

第 2 节　施奈德的比较教育思想探析[①]

弗里德里希·施奈德（Friedrich Schneider，1881～1974）是与美国比较教育学家康德尔（Kandel，1881～1965）和英国比较教育学家尼古拉斯·汉斯（Nicholas Has，1888～1969）同时代的著名比较教育学家，同属"历史人文主义"比较教育研究传统的重要代表人物，为比较教育学科的发展做出了重要贡献。然而，或许由于语言的关系，我国的比较教育研究者们对施耐德比较教育思想的关注要明显弱于对康德尔和汉斯比较教育思想的关注。鉴于此，本节试图通过对《比较教育学》（Vergleichende Erziehungswissenschaft，Heidelberg：Quelle& Meyer，1961）这一集中体现施奈德比较教育学思想的晚年著作的解读，来对施奈德的比较教育思想进行初步探讨。

一、施奈德的生平与代表作

施奈德出生在德国的科隆。在波恩大学和明斯特大学专攻了德国史与哲学之后，于 1923 年任科隆大学的讲师，1928 年任波恩教育大学的教育学和心理学教授，同年被美国聘请为客座教授。归国后的 1931 年创办了英语、法语、德语三种语言并行的《国际教育评论》被纳碎政府停刊，施奈德也被迫从波恩教育大学离职。德国战败，纳粹体制崩溃后，施奈德又重新回到大学任职。1946 年接受奥地利的萨尔茨堡大学的邀请成为该大学的教育学教授，并在此设立了"比较教育学研究所"，任所长直至 19536 年。期间，被奥地利的因斯布鲁大学聘为客座教授，并于 1947 年出版了《各国国民教育的原动力》一书，此后于 1949 年转任慕尼黑大学的教授，1958 年起成为该校的名誉教授。1960 年在该大学辞职后，成为欧洲比较教育学会的名誉会员和美国比较教育学会会刊《比较教育评论》的编辑。施奈德一生经历丰富，成果颇丰。除了在比较教育学上所做的贡

[①]　本节作者系高亚杰、饶从满，本节曾发表于《外国教育研究》2009 年第 1 期。

献外，还发表过许多心理学、家庭教育、基督教教育等方面的著作。其中部分著作被翻译成法语、意大利语、匈牙利语、波兰语、西班牙语、巴西语、英语和日语。在他的比较教育学著作中，最具代表性的有两部：一是1947 年出版的《各国国民教育的原动力》（Triebkrafte der Padagogik der Volker，Salzburg：Otto Muller Verlag），二是 1961 年出版的《比较教育学》。这两部著作包含了他的主要比较教育思想。

《各国国民教育的原动力》为比较教育学的入门书，"概括地叙述了比较教育学的原理"。① 在该书中，施奈德运用因素分析的方法考察了影响国民教育制度形成和发展的因素，不仅揭示了国民性、地理空间、文化、科学、社会和政治组织、经济、宗教、外国影响等影响教育的外部因素，而且进一步分析了教育发展的内部动力。

《比较教育学》为其晚年著作，可以看作施奈德比较教育思想的集大成。全书由序言、正文和结语构成，正文有五章：第一章为"比较教育学的历史"，主要对法国、美国、英国、德国、苏联、加拿大、日本七个国家的比较教育学发展历史进行了详细阐述；第二章为"比较教育学的概念——其内容与范围"，努力澄清比较教育学的概念，确认比较教育学的学科性质、目的、内容与范围；第三章为"比较教育学的研究方法"，集中、深入地探讨了比较教育学的研究方法；第四章为"比较教育学的教学"，分别对教师、学生、教学方法、考试等与比较教育学的教学相关问题进行了探讨；第五章为"各国国民教育的形成因素"，以简约的方式纳入了他在《各国国民教育的原动力》中涉及的基本内容，即影响教育制度的因素问题。② 这本书出版后不久就被翻译成西班牙语、英语和日语等多种语言，在世界范围内形成广泛影响。

二、施奈德论比较教育的学科性质与目的

20 世纪上半叶，自然科学和社会科学的大发展，促使了比较教育领域对比较教育学科自身建设与发展的极大关注，对比较教育的学科性质、目的、范围、研究方法等问题的探讨受到重视。当时的各种比较教育国际会议，多次对这些问题进行了讨论；这一时期的著名比较教育学家康德尔、汉斯、霍尔斯等人也都对这些问题给出了自己的一些见解。比如，霍

---

① 冲原丰. 比较教育学［M］. 刘树范，李永连，译. 长春：吉林人民出版社，1984：74.

② 加里多. 比较教育概论［M］. 万秀兰，译. 北京：人民教育出版社，2001：48.

尔斯认为，对于比较教育，"如果不明确学科领域的定义，不确认其研究方法，则这门学科的性质就会受到质疑"。[①] 施奈德在《比较教育学》一书中也尝试对这些问题进行了解答。他在这本书的序文中就明确指出：本书旨在定义比较教育学，区别比较教育学与教育学的其他诸学科，了解比较教育学的发展历史，探究比较教育学的研究方法、研究领域、意义及其教学。

（一）比较教育的学科性质

施奈德对比较教育学的发展前景一直充满了信心。在《比较教育学》一书中，他首先指出比较教育是一门学科；同时他坦承，比较教育学作为教育学的分支还是一门年轻而幼稚的学科，人们对其名称（概念）、学科范围、内容、研究方法、意义、教学等尚没有达成一致的意见。但是，他并不认为这会妨碍比较教育在未来能够发展成为一门成熟的、科学的学科。因为在他看来，比较教育学所经历的过程与其他学科，如教育学、心理学、社会学、人类学、经济学等的形成发展过程是一样的。正如他自己所说："在几次比较教育的国际会议上，与会者虽对比较教育这一教育学分支的概念、方法、意义和教学进行了讨论，却未能就这些方面取得一致的意见。然而，这不应促使我们去怀疑比较教育这一最终会完全成熟的学术领域。其他一些年轻的学术领域，如心理学和社会学，都有着相同的发展过程。这些学科的学者们几十年来，甚至今天，仍然在学科性质和界定、方法论、意义、实际应用等基本问题方面未达成一致意见。但随着时间的推移，这些学科已经成熟并达到自我理解。比较教育也将经历同样的过程。"[②] 他还指出，比较教育学科的成熟并不会自发形成，而是要经过比较教育研究者们共同努力，对比较教育学科不断地进行探讨、深入研究才能形成。因此，对比较教育学的概念、研究方法等讨论是十分有益的。

施奈德认为，要想使比较教育发展成为一门科学的学科，首要的任务就是追寻迄今为止包括史前时期在内的比较教育学的历史。因为他认为只有通过对比较教育学的历史发展进行追溯，才能够清晰地掌握比较教育学的发展脉络，准确地认识比较教育学从史前时期的偶然的、随意的、不系统的比较，逐渐发展为运用科学的比较方法进行系统研究，并经过不断的

---

① ドイツ〕F・シュナイダー. 比較教育学 [M]. 沖原豊，訳. 東京：御茶の水書房，1965：114.

② 赵中建，顾建民. 比较教育的理论与方法 [C]. 北京：人民教育出版社，1998：123.

矛盾斗争而发展成为一门独立学科的过程。鉴于当时对比较教育历史的研究存在着不足——尚没有完整的包括史前时期的比较教育学历史的研究，施奈德在《比较教育学》一书中列专章，花了大量的篇幅，详细地论述了比较教育学的历史发展（包括比较教育学的史前部分）。其次，施耐德主张要致力于把比较教育学与当时已被学术界所承认的比较学科进行比较。施奈德选择将比较教育学与比较文学进行比较，并指出比较文学在其形成和发展的过程中，与比较教育学一样，遭遇了专门用语上的难点——比较文学概念及内容与范围的确认问题，比较文学这一学科的系统化过程可以昭示比较教育学的发展前景。

为了界定比较教育学，施奈德还考察了外国教育学与比较教育学这两个领域的相互依存关系，在概念与用语上对二者进行了区分。他指出，比较教育学自诞生之日起就与外国教育学紧密地联系在一起，"外国教育学的研究与指导没有比较或比较教育学研究、没有外国教育学都是不可能的"，[①] "外国教育学的研究确实必须具有某种比较的意图"，[②] 但是，这并不意味着外国教育学就是严格意义上的比较教育学，外国教育学只是作为比较教育学必不可少的一部分而存在，"外国教育学，正像历史叙述所揭示的那样，常常是比较教育学的一个本质的构成要素"。[③] 外国教育研究是比较教育研究的基础与前提，但不是比较教育研究的全部，而比较教育研究则必然包括外国教育研究。由此，他认为以"比较教育学"这一术语来指称比较教育这一新兴学科是比较科学的，并分析了当时一些学者提出的以"外国教育学与比较教育学"或"比较的政治性"来指称比较教育学科的不科学性。他认为前者的"与"这个连词给人以并列的印象，不能说明比较教育的全部含义；后者则完全不适合学术研究与指导，充其量也只不过是适用于比较研究的实际应用方面，比较教育具有政治价值，但比较教育的重要性与价值绝不仅限于此。

（二）比较教育研究的目的

比较教育研究的目的历来是人们关注的焦点问题。施奈德认为，教育制度是社会各种因素复合作用的产物，比较教育研究的目的就是阐明各种教育制度之异同，剖析决定并影响特定国家教育制度的民族特性，从而更

---

①　シュナイダー. 比較教育学 [M]. 沖原豊，訳. 東京：御茶の水書房，1965：124.

②　シュナイダー. 比較教育学 [M]. 沖原豊，訳. 東京：御茶の水書房，1965：124.

③　シュナイダー. 比較教育学 [M]. 沖原豊，訳. 東京：御茶の水書房，1965：123.

好地理解外国教育制度和本国教育制度，学到教育改革的范例和方法，促进本国教育的发展，进而消除民族偏见和增强国际的相互理解。

施奈德关于比较教育研究的目的的思想可以从三方面来理解：首先，施奈德认为，比较教育研究的目的是功利性的，人们关注别国的教育，对某一国家的学校制度与教育制度进行比较研究的动机，"就在于发现本国教育欠缺的地方或者相对落后于那个国家的教育制度的方面，进而进行相应的教育改革"。① 其次，施奈德还指出，比较教育研究的这种功利性目的，不仅仅指向为本国教育的发展服务，还表现在为他国教育发展做贡献方面，即在确认本国教育具有优越性的情况下，希望输出本国教育的优秀部分，"通过某些形式贡献于别国教育，努力促使以本国教育的范型对别国教育进行改革"。② 比较教育研究的这种目的，在二战后的表现尤为突出，主要是欧美诸国出于各种不同的动机，对于不发达国家的援助。再次，施奈德还认为，比较教育研究的目的还在于形成国际主义精神。因为他确信，"比较教育学的研究与学习，可以使各国的研究者、教师、学生更加相互理解、相互亲近，为排除偏见、强化爱好国际和平的精神做出贡献。"③

三、施奈德论比较教育研究的方法

鉴于当时很多人认为比较教育的研究方法自然是比较研究法，因而没有必要对其进行探究，施奈德提出了"比较点（tertiumcomparationis）"概念，强调探究比较教育研究方法的必要性，指出了要想使"比较"成为可能，首先必须确定"比较点"，然后根据所确定的"比较点"来选择比较研究的方法。

在比较教育的研究方法上，"施奈德提醒人们必须给'教育比较学'（cienciacomparativadeedu-cación）以新的大胆的推动"。④ 因为在他看来，要想深入研究比较学科的问题，就必然要求从事这个领域的"工作者不能思想狭隘；他必须大胆地周游于空间世界和精神世界，因为他的问题超出了他的国界或超出了他所在的大陆；他的视线不能局限于教育领域，而是

---

① シュナイダー. 比較教育学 [M]. 沖原豊，訳. 東京：御茶の水書房，1965：138.
② シュナイダー. 比較教育学 [M]. 沖原豊，訳. 東京：御茶の水書房，1965：136 —137.
③ シュナイダー. 比較教育学 [M]. 沖原豊，訳. 東京：御茶の水書房，1965：148.
④ 加里多. 比较教育概论 [M]. 万秀兰，译. 北京：人民教育出版社，2001：49.

要研究各种形成性因素，熟悉民族心理学、社会学、经济学以及一般文化"。[①] 由此，施奈德引出了"因素分析"。

（一）"因素分析法"的提出

施奈德的"因素分析方法"的提出是建立在对"量的比较"的批判与对"质的比较"的提倡的基础之上的。施奈德认为，比较研究法分为"量的比较"与"质的比较"。"量的比较"是以数量的统计结果为基础进行的比较，这是应用于美国的历史测量学等学科的方法。这种方法应用在比较教育学的研究中是困难的，很难得出真实有效的结论。"质的比较"是指从教育事实中发现各国教育的质的不同的比较，这种方法可以把别国的教育事实真实地呈现出来。他以英国为例论证了这一观点。从统计的相关数据来看，即使到了 20 世纪，英国的教育学研究及其文献资料，在数量上还是非常少的，不仅远远落后于德国与美国，甚至连法国也比不上。但是，在教育实践上，英国却优于包括德国在内的其他诸国。因此，在比较教育研究中，施奈德更倾向于"质的研究"，不过他并不否认"量的研究"在比较教育研究中的应用价值，只是提醒人们数量的统计并不一定能反映事实本身。

施奈德认为，比较教育研究者在"质的比较"中，从历史角度出发是非常重要的。他指出："历史法在比较教育学的研究领域中，至今仍有着重要意义。"[②] 同时，他也赞同福斯特（Philip Foster）的观点，认为不能夸大历史法的作用，历史法并不适合抽象的、分析的比较，而仅仅对教育事实进行历史性描述，并不能让我们充分理解别国的教育，也无法解释别国教育何以会如此。因而，施奈德进一步指出，要想充分认识、理解别国的教育制度，比较教育学研究就不能仅仅满足于对各国国民教育事实的简单描述，还要进一步对这些事实的原理进行分析，探明这些事实背后的形成因素。"比较教育学研究的课题之一就是明确揭示作用于各个国家教育制度的诸种因素"，[③] 即"我们在对各个不同国家的教育事实进行比较时，不只是偶然地认识诸因素，同时，要对形成国民教育形态及其国民独立性的主要原因、原动力、决定因素进行解释与分析"，[④] 并阐明这些因素在各

---

① 加里多. 比较教育概论［M］. 万秀兰，译. 北京：人民教育出版社，2001：49.

② シュナイダー. 比较教育学［M］. 冲原豊，訳. 東京：御茶の水書房，1965：136.

③ シュナイダー. 比较教育学［M］. 冲原豊，訳. 東京：御茶の水書房，1965：159.

④ シュナイダー. 比较教育学［M］. 冲原豊，訳. 東京：御茶の水書房，1965：117.

个国家教育制度中是如何发挥作用的。探寻、解释、分析影响各国教育形成的因素，构成了施奈德比较教育方法的论核心部分。

（二）影响国民教育的因素

萨德勒列举了国家、教会、经济、家庭、少数民族、大学的影响、财政情况和政治等因素。康德尔强调国民性、民族主义及历史因素。汉斯将其分为3类10种因素，即自然因素：种族因素、语言因素、地理因素和经济因素。宗教因素：天主教传统、英国国教传统、清教传统。世俗因素：人文因素、社会主义、民族主义。施奈德将其概括为国民性、地理空间、经济、文化、宗教、科学、社会组织与政治、外国的影响等外部因素和教育发展的内部因素，并称它们为教育的"原动力"。

在影响国民教育的诸因素中，施奈德非常重视国民性和教育发展的内部因素。他认为，在国民教育制度的形成中，教育的内在因素起着特别重要的作用，而且这一因素又与历史形成的国民性密切结合在一起。在他看来，国民性是头等重要的因素，"是形成各国国民教育的国民特色的本质因素之一"，[①] 它直接作用于国民教育，在国民教育的形成中往往起着关键性的作用。国民性又是诸种影响因素中的核心，各种因素的相互作用正是来源于国民性，一些间接影响因素（如地理空间）也是通过国民性来作用于国民教育生活。因此，比较教育的研究必须探明深深根植于一国教育中特别是其教育思想中的国民性，深入研究民族心理，以免引进某种不符合本国特点的教育模式或引进在接受国的具体情况下根本不可能实行的改革或革新。施奈德还指出，"在一种教育理论中，甚至在一种国家教育制度中，存在着遵循某种结构秩序的发展的内在力量"，[②] 这即是常常被比较教育研究者们所忽视教育发展的"内部因素"，一国教育模式的"内在因果关系"。它类似于生命体的内在发展，具体表现为：一是"黑格尔指出的两极辩证法的一系列创造性的相互作用，如教育中的消极性与积极性、必然与自由、合理性与非合理性、统一性与多样性、个人道德与集体道德的相互作用"；[③] 二是"教育学中的理论与实践的相互作用"。[④] 这种内部因

---

① シュナイダー. 比较教育学 [M]. 沖原豊, 訳. 東京：御茶の水書房，1965：221.

② 赵中建，顾建民. 比较教育的理论与方法 [C]. 北京：人民教育出版社，1998：124—125.

③ 沖原丰. 比较教育学 [M]. 刘树范，李永连，译. 长春：吉林人民出版社，1984：25.

④ 沖原丰. 比较教育学 [M]. 刘树范，李永连，译. 长春：吉林人民出版社，1984：25.

素"原则上被确定为民族教育生活的'主推动力'（creadorimpulsevital）或'内部形成性力量'（energiascon-figurtivasinternas）"，① 是我们理解别国教育制度，促进本国教育发展不能忽视的重要因素。

施奈德还提醒比较教育的研究者注意，影响教育的诸种因素并不是孤立存在着的，他们相互作用，彼此交叉，相互重合，构成一个网状结构，共同作用于整个教育，不能割裂地研究它们；诸种因素力量对国民教育的影响既有积极性的也有消极性的，因而不仅要关注诸种影响因素中的积极力量，还在关注其中落后的、传统的、束缚性的等消极的各种力量（如英国人的保守主义、反智主义导致其轻视教育理论）；不仅仅是诸种因素力量对国民教育的形成产生了积极或消极的影响，同样，国民教育对诸种因素力量的形成也存在着积极或消极的影响。

（三）历史法与因素分析法的关系

施奈德在《比较教育学》中明确指出，"在比较教育学中，对教育事实的比较，我们可以考虑从垂直比较和水平比较两个方向来进行。即对一个民族不同时代的教育事实进行比较，可以视为垂直比较"；② 而适用于一个"民族乃至国家的教育的整体或部分（包括形成因素）的比较研究法则为水平比较"。③ 他又进一步指出，垂直比较是历史教育学的研究方法，"历史教育学，常常运用垂直比较来探求的是某一国家的教育的历史发展，即其教育思想和教育现实的进步、停滞、退步等"；④ 而水平比较则应用于"发现某一国家的语言、文化、教育等在本质上的差异"⑤ 以及某些共同性，并探寻、分析、解释这些差异与共同性的形成原因。施奈德认为，在比较教育研究中，常常是把垂直比较与水平比较结合在一起来进行比较的，"在很多情况下，垂直比较是水平比较的基础"。⑥ 由此可见，尽管施奈德没有明确地把垂直比较、水平比较与历史法、因素分析法对应起来，但在其对研究方法的论述中，却隐含地表明了历史法与因素分析法实质上代表了两种研究维度，即纵向（垂直比较）与横向（水平比较）两种维

---

①　加里多. 比较教育概论［M］. 万秀兰，译. 北京：人民教育出版社，2001：48—49
②　シュナイダー. 比較教育学［M］. 沖原豊，訳. 東京：御茶の水書房，1965：119.
③　シュナイダー. 比較教育学［M］. 沖原豊，訳. 東京：御茶の水書房，1965：120.
④　シュナイダー. 比較教育学［M］. 沖原豊，訳. 東京：御茶の水書房，1965：119.
⑤　シュナイダー. 比較教育学［M］. 沖原豊，訳. 東京：御茶の水書房，1965：121.
⑥　シュナイダー. 比較教育学［M］. 沖原豊，訳. 東京：御茶の水書房，1965：121.

度。历史法代表了一种考察教育事实的垂直的、动态的、纵向分析的维度，因素分析法则代表了一种对教育事实进行水平的、辩证的、横向因素解析的维度。这两种研究维度是一种纵横交错、密不可分的关系。

历史法与因素分析法之间的这种密切关系是伴随着比较教育研究的不断深入而日渐明晰的。在因素分析的先驱者萨德勒的理论中，已经模糊地触及了历史法与因素分析法的关系，不过，他更关注的是"校外的事情"，对于历史问题、国民性问题的研究尚处于朦胧的起步阶段。到了康德尔时期，国民性的问题开始成了比较教育研究的核心问题，而对国民性的探讨、分析又必然要与历史研究联系起来。探索影响一个民族国家教育制度的"国民性""民族主义""因素与力量"，很自然地要深入到该民族国家的历史中去发掘取证。施奈德通过对垂直比较与水平比较两种研究方向的论述，尝试把历史法与因素分析法结合起来。汉斯从康德尔那里继承了历史法，又受到施奈德因素分析的启迪，最终完成了历史法与因素分析法二者比较系统的结合。事实上，当时的比较教育学者无论是提及"因素分析"，还是提及"历史法"，实际上都必然会预先建立二者之间潜在的联系。

四、对施奈德比较教育思想的简要评析

施奈德作为因素分析时代的著名比较教育学家，与同一时代的其他比较教育学家一样，在处理教育制度与诸种影响因素的关系方面，存在着循环决定论的问题，让人很难非常清晰地认识彼此的关系；在对"国民性"的阐述上，存在着概念模糊、意义不十分明确的问题，他所概括的一些国家的国民性也缺乏科学依据；他所倡导的"因素分析法"在比较研究中，通常是仅止于对于影响教育的诸种因素进行分析与解释。

施奈德对比较教育发展的主要贡献突出表现在以下两方面：首先，他对由萨德勒和康德尔等人所创立的历史主义思想和因素分析等比较教育研究法做了进一步发展与完善。施奈德深入细致地讨论了诸种影响国民教育及其发展的因素和力量，在其他比较教育学者研究的基础上，把影响国民教育制度的诸种因素分为外部因素与内部因素，强调二者之间辩证的、相互的"磁性"作用，并认为只有这样才能正确认识和评价有关的各种因素和力量。这与强调外部因素的英、美比较教育学者形成了鲜明的对照，在一定程度上弥补了"外部因素分析法"片面强调"校外的事情"而忽视了教育自身发展的逻辑的倾向。日本学者吉田正晴、冲原丰等人称他的方法

为"辩证的因素分析法"。在处理历史法与因素分析法的关系方面，施奈德尝试了把历史法与因素分析手段结合起来，形成纵向、横向两种维度相结合的比较教育研究结构，为比较教育研究的发展提供了一个比较清晰、具体、合理的分析框架，从而促进了比较教育学科的繁荣，为其在以后逐步走向科学化的发展道路奠定了基础。施奈德所提倡的"因素分析法"所蕴含的辩证思想及纵向、横向两种研究维度，至今对比较教育研究来说仍有着重要的现实意义，"它有助于比较教育学者从宏观背景上综合地透视世界各国教育，从而从其他教育分支学科中分化出来，显示出自身存在的价值"。[①]

其次，施奈德系统地确证了比较教育学作为一门学科包括"外国教育"和严格意义上的"比较教育"。迄今为止，对于比较教育的学科性质仍有争议，比较教育的"身份问题"仍是比较教育研究者们关注的焦点问题。在这种情况下，施奈德对于比较教育学科的上述界定与确证显得尤其具有重要意义，它意味着在实际的比较教育研究中，不能仅仅停留在外国教育阶段，还必须有意识地、积极地进行比较。施奈德在此方面的贡献，还表现在他为界定比较教育的学科性质提供新的思路，特别是他提出通过对比较教育学发展史的考察（纵向）和将比较教育与其他比较学科进行比较（横向）来确定比较教育学科的性质，对于我们思考比较教育的学科性质具有启发意义。

---

① 顾明远，薛理银. 比较教育导论：教育与国家［参考文献］发展［M］. 北京：人民教育出版社，1996：126.

第 3 节　现象学方法在比较教育研究中的应用[①]

20 世纪 70 年代，随着"全球化"浪潮及多元文化的冲击和后现代理论群影响的不断加强，唯科学主义倾向的定量研究方法的局限性更加凸显出来，欧美的社会科学研究出现了重视"质性研究"（qualitative research）的趋势。深受其他社会科学进展影响的比较教育研究也发生了根本性的变化，打破了过去实证论独占的局面，逐渐走向一条开放的研究道路。比较教育研究范式开始从二元对立走向多元融合，比较教育研究的方法呈现为多样化的态势。现象学方法在比较教育研究中的运用既是这种态势的一种表现，又促进了这种态势的进一步向前发展。

一、作为方法的现象学

对于现象学（phenomenology），我们可以从两个层面来理解：一是作为哲学理论的现象学；二是作为研究方法的现象学。诚如埃德蒙德·胡塞尔（Edmund Husserl）1907 年对现象学的定义："现象学：它标志着一门科学，一种诸科学学科之间的联系；但是现象学同时并且首先标志着一种方法和思维态度：典型哲学的思维态度和典型哲学的方法。"[②]

现象学首先是作为哲学理论而存在的。其起源被认为可以追溯到古希腊哲学，"现象"一词正是由希腊文"phainomenon"而来，意为"显示在经验事物中者"。[③] 德国哲学家康德和黑格尔也使用了"现象学"一词。但自胡塞尔开始，现象学逐渐发展成为一个声势浩大、复杂的哲学思潮，而后又衍生出了很多分支，如存在主义现象学、解释学现象学、体验现象学等。所以，一般认为，现象学哲学是由德国哲学家胡塞尔在 20 世纪初创立的，它深刻影响了海德格尔、萨特、伽达默尔、梅洛·庞蒂等一大批哲

---

① 本节作者系高亚杰、倪从满，本节曾发表于《比较教育研究》2011 年第 4 期。

② 胡塞尔. 现象学的观念 [M]. 倪梁康，译. 上海：译文出版社，1986：24.

③ 董素芬，等. 现象学研究 [EB/OL]. [2008—04—10]. http://student. ed. ntnu. edu. tw/～manboy/2. doc.

学家的思想，以至于在欧洲大陆形成了秉承现象学"回到事实本身"（zu den Sachen selbst）的思维态度的现象学运动。现象学的主要任务是分析和描述当下呈现给我们的行为或功能的内容。而胡塞尔提出的"回到事实本身"是现象学研究者们共同遵循的基本原则与基本思想。他要求人们把传统的概念、理论、偏见以及习惯的思维方式等悬置起来，从最初看到的纯粹现象中认识事物，认为"只有返回到直接的直观这个最初的来源，回到由最初的来源引出的对本质结构的洞察"，"才能运用伟大的哲学传统及其概念和问题"，"才能直观地阐明这些概念，才能在直观的基础上重新陈述这些问题，因而最终至少在原则上解决这些问题"。①

　　"方法"是现象学的标志性内容。谈现象学，无法不涉及著名的现象学方法；同样，谈现象学方法也不可能离开现象学。因为现象学方法正是现象学的核心内容。所以，有人甚至认为，对胡塞尔来说，现象学就是一个方法概念，② 而胡塞尔本人也一再强调他构建现象学的起初目的就"在于建立一门哲学的方法"。③ 可见，在现象学那里，方法与内容是相互结合，密不可分的，以至于我们几乎无法完全脱离内容来抽象地谈论一种纯粹的方法论原则，同样也不能避开方法来孤立地解说内容。但是，我们应该认识到，作为一种研究方法的现象学，与作为哲学理论的现象学在目的和意义上都是有所不同的。它应是以现象学哲学为哲学基础，旨在探讨如何尽可能地建立"一套可靠的程序和步骤，来把握事物的本质，发现事物的意义"。④ 因此，对于作为方法的现象学应该着重从应用与方法的角度去理解与认识。也正是基于此种意义，一些现象学的研究者尝试着对作为方法的现象学做出界定："现象学研究指一组人员对一个概念或现象生活体验意义的描述"；⑤ 现象学方法是"通过描述和分析来还原事物或现象意义的过程"；⑥现象学的方法就是要"重新寻找最原初的生活体验"；⑦ 现象学方法即是"通过描述和分析来还原事物或现象的意义的研究方式、研究步

---

① 施皮格伯格. 现象学运动 [M]. 王炳文，张金言，译. 北京：商务印书馆，1995：iv.

② 张汝伦. 现象学方法的多重含义[EB/OL].[2008—04—10].http://www.siwen.org/xxlrl. asp? id＝316.

③ 胡塞尔. 现象学的方法 [M]. 倪梁康，译. 上海：上海译文出版社，1994：8.

④ 徐辉富. 教育研究的现象学视角 [D]. 华东师范大学博士学位论文，2006：17.

⑤ 徐辉富. 教育现象学及其研究步骤 [J]. 开放教育研究，2008（4）：32—39.

⑥ 徐辉富. 教育研究的现象学视角 [D]. 华东师范大学博士学位论文，2006：24.

⑦ 李树英. 现象学方法在教育科学中的运用 [J]. 中国德育，2006（7）：84—87.

骤和程序"，①等等。这些界定，尽管在表述上不尽相同，但是表达了现象学研究者们基本一致的核心思想，即现象学方法必须悬置已有的概念和理论，描述在直接经验中所给予的东西；现象学研究旨在探寻、描述在生活世界中直接展现自身的直观现象，并寻求生活体验中现象的隐含意义，重视对主体的体验和意义的解释；现象学研究的基本过程是现象的描述、现象学还原状态下的分析及发现和得出本质意义的过程。

现象学方法如今已经成为人文社会科学的重要研究方法，被学界视为开展质性研究的重要理论基础或一种重要的质性研究方法，广泛运用于教育学、心理学、摄影、绘画、美学、文学理论等学科领域的分析和研究中。由此，也形成了适用于不同领域的种类繁多的现象学研究程序与步骤。如施皮格伯格的现象学方法步骤为：（1）研究特殊现象；（2）研究一般本质；（3）理解诸本质间的本质关系；（4）观察显现的方式；（5）观察现象在意识中的构成；（6）将对于现象存在的信念悬置起来；（7）解释现象的意义。②克拉克·穆斯塔卡的现象学法研究分为四个阶段，即：（1）悬置；（2）还原；（3）联想；（4）综合。③但这些研究程序与步骤并不具有普适性，而且在实际应用中也很难操作。因此，又有学者综合了前人的相关研究，提出新的现象学研究步骤：（1）选择研究问题；（2）体验资料收集；（3）阅读体验描述；（4）提炼基本要素；（5）寻找独特要素；（6）提炼主题；（7）进行自由联系变动——得出本质意义。④应该说，这一研究步骤的确有利于现象学方法在实践中的应用，却弱化了现象学的特征，仍然很难让人掌握现象学方法的实质。

综上所述，我们认为，与其强调现象学方法是一种研究方法，不如说它更是一种研究的"思维态度"或"思维方式"。因为它没有固定的程序与研究步骤，它通过"回到事实本身"的基本原则及"悬置"的基本前提，为研究者提供了一个全新的视角和开放性的维度，使得秉持现象学态度的研究者总是根据一定的研究目的与内容的需求，依据研究对象的特点来确定相应的研究策略及具体的适用方法，形成自己独有的现象学研究程序和步骤。胡塞尔也认为，"现象学同时并且首先标志着一种方法和思维

① 徐辉富.现象学研究方法与步骤［M］.上海：学林出版社，2008：37.
② 施皮格伯格.现象学运动［M］.王炳文，张金言，译.北京：商务印书馆，1995：921—922.
③ 徐辉富.现象学研究方法与步骤［M］.上海：学林出版社，2008：87.
④ 徐辉富.现象学研究方法与步骤［M］.上海：学林出版社，2008：177—181.

态度"，① 而伽达默尔和罗蒂更是提出"现象学和解释学的方法就是没有方法"。②

二、比较教育研究中现象学方法的应用

现象学作为方法首先在教育学、心理学等领域得以运用。较早把现象学理论引进教育研究的是德国海德堡大学校长克里克（E. Krieck）。他采用胡塞尔现象学的本质分析方法探讨教育科学，他的教育学也因此被称为"现象学的教育学"。③ 20 世纪 40～70 年代，现象学作为方法运用于教育研究成为比较普遍的现象，"教育现象学"④ 这一术语也在西欧教育研究领域逐渐被采用；而后，北美的教育研究领域也开始形成了现象学研究传统。20 世纪 70 年代，现象学方法从教育学、心理学等领域全面扩展到其他各个社会科学领域，同时逐渐渗透到比较教育研究之中。诚如日本学者马越彻所指出的那样，自 20 世纪 70 年代后半叶开始，比较教育的研究对象不再是教育制度"发展的诸种状态"，而是转向了"停滞的分析、解释"，而在这种主流中，现象学的方法和社会史的研究最引人注目，成为人们关注的焦点。⑤

（一）比较教育研究中现象学对实证主义的批判

现象学在比较教育研究中的应用是在反对实证主义的过程中产生的。最早从现象学的立场对比较教育研究做出有价值的实证主义批判的是本杰明·巴伯（Benjamin Barber）。⑥ 他批判实证主义者通常把方法论误解为科学，抛开研究的性质，仅从精选适用的方法追求科学的准确性、精密性、可信性。他认为实证主义者在事物间的偶然关系上谋求普遍化是不恰当的，因为"从被感知的世界的孤立事例中，获得理论世界里具有普遍

---

① 胡塞尔. 现象学的观念［M］. 倪梁康，译. 上海：译文出版社，1986：24.
② 范梅南. 生活体验研究：人文科学视野中的教育学［M］. 北京：教育科学出版社，2003：36.
③ 宁虹，钟亚妮. 现象学教育学探析［J］. 宋广文，等译. 教育研究，2002（8）：32—37.
④ 教育现象学的英文表述有 pedagogy ＋ phenomènology、phenomenoloical pedagogy、phenomenology in education、educational phenomenolgy 等，中文的翻译有"现象学教育学""教育学现象学""教育现象学"等，表示的基本意思都是从现象学的视角来分析教育现象。本节采用了"教育现象学"这一译法。
⑤ 馬越徹. 比較教育学：越境のレッスン一［M］. 東信堂，2007：29.
⑥ シュリーバー. 比較教育学の理論と方法［C］. 馬越徹，今井重孝，監訳. 東京：東信堂，2000：14.

性、规律性的命题，这本身就是一个先验的原则，其正确性依靠经验性用语是决不能被证明的"。并且，各种资料在特定的精神状况下，也只不过是慎重精选所感知的经验的一个部分，它是研究者的自我定义和判断，而不是事物本身；诸种概念如石头、电子、树、人与国家、理想、课程等，同样都是人们通过语言人为赋予特别意义的范畴。然而，实证主义者虽然能认识到价值和目的在资料选择时发挥着重要作用，却常常忽略了资料本身也只不过是精神的产物。因此，所有的比较（包括教育比较在内），至少在实证意义上所定义的、以通用于复杂社会的普遍性为目标的比较是没有意义的。那么，教育的比较应该如何进行？现象学的比较教育研究者认为，比较必须是微观分析（或者是"交互作用主义"或"解释学的"），教育的比较也必须从传统的宏观视野转向微观研究，深入教育内部，集中于对教育的细节分析。对此，海曼做过如下论述，"'宏观分析是绝大多数比较教育研究的特征，必须以对日常生活世界的微观的系统观察与分析来取代它。'……关于比较教育未来的方向，他提出应该：'（1）……把注意力集中于描述社会现实要求教育怎样存在于生活世界的问题；（2）……研究社会现实的可直接观察因而可记录的那些方面……（3）集中于细致分析社会互动这一教育社会现实的最明显的来源'"。①

（二）比较教育研究中现象学方法的运用范例

比较教育研究中的现象学方法并非表现为一种固有的、严格的比较研究程序或分析模式，它表达的是比较教育研究者从现象学的立场出发，遵循现象学的观点来构建自己的比较分析框架。这种模式关注人类的反应，注重主体的创造性，提倡研究人员应当研究不同的教育主体建构教育现实的过程。它批判实证主义不能正确地解释教育现象，但又并不完全否定实证主义方法的价值。

一般认为，英国的比较教育学家埃德蒙·金的研究是比较教育研究中运用现象学方法的典型代表。埃德蒙·金也认为他的"国别研究"以及"始终强调的判断"，"是与社会学从'实证主义'研究转向'现象学的'研究一致的"。② 埃德蒙·金不主张比较教育研究要有具体的方法、固定的分析程序或模式。埃德蒙·金的研究强调体验，注重对主体经验的解释。

---

① 赵中建，顾建民. 比较教育的理论与方法 [C]. 北京：人民教育出版社，1998：297.

② 埃德蒙·金. 别国的学校和我们的学校：今日比较教育 [M]. 王承绪，邵珊，等译. 北京：人民教育教育社，2001：20.

他指出："认识的可靠性和效力很大程度上将依靠我们所观察的教育活动和决策中所牵涉的那些人的价值判断。"① 他重视对教育现象和特定教育情境进行真实的描述和解释，并揭示其意义，提出对特定教育情境进行的具体研究和考察必须从微观方面入手。他要求比较教育研究者"尽可能客观地深入那个背景"，② 最好是沉浸在那里的'生活语言'之中"，③ 从局内人的"内部观点"看待事情。当然，埃德蒙·金同时强调了实证与现象学之间的互补关系。"所以，在今天的社会科学中不再强调或者是实证主义所主张的伪科学的'客观性'，或者是考虑的反应的现象学方法，而是强调在研究的这两个方面提供证据和见解的人们相互之间建立伙伴关系。同样，在教育的研究中，特别是教育的比较研究中，经验的方法和'客观的'社会科学的方法被严格地运用于某些问题和现象的考察，但是人们越来越认识到那些'现象'必须表达内部的观点和研究时对内部情境的微妙变化"。④

另一位比较典型的比较教育研究现象学模式的代表者是英国的比较教育学家霍姆斯。⑤ 霍姆斯的比较研究架构在整体上是趋于科学、实证的，但他也明确指出，他"反对把实证主义和归纳法作为科学方法"，认为普遍法则并不能产生绝对知识，比较教育研究不应该采用实证主义的理论假设。⑥ 他认定比较教育研究的精确性无法以科学方式建立，强调比较教育研究者一定要从参与者的独特观点来判断、解释人类事件，重视对研究对象的主观理解。他的比较分析框架明显地吸收了现象学、相对主义的因素，呈现出鲜明的现象学特点。

（三）比较教育研究中现象学方法的特点

爱泼斯坦在《"比较"在教育学中的意义》一文中明确指出，比较教育学中有两个清晰的相对主义的谱系：一个是与实证主义几乎是同样长期

---

① 埃德蒙·金. 别国的学校和我们的学校：今日比较教育 [M]. 王承绪，邵珊，等译. 北京：人民教育教育社，2001：41.

② 埃德蒙·金. 别国的学校和我们的学校：今日比较教育 [M]. 王承绪，邵珊，等译. 北京：人民教育教育社，2001：534—535.

③ 埃德蒙·金. 别国的学校和我们的学校：今日比较教育 [M]. 王承绪，邵珊，等译. 北京：人民教育教育社，2001：533.

④ 埃德蒙·金. 别国的学校和我们的学校. 今日比较教育 [M]. 王承绪，邵珊，等译. 北京：人民教育教育社，2001：25.

⑤ 罗婉明. 比较教育两大主流模式 [J]. 比较教育研究，2007（4）：20—24.

⑥ 赵中建，顾建民. 比较教育的理论与方法 [C]. 北京：人民教育出版社，1998：90.

存在，尤其受到很多欧洲人支持的研究范式——文化相对主义；另一个是近期运用于比较教育学中的现象学方法或民族志方法（ethnography，也译为"人种志"）。① 并且，一般认为，北美文化相对主义者用的是民族志研究模式，欧洲则采用现象学模式。② 因此，在比较教育研究中，现象学方法与民族志方法的分析框架都呈现出相对主义的特征：注重从相对的意义和内部的视角做出分析和解释，而不重视具体的方法、确定的分析程序和形式。所不同的是，在研究过程中，民族志方法以人类学特有的定性的实地参考、考察和溯源分析的方法对不同的教育进行跨文化比较研究，强调对教育各环节的细致微观分析；而现象学则多采用"本土化"的视角和知识，着眼于对特性与文化相对意义的鉴别和分析，注重分析对事件的主观理解，是一种较大的哲学取向的分析。具体地讲，比较教育研究中现象学方法的主要特点如下：

1. 具有鲜明的开放性

现象学研究的结果、方式等往往都没有明确的答案，有的甚至是不可预期的，是探索性的。这对于以往比较教育研究期待获得具有"放之四海而皆准"的普遍性、规律性结论无疑是一种背离。它更关注如实地描述出教育本身所呈现出来的样态，而不是某种预设；更强调研究过程中多种研究方法的融合，讲求具体方法与技术的多元化，而不拘泥于某种特定的研究方法。因此，比较教育研究中的现象学模式往往呈现出科学主义与人文主义相整合、定性研究与定量研究相结合的倾向。③

2. 在微观分析中把握整体性

现象学方法要求比较教育研究必须从传统的宏大叙事中走向细致的微观分析，即在研究过程中"将普遍命题的大票面钞票兑换成接近实事的细致分析的小零钱"，④ 从各个方面、各个角度对教育现象进行细节分析和考察，直至达到对教育事实的本质取得完整的认识。

3. 寻求从现象中获取意义

比较教育研究中的现象学方法同样强调要按教育自身所给予的那样

---

① シュリーバー. 比較教育学の理論と方法 [C]. 馬越徹，今井重孝，監訳. 東京：東信堂，2000：8.

② 罗婉明. 比较教育两大主流模式 [J]. 比较教育研究，2007（4）：20—24.

③ 钟亚妮. 霍姆斯与埃德蒙·金比较教育理论的哲学基础之比较 [J]. 比较教育研究，2004（12）：8—13.

④ 埃德蒙德·胡塞尔. 现象学的方法 [M]. 倪梁康，译. 上海：上海译文出版社，1994：130.

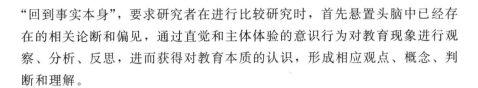

"回到事实本身"，要求研究者在进行比较研究时，首先悬置头脑中已经存在的相关论断和偏见，通过直觉和主体体验的意识行为对教育现象进行观察、分析、反思，进而获得对教育本质的认识，形成相应观点、概念、判断和理解。

三、比较教育研究中现象学方法的贡献与局限性

（一）贡献

现象学方法在比较教育研究中的应用无疑对比较教育研究向纵深的发展做出了较大贡献，为比较教育研究从传统的狭隘视野走向开放和多元开辟了新的道路。

第一，研究视角的扩展。现象学方法的"回到事情本身"，不仅要求比较教育研究者要从空间和时间两个维度让事实保持静止状态，以真实自我面对分析者，排除先入为主的主观意识，以达到最大限度的本质再现，而且要求比较教育研究者从主客二元对立和价值中立或无涉的假象中解脱出来，重视科学研究的主观性、主体间性（研究的意义存在于研究者与被研究者两者的关系中）和研究分析过程中的意义理解。这就为比较教育研究增加了一种全新的分析视角与分析维度。

第二，研究范式的转型。现象学方法的引入促使比较教育研究形成了新的学风、新的研究方法和研究范式。诚如有人所认为的那样，"教育研究正摆脱实证的研究设计和方法论的支配，转向诠释的、人种的或质的研究，这一过程虽然缓慢，但正逐渐发展"。"质的""自然的""人种志的""诠释—人类学的""后实证的""后现代的"研究等正日益成为当代比较教育学研究的一种时尚话语，[①] 从而使比较教育研究范式从宏观视野走向微观分析，打破了过去实证独占的局面，逐渐走上一条开放性的研究道路。

第三，研究方法上的多元融合。现象学方法的引入促进了比较教育研究方法的多元化。虽然现象学方法实质上是一种质性研究方式，但它所具有的开放性并不排斥包括实证在内的其他研究方法，反而更加注重研究过程中各种方法的相互补充，这有利于实现比较教育研究方法的多元融合。

---

① 卢晓中，喻春兰. 当代比较教育学方法论的发展趋向 [J]. 华南师范大学学报（社会科学版），2005（4）：105.

（二）局限性

任何一种研究方法都不是十全十美的，现象学方法也不例外，其局限性主要表现如下：

第一，彻底的悬置很难实现。现象学方法的应用首先要求研究者将已有的观念、经验、认识等悬置起来，无偏见地描述、解释事物本身。但事实上，在任何研究中，彻底的悬置都是不容易的，有时甚至是不可能实现的。就如同实证主义者不可能完全实现研究过程中的价值无涉或价值中立一样，现象学研究者所投入的精力和工作也不可能全面杜绝偏见、预见等对其认识的影响。而在比较教育研究中，彻底的悬置尤其必要，也更不容易实现。比较教育研究者不仅仅要抛开自身已有的成见、预设，还要承认"他者"的视界也同时存在，并尽可能地立足于客文化的背景下解释当地的教育现象，诚实地辨析研究者自己的思维模式在对跨文化教育问题所做的判断中潜在的认识偏差。

第二，描述性有余，而客观概括性不足。现象学研究是一种描述性研究，因而使用现象学方法的比较教育研究往往会出现主观描述性有余，而客观概括性不足，对个案意义的发掘深刻，但推广的效度不高的局面。这在一定程度上削弱了现象学方法在比较教育研究中的意义。尽管很多时候描述性研究也能够深入教育现实的内部，但对于比较教育研究来说，需要的不仅仅是描述，因为仅限于描述，将会使比较教育研究滞留在较浅层上。"它至多提供某种……从文件证据和检验结果导出的一般陈述（以及由此得出的语言）的有用性和效度方式……它只能作为检验假设的一种方式"，[1] 形成进一步研究、反思的基础性条件。而且，缺乏概括性、缺少与更宏观的理论框架的联系的研究，也确实限制了那些关于"学校与社会"关系的一般性理论的研究，很难形成能令人满意的比较教育。[2]

第三，在方法论上的不确定性限制了现象学方法在研究上的应用。比较教育的现象学研究不主张拘泥于具体的方法、确定的分析程序和模式，这固然有利于研究者依据研究目的灵活地选择适用的具体方法，但是这种不确定性却增加了操作上的难度，限制了现象学方法在研究上的应用。特别是比较教育研究初学者，往往不知道该从何处着手开展研究。

---

① 卢晓中，喻春兰.当代比较教育学方法论的发展趋向 [J].华南师范大学学报（社会科学版），2005（4）：104—107，109.

② 薛理银.当代比较教育研究方法论研究：作为国际教育交流论坛的比较教育 [M].北京：首都师范大学出版社，1993：135.

后　记

自从英国开启现代化进程以来，世界各国或主动或被动地卷入这一历史进程，人类社会也因此发生了巨大的变化。尤其是自20世纪八九十年代以来，伴随信息化、全球化的突飞猛进，社会变革的速度和深度前所未有。伴随社会的急剧变革，教育不可避免地要进行相应的变革。因此，教育变革、教育改革、教育革新之类的口号不仅为教育工作者耳熟能详，而且成为社会大众茶余饭后的谈资，甚至经常成为热烈讨论的社会议题。

由于教育面对的是活生生的每个人，每个人的人生都没有再过一次的机会，因此，教育者在实施改革时，无论如何都必须持审慎的态度。审慎的重要体现，就是在每次重大改革之前，都要开展必要的教育改革研究：教育如何改革才能有效适应时代的要求？教育改革可能会对学生的发展和社会的发展产生什么样的影响？我们的教育改革能够从本国教育发展的历史中获得什么样的经验与教训？能够从他国的教育改革中获得什么样的启示？诸如此类的问题，不仅是教育改革政策制定者关心的问题，还是教育研究者努力探讨的课题。比较教育自诞生开始就与国民教育制度的建设密不可分，把研究他国教育的经验与教训作为本国教育改革的借鉴作为重心，在各国国民教育制度建设和教育改革发展中扮演了重要角色，发挥了举足轻重的作用。

在多年前，我们就曾撰文指出，作为一个合格的比较教育研究者，在养成和提升自身素质时，应该注意以下三个方面[①]：一是应该有一个主攻国别或区域。因为比较如果不建立在全面深入的国别或区域研究的基础上，比较的表层化就不可避免。而且一个人的精力是有限的，不可能对所有国家或区域都有深入的研究。因此，个体研究者需要选

---

①　饶从满，付轶男. 中国比较教育的问题与出路［J］. 外国教育研究，2005，32（2）：10—15.

择主攻的国别或区域。当然，这里所说的国别或区域教育研究不是过去那种狭隘的封闭的国别或区域研究，而是在比较视野下进行的开放的国别或区域教育研究。二是应该有主攻的领域或专题。一个人一辈子即使只研究一个国家或区域的教育，也不可能穷尽其中的所有领域或专题。因此，每个比较教育研究者都应根据自己的爱好和基础确立自己的主攻领域或专题。三是应有一个主攻的视角。比较教育强调多学科方法的运用，但是多学科方法的运用取决于研究者对这些方法的熟练运用。而一个研究者不可能对每个学科方法都非常熟悉，因此，研究者还要根据自己的特点、所主攻的领域或专题等确立自己的主攻视角。我们提倡个体研究者都应该有一个主攻的国别（或区域）、领域和视角，并不是说我们每个研究者只能从事一个国别或区域、一个领域、一个视角的研究，而是说应该秉持"守一而望多"的原则，首先做好自己的一个主攻国别（或区域）、领域和视角的研究，在此基础上对其他国别（或区域）、领域和视角保持开放的心态和兴趣。这也是我多年来开展比较教育研究和指导比较教育学研究生始终坚持的基本思想。

本书是我近十余年来的部分比较教育研究成果的集结。这些成果从国别上划分的话，可以分成两大类：一是日本教育研究，二是欧美教育研究，以前者居多。从专题上来划分的话，可分为四类：一是公民与道德教育研究，二是教师教育研究，三是比较教育学科建设，四是高等教育研究，并以前两类居多。这也反映了我一直以来的主要研究兴趣与学术历程：以日本教育作为主攻国别，同时对英美教育保持研究的兴趣；以公民与道德教育、教师教育为主攻研究领域，兼及高等教育专题。本书汇集的成果既有我独立完成的，也有与我的学生、同事共同完成的，这些成果均在学术刊物上公开发表，部分文章在本次收录时文字上有所调整，但是基本思想没有改变；部分文章的参考文献按照新的出版规范进行了增补和规范。合作者的信息以及发表的期刊等均在相应的章节以注释的形式予以标明。

这里需要特别说明的是本书收录的作为代序的文章《市场机制与20世纪80年代以来美英基础教育改革》。我自1989年考入东北师范大学比较教育学专业、师从梁忠义教授攻读硕士学位以来，一直从事比较教育研究。回想起来，非常感谢梁老师。正是在他的指导下，我开始步入比较教育殿堂；在他的关怀下，我能够在硕士毕业后留在东北师范大学比较教育研究所任教；在他的指导下，我又继续攻读了教育学博士学位；又是在他的扶持下，我的比较教育职业生涯路途平坦。梁老师虽然离开我们已经 10 多年了，但是他的低调为人、踏实为学的精神依然影响着我们，是我们终身受用的一笔财富。老师在世期间，作者曾有幸与其合作开展了一些研究，也因此偏得了老师许多字里行间、耳提面命的指导。本书出版之际，已经无法请求老师为本书作序了。在此就把梁老师与我 1995 年合作发表并且契合本书主题的《市场机制与 20 世纪 80 年代以来美英基础教育改革》一文作为本书的代序，并将此书献给老师，以此作为对即将到来的恩师诞辰 90 周年的纪念。

　　本书的出版得到了东北师范大学教育学部和东北师范大学出版社的大力支持，在此一并致谢！

　　本书的不足之处，敬请广大读者批评指正！

饶从满

2019 年 6 月 20 日于东北师范大学

图书在版编目（CIP）数据

教育变革：区域研究与比较透视/饶从满等著. ——
长春：东北师范大学出版社，2019.12
（元晖学者教育研究丛书）
ISBN 978 - 7 - 5681 - 6640 - 9

Ⅰ. ①教… Ⅱ. ①饶… Ⅲ. ①教育改革—比较教育—
世界 Ⅳ. ①G511

中国版本图书馆 CIP 数据核字（2019）第 282716 号

JIAOYU BIANGE：QUYU YANJIU YU BIJIAO TOUSHI

□策划编辑：张晓方

□责任编辑：何世红　　□封面设计：上尚印象
□责任校对：王玉辉　　□责任印制：许　冰

东北师范大学出版社出版发行
长春净月经济开发区金宝街 118 号（邮政编码：130117）
电话：0431—84568046
传真：0431—85691969
网址：http：// www.nenup.com
东北师范大学音像出版社制版
辽宁新华印务有限公司印装
沈阳市张士经济技术开发区
中央大街六号路 14 甲—3 号（邮政编码：110021）
2019 年 12 月第 1 版　2019 年 12 月第 1 次印刷
幅面尺寸：169 mm×239 mm　印张：19.5　字数：395 千

定价：60.00 元